Hans-Joachim Gehrke
Jenseits von Athen und Sparta

D1668290

HANS-JOACHIM GEHRKE

Jenseits von
Athen und Sparta

*Das Dritte Griechenland
und seine Staatenwelt*

VERLAG C. H. BECK MÜNCHEN

CIP-Kurztitelaufnahme der Deutschen Bibliothek

Gehrke, Hans-Joachim:
Jenseits von Athen und Sparta: D. Dritte Griechenland u.
seine Staatenwelt/Hans-Joachim Gehrke. – München:
Beck, 1986.

ISBN 3 406 31537 2

ISBN 3 406 31537 2

Umschlagentwurf: Bruno Schachtner, Dachau
Umschlagbild: Apollon-Tempel in Delphi (Ausschnitt)
© C.H.Beck'sche Verlagsbuchhandlung (Oscar Beck), München 1986
Gesamtherstellung: Appl, Wemding
Printed in Germany

FÜR SILVIA

Vorwort

Eine Darstellung der griechischen Geschichte aus der Perspektive der mittleren und kleineren Staaten ist schon oft als Desiderat empfunden worden. Dies gilt um so mehr, als sich die heutige altertumswissenschaftliche Forschung in zahlreichen Einzeluntersuchungen mit wachsendem – gerade auch interdisziplinärem – Engagement dieses Bereiches annimmt. Eine Zusammenfassung solcher und anderer Bemühungen nicht allein für Fachkollegen, sondern auch für die Verwendung in Studium und Unterricht ist also angezeigt. Sie birgt jedoch erhebliche Schwierigkeiten. Diese beginnen bereits mit der Bezeichnung der Gesamtheit der Poleis. Den hier gewählten Begriff des ‚Dritten Griechenland‘, in Fachkreisen teilweise als eine Art Spitzname bekannt, habe ich zugegebenermaßen wegen seiner Griffigkeit gewählt und in der Hoffnung, ihn auf diese Weise auch gleichsam offiziell einbürgern zu können. Er erlaubt jedenfalls, wenn man an die in der neueren Geschichte durchaus geläufige Formulierung vom ‚Dritten Deutschland‘ denkt, auch die richtige Analogie, indem er ein Ensemble von Mittel- und Kleinstaaten zwei dominierenden Großmächten gegenüberstellt, hier Athen und Sparta, dort Österreich und Preußen. Die Behandlung der griechischen Kolonien bleibt allerdings ausgespart, da diese in vieler Hinsicht von anderen historischen Voraussetzungen und Milieus geprägt sind.

Andere Schwierigkeiten liegen besonders in der Quellenlage und in dem historiographischen Zugriff, der sich zwar einer interessanten Optik bedient, gerade deswegen aber mit einer großen Vielfalt politischer Einheiten konfrontiert ist. So ist dieses Buch in mancher Hinsicht ein Experiment. Angesichts unserer dürftigen Informationen geht es oft an die Grenzen des Möglichen, und in dem darstellerischen Arrangement, der Verbindung von Gemeinsamem und Individuellem in einem allgemeinen und einem typologischen Teil, bleibt es sicherlich in vieler Hinsicht unbefriedigend. Doch „nur wenn wir versuchen, unsere fehlerhaften Theorien bis zur äußersten Grenze ihrer Leistungsfähigkeit auszunützen, können wir hoffen, aus ihren Schwächen zu lernen" (Karl R. Popper). So möge man das Buch nicht nur zur Unterrichtung über einen eher vernachlässigten Bereich der griechischen Geschichte benutzen, sondern auch als eine Anregung nehmen, mit seinem Verfasser auf dem hier eingeschlagenen Weg weiterzugehen.

Zu danken habe ich vor allem den Freunden und Kollegen, die dieser Arbeit ihre Anteilnahme schenkten und mir in vielen Gesprächen – auch ohne unmittelbaren Zusammenhang mit meinem Thema – unschätzbare Anregungen gaben. Genannt seien statt vieler Hartmut Döhl in Göttingen und Peter Funke in Siegen, *amici non solum studiis Graecis mihi coniunctissimi.* Bernhard Smarczyk, Köln, hat wertvolle Hinweise beigesteuert. Dank gilt auch Rosemarie Baudisch und Martin Fell für ihre tatkräftige Unterstützung bei der Erstellung des Manuskriptes, bei den Korrekturen und der Arbeit am Register sowie Ingrid Lent und Ernst-Peter Wieckenberg für die Betreuung des Buches im Lektorat des Verlages. Gewidmet sei das Buch meiner jüngsten Tochter, die seine Drucklegung mit ihren ersten Schritten begleitete.

Inhalt

I. Einleitung: Thematische Einführung

In einem verhältnismäßig kleinen, für die umliegende Region aber durchaus wichtigen, insbesondere auch wegen seiner Handelsbeziehungen bedeutenden Staat tobte jahrelang ein Bürgerkrieg, der mit großer Brutalität und in extremer Unversöhnlichkeit ausgetragen wurde. Der Staat hatte im Verlauf dieser Auseinandersetzung auf Grund weitgehender Desintegration fast seine Identität verloren. Die Bürgerkriegsparteien suchten Unterstützung bei benachbarten Staaten. Auf diesem Wege wurden in einen begrenzten Konflikt vor allem zwei Mittelmächte von durchaus auch überregionaler Bedeutung hineingezogen. Zwischen diesen kam es zum Krieg, und die zunächst unterlegene Macht rüstete zur Wahrung ihrer regionalen Interessen und zur Wiedergewinnung ihrer politischen Reputation stark auf. Die daraus resultierende Gefährdung trieb den anderen Staat in das Bündnis mit einer der Weltmächte. Er behielt so in einem zweiten Waffengang auch dem hochgerüsteten Konkurrenten gegenüber die Oberhand. Dieser aber mobilisierte nun die andere Weltmacht und deren Allianz, mit der er selbst im übrigen schon seit geraumer Zeit verbunden gewesen war. So kam es nach einer Reihe weiterer Verwicklungen zu einem Krieg zwischen den beiden Weltmächten und ihren jeweiligen Blöcken, der alle bis dato dagewesenen Kriege in den Schatten stellte und in letzter Konsequenz die Vernichtung der hier bezeichneten Staatenwelt begründete. Diese dürren Daten markieren nicht – wie sie suggerieren könnten – das Szenario der Vorgeschichte des Dritten Weltkrieges: Der kleine, von Bürgerkriegen bis zur Unkenntlichkeit zerrissene Staat ist nicht der Libanon; die regionalen Großmächte, die sich in dessen Konflikt hineinziehen lassen, sind nicht Syrien und Israel; die Weltmächte, die schließlich involviert sind, sind nicht die UdSSR und die USA. Es handelt sich vielmehr um den Bürgerkrieg im antiken Epidamnos, einer griechischen Polis an der Adria, der in einen Krieg zwischen den Mächten Korkyra und Korinth mündet und der letztendlich in einem ‚Weltkrieg‘ der griechischen Staatenwelt zwischen den ‚Weltmächten‘ Athen und Sparta mit ihren jeweiligen Alliierten gipfelt, in dem kaum ein griechischer Staat neutral bleiben konnte: im Peloponnesischen Krieg (431–404).

Dieser war nicht allein, nach dem berechtigten Urteil seines Berichterstatters und Analytikers Thukydides, der größte Krieg der bisherigen griechischen Geschichte. Er brachte nicht nur unendliche Opfer an Menschenleben, vergleichbar – in den entsprechenden Relationen – mit den großen Kriegen der Weltgeschichte wie dem Dreißigjährigen Krieg oder den beiden Weltkriegen des 20. Jahrhunderts. Er erschütterte auch das Polisgriechentum, die Welt der griechischen Stadtstaaten, so sehr, daß die Wurzeln von dessen Katastrophe in ihm zu suchen sind.

Die hier gegebene Präsentation der Fakten wurde nicht primär gewählt, um damit bestimmte Lehren für unsere Zeit anzudeuten (obgleich sich daraus sicherlich einige Schlüsse ziehen ließen). Vielmehr sollte vor allem ein wesentliches Phänomen der antiken griechischen Geschichte in einen allgemeinen Rahmen gestellt und damit auch in unsere zeitgenössische Vorstellungswelt transponiert werden: nämlich die radikale inner- wie zwischenstaatliche Aufsplitterung und Zergliederung im griechischen Staatenkosmos, mit ihrem Partikularismus und Interventionismus, ihren Machtblöcken und Bündnisverflechtungen, ihren regionalen und universalen Kriegen – bei gleichzeitiger weitgehender zivilisatorischer Ähnlichkeit, ja Homogenität. Zugleich ist damit ein Hinweis darauf erlaubt, daß sich dieser Zustand auch im Bewußtsein der Griechen niedergeschlagen hatte: *In politicis* dominierte die Orientierung auf die Polis, das Nationalbewußtsein war im wesentlichen, von Ausnahmen abgesehen, apolitisch.

Diese Grundtatsache bedeutet nicht nur ein historisches, sondern nicht minder auch ein historiographisches Problem, das nicht befriedigend gelöst werden kann und prinzipiell auch kaum adäquat lösbar ist, sondern durchaus etwas von der Quadratur des Kreises an sich hat. Anders als etwa im Falle Roms kann sich der Historiker nicht damit begnügen, den Weg einer mehr oder weniger klar konturierten politischen Einheit nachzuverfolgen. Er ist statt dessen mit einer geradezu unbegrenzten Fülle solcher Größen befaßt, welche zudem nicht selten noch zusätzlich, durch innere Kriege, zersplittert sind. Die griechische Geschichte im politischen Rahmen bildet ein latentes und oft auch reales Chaos. Gerade diese ‚Multisubjektivität' der politischen Einheiten macht es so gut wie unmöglich, eine sozusagen integrale, das heißt gerade dieses Element angemessen wiedergebende ‚Griechische Geschichte' zu schreiben. So bereitet es zwar relativ wenig grundsätzliche Schwierigkeiten, die Geschichte von Athen und Sparta darzustellen – oder auch die beider, denn der Gegensatz zwischen ihnen und damit ihre Wechselbeziehung hat die griechische Geschichte gerade auf ihrem Höhepunkt, in der klassischen Zeit, nachhaltig bestimmt. Doch sowenig wir die Geschichte der Sowjetunion beziehungsweise der Vereinigten Staaten – oder beider – als Weltgeschichte gelten lassen würden, so wenig geht in jenem Komplex die griechische Geschichte auf, zumal Sparta und Athen in vieler Hinsicht auch noch Ausnahmefälle sind und wir zeitweise mit insgesamt über 600 mehr oder weniger selbständigen politischen Einheiten zu rechnen haben.

Auf der anderen Seite kann ‚Griechische Geschichte' auch nicht allein in der Summierung von Polisgeschichten bestehen. Ein derart additives Verfahren kann zu leicht vergessen machen, daß jenseits der Individualität von Ein-

zelstaaten und internen politischen Gruppen wesentliche, teils von vornherein gegebene, teils in wechselseitiger Beeinflussung gewachsene strukturelle
Gemeinsamkeiten existieren, in wirtschaftlicher, sozialer, religiöser, geistiger,
ja auch politischer Hinsicht, die in einer ‚Griechischen Geschichte' nicht fehlen dürfen. Es besteht also die Aufgabe, gerade die Ambivalenz von Vielge-
staltigkeit und Einheit herauszuarbeiten. Generell läßt sich sogar der Stand-
punkt vertreten, daß erst auf diese Weise und mit einer solchen Optik die
griechische Geschichte nicht allein ihren spezifischen Charakter, sondern
auch ihren ganzen Reichtum enthüllt.

Das vorliegende Buch nimmt demzufolge nicht notgedrungen, sondern
mit genauer Absicht (und begünstigt durch die Einschränkungen, die die im
Vorwort skizzierte Konzeption gestattet) gerade die Perspektive der Mittel-
und Kleinstaaten ein. Das soeben angedeutete dialektische Verfahren ist also
ein Postulat. Wir wollen deswegen, so gut es geht, versuchen, den beiden genannten Gesichtspunkten gerecht zu werden, indem wir das eher Einheitlich-
Verbindende in seinem Wechselspiel mit dem Individuell-Trennenden unterstreichen. Folglich arbeiten wir im ersten Teil in einer zwangsläufig stark
generalisierenden Weise strukturelle Grundzüge der gesamten griechischen
Geschichte heraus, in denen zugleich, sofern möglich, die wechselseitige Be-
dingtheit der je gemeinsamen und differenten Faktoren verdeutlicht wird.
Dem Individuell-Unterschiedlichen tragen wir in einem zweiten Teil zusätzlich Rechnung, indem wir – durchaus noch versuchsweise – die Fülle der
Staaten in ein typologisches System bringen, und zwar auf der Basis der ökonomischen Voraussetzungen und der daraus resultierenden beziehungsweise
zu erschließenden soziopolitischen Zustände. Dabei muß aus Platzgründen
zum Teil exemplarisch verfahren werden. In beiden Teilen umfaßt die behandelte Spanne im wesentlichen die Zeit, in der sich eine selbständige griechische Staatengeschichte überhaupt feststellen läßt, das heißt von der Ausbil-
dung der Staatlichkeit in der archaischen Zeit bis zur Unterwerfung durch
die Römer im 2. Jahrhundert v. Chr.

II. Allgemeiner Teil

1. Die naturräumlichen Grundlagen

a. Überblick

Der Gesamtraum der griechischen Geschichte umfaßte nach dem Abschluß der großen Wanderbewegungen am Ende des 2. Jahrtausends v. Chr. und vor dem Einsetzen der Kolonisationstätigkeit um 750 v. Chr. im wesentlichen die südliche Spitze der Balkanhalbinsel, die Ägäis mit ihren Inseln und die Westküste Kleinasiens. Er ist durch extremen Kontrastreichtum auf beschränktem Gebiet gekennzeichnet. Das enge, kleinräumliche Nebeneinander von schroffen Gebirgszügen und nicht selten alpinen Berglandschaften, kleineren Binnen- und Hochebenen und zum Teil recht großen Küstenhöfen sowie tief ins Land eindringenden Meeresbuchten und von Inseln übersäten Meeren schafft ganz unverwechselbare Voraussetzungen für die kulturelle und politische Entwicklung.

Erdgeschichtlich ist der Raum generell noch ziemlich jung. Vor die älteren Massen kristalliner und metamorpher Struktur im Gebiet der Ägäis, Thrakiens und Makedoniens wurden im Westen sukzessive, von der Kreidezeit bis zum Jungtertiär, Gebirgszüge aufgefaltet, die im wesentlichen aus sedimentären Kalken, also Ablagerungen im Meer des Erdmittelalters, bestehen. Deren jüngster, die Helleniden im Westen, zieht sich von Albanien über Westgriechenland (Pindos), die Peloponnes (besonders Taygetos) nach Kreta und Rhodos, von wo er sich im Tauros fortsetzt. Westlich von ihm findet sich eine verhältnismäßig wenig gegliederte und an Häfen wie Ebenen arme Küste. Die älteren Faltungen östlich davon sind zum Teil, vor allem im Jungtertiär, in Schollen gebrochen und erheblich verändert worden. Durch diese noch heute in manchen Regionen in Erdbeben spürbare Bruchtektonik hat sich eine reich gegliederte und gestufte Landschaft ergeben, mit Buchten, die sich tief ins Landesinnere hinein erstrecken, mit im wesentlichen tertiären und quartären Sedimenten, die teilweise Terrassenlandschaften und große Ebenen bilden, und mit zahlreichen günstigen Hafensituationen. Für diese Region gilt das eingangs gegebene Gesamtbild in besonderer Weise.

Den erdgeschichtlich bedingten Differenzen treten solche klimatischen Ursprungs zur Seite. Generell ist das Klima einheitlich geprägt durch seinen subtropischen Charakter. Im Sommer steht das Gebiet unter dem Einfluß des Subtropenhochs, bei einem Zufluß kontinentaler Luftmassen im Osten in

Form der sogenannten Etesienwinde (Meltémi). In den Wintermonaten gerät es in den Bereich der Westwindzone, also von Zyklonen. Deshalb stehen trockenen und heißen Sommern feuchte Winter gegenüber. In den Monaten Juni bis September ist die Niederschlagsmenge verschwindend gering, oft regnet es wochenlang überhaupt nicht. Im Winterhalbjahr dagegen, besonders, je nach Region, in den Monaten November bis Januar, übersteigen die Niederschläge zum Teil erheblich die Mengen, die in unseren Breiten die Spitzen markieren. Zudem sind sie oft von gefährlicher Intensität. Insgesamt greift aus den genannten Gründen unsere Vorstellung von den Jahreszeiten nicht so recht und ist es sinnvoller, mit dem griechischen Klimatologen Marielopoulos von einer Dreiteilung auszugehen. Wir können also von einer Blüte- und Reifezeit (etwa März bis Juni), einer Trockenzeit (etwa Juni bis Oktober) und einer Regenzeit (Oktober bis März) sprechen.

Es zeichnen sich aber im Klima, wie schon angedeutet, auch Unterschiede ab, die durch die geographische Lage und die teilweise eklatanten Höhendifferenzen bedingt sind. So ist der Westen generell niederschlagsreicher, da sich an den Bergzügen des Pindos und seiner Ausläufer und den Gebirgen der Peloponnes vieles abregnet und ohnehin maritime Klimaeinflüsse stärker spürbar sind. Auch im Klimatischen besteht also eine Ost-West-Differenz: Die trockensten Gebiete befinden sich östlich der genannten Gebirgsmassive bis in den ägäischen Raum, erst im Osten der Ägäis steigen die Niederschlagsmengen wieder an.

Zwischen der heutigen und der antiken naturräumlichen Situation sind einige Unterschiede festzustellen. So hat sich in einigen Gebieten durch die extreme Schwemmaktivität von Flüssen und Bächen, die überreich an abgetragenem Material sind (der makedonische Axios zum Beispiel führt rund doppelt so viel Sinkstoffe wie die untere Elbe), der Küstenverlauf erheblich verändert. Überhaupt haben wir mit teilweise nicht unerheblichen Differenzen im Meeresniveau zu rechnen. Ferner haben anthropogene Faktoren (Rodung, Beweidung, Bevölkerungsverschiebung, Nutzungsänderung) beträchtliche Veränderungen herbeigeführt, die sich auch morphologisch ausgewirkt haben. Da hier noch vieles ungeklärt ist, bleibt in jedem Einzelfall zu prüfen, wie weit das heutige Landschaftsbild dem antiken entspricht. Als sicher kann jedoch gelten, daß das heutige Klima sich von dem des antiken Griechenland in dem uns beschäftigenden Zeitraum nicht wesentlich unterscheidet.

b. Der Mensch und der Raum

Was bedeuten nun diese Voraussetzungen für die Nutzung des Raumes durch den Menschen? Im Bereich der Landwirtschaft stehen extrem positive neben sehr negativen Faktoren. Hervorzuheben ist einerseits das warme Klima, das die Kultur von Olive und Wein, heute auch von Agrumen und Industriepflanzen (Tabak, Baumwolle) in großem Stil erlaubt und für viele Produkte mehr als eine Ernte im Jahr zuläßt. Die Böden sind, besonders in den Binnen- und Küstenebenen mit ihrem Schwemmland sowie in den Flyschformationen und den neogenen Ablagerungen, vor allem den Mergeln, zum Teil sehr fruchtbar. Negativ ist zunächst zu vermerken, daß derartige Böden nur geringen Anteil an der Gesamtfläche haben: Von der Fläche des heutigen Griechenland ist weniger als ein Drittel landwirtschaftlich nutzbar, und dabei ist das Bild, durch die erwähnten Veränderungen, insbesondere durch die rezente Ausdehnung des Alluviallandes und neue Möglichkeiten der Melioration, noch günstiger als in der Antike. Dazu kommt die Problematik des Wasserhaushalts. Die extrem ungleiche Verteilung der Niederschläge und das landschaftliche Relief bringen es mit sich, daß zu bestimmten Zeiten und in bestimmten Regionen Wasserüberfluß herrscht, das Kulturland also durch gezielte Maßnahmen der Entwässerung gewonnen und geschützt werden muß, besonders in den Poljen und den von Versumpfung bedrohten Küstenstreifen. Dort bestand zudem bis vor kurzem eine erhebliche Gefahr der Ausbreitung von Fieberkrankheiten durch Insekten. Vor allem aber verlangt die Trockenheit im Sommer auf der anderen Seite besondere Anstrengungen der Bewässerung. Die Flüsse sind dazu in der Regel nicht geeignet, da sie nur periodisch oder episodisch sind, das heißt insbesondere im Sommer kein Wasser führen und nur als Bachbett existent sind (Xeropotamoi, Cheimarroi). Ausnahmen davon sind die großen, aus den Bergen der Balkanhalbinsel kommenden Ströme im Norden, die Wildbäche und Gebirgsflüsse im westlichen Griechenland und der zentralen Peloponnes sowie aus permanenten Karstquellen gespeiste Gewässer wie der Pamisos in Messenien. Man ist also weithin auf künstliche Bewässerung angewiesen. Dazu benutzte man in der Antike neben perennierenden Quellen vor allem das Grundwasser, das mittels Tiefbrunnen angezapft und in einem ausgeklügelten System von kleineren Bewässerungskanälen und -rinnen auf jeweils für sich abgegrenzte Felder geleitet werden konnte.

Zu dem generell beschränkten Platz an fruchtbarem Land tritt der große Umfang der Berglandschaften (rund vier Fünftel der Gesamtfläche des heutigen Griechenland), mit Höhen von oft über 2000 Metern und einem sehr ausgeprägten Relief. Im Zusammenhang mit der Bodenstruktur (Kalk) und der klimatisch bedingten Erosion, aber auch mit menschlichen Aktivitäten (Entwaldung, Beweidung) führt das dazu, daß Kulturböden und Humusschichten in vielen Teilen des Landes unterentwickelt sind. So ist die Vegetation nicht selten degradiert: Es finden sich weithin nur Macchie – besonders Oleander, Lorbeer, Kermes- und Steineichen, Erdbeerbäume – und die noch bescheidenere Phrygana, also xerophile und blattarme Gewächse wie Thymian, Wolfsmilch, Wacholder und so weiter, und in erheblichem Umfang steht nackter Fels an. Deshalb scheiden die Berge weithin als Wasserspeicher aus und sind stark verkarstet. Wir haben Grund zu der Vermutung, daß dieser Zustand insbesondere im östlichen und südöstlichen Griechenland – interessanterweise also den Zentren der politisch-kulturellen Hochblüte – in der Antike nicht wesentlich anders war als heute, während im Westen und in den peloponnesischen Bergen, teilweise auch im östlichen Ägäisgebiet der Waldanteil offensichtlich bedeutend größer war als zu unserer Zeit. Es zeichnet sich also auch unter dem Gesichtspunkt menschlicher Nutzung ein höchst kontrastreiches Bild ab: Üppig reiche, intensiv bestellte Ebenen und Hügelländer, teilweise als weite, mit Oliven durchsetzte Getreidefelder, mit Rinder- und Pferdeweiden, teilweise als geradezu undurchdringliche Gärten mit Wein-, Gemüse- und Baumkulturen auf beschränktem Raum stehen neben ausgedehnten kahlen und steilen Gebirgen, die die Heimat von Schaf- und Ziegenhirten sind, aber auch nicht unbedeutenden Waldgebieten.

An Bodenschätzen ist Griechenland arm. Dies fiel in der Antike allerdings weniger ins Gewicht als in der modernen griechischen Wirtschaft. Was man vor allem brauchte, Ton für die keramischen Produkte, Eisen, Kupfer und Zinn für die Herstellung von Waffen und Gebrauchs- wie Wertgegenständen und Edelmetalle für Münzen, war zu einem erheblichen Teil, wenn auch oft nur in bescheidenen Mengen, vorhanden oder konnte eingeführt werden – und das gab der Entwicklung des Handels viele Impulse.

Dies führt schon zu den Verkehrswegen. Hier ergibt sich ein auf den ersten Blick kurioser Eindruck: Die Verbindungswege auf dem Lande waren durch Gebirgscharakter und Kleinkammerung außerordentlich schlecht, besonders in West-Ost-Richtung. Im Osten war die Situation dank der größeren Ebenen-Komplexe teilweise günstiger, aber auch hier gab es in der Nord-Süd-Linie einige Engpässe, besonders im Tempe-Tal im nördlichen Thessalien, an den Thermopylen im nördlichen Mittelgriechenland und im Geraneia-Gebirge auf dem Isthmos von Korinth, wo es selbst für die einfachen damals üblichen Formen des Reisens, zu Fuß oder mit dem Esel, noch schwierige Passagen gab. Die Flußschiffahrt schied angesichts der beschriebenen fluvialen Situation nahezu vollständig aus. Es gab jedoch gleichsam ein Surrogat, das Meer. Man kann es als Spezifikum der griechischen Geschichte bezeichnen, daß das Meer nicht in erster Linie etwas Trennendes, sondern etwas Verbindendes darstellte – trotz oder gerade wegen der Bedingungen der wenig entwickelten antiken Schiffahrt, die ganz wesentlich Küstenschiffahrt war. Besonders wichtig war, daß tiefe Golfe den Seeverkehr bis weit ins Binnenland hinein ermöglichten, daß natürliche Kanäle Schutz gewährten und unermeßlich zahlreiche Inseln immer wieder Landemöglichkeiten gaben. Man konnte so zur See fahren, daß eigentlich immer ein Stück Land in Sicht war. Die Ägäis wurde auf diese Weise im Altertum geradezu zu einem griechischen Binnenmeer, Kleinasien war durch die Inselbrücke gleichsam in Sprüngen zu erreichen, und die Einheit des oben gekennzeichneten Raumes der griechischen Geschichte war gerade durch diese kommunikative Funktion des Meeres konstituiert. Auch auf die griechische Politik hat sich die beschriebene Landesnatur stark ausgewirkt. Einerseits förderte die Kleingliedrigkeit im Binnenland, in Verbindung mit den komplizierten Verkehrsverhältnissen, dazu der Reichtum an Inseln, Sonderentwicklungen, ja all das begünstigte eine ausgesprochen kantonale Mentalität. Andererseits wirkte sich der verbindende Charakter des Meeres auch hier aus. Es gab kaum einen in Festlandsnähe gelegenen Inselstaat, der – immer den Nachbarn vor Augen – nicht auf Festlandsbesitz aus war. Umgekehrt kontrollierten Festlandsstädte die vorgelagerten Inseln. Und nicht selten entwickelten sich rege politische Kontakte, in freundlichem, oft aber auch feindlichem Sinne, über Meerengen hinweg zwischen einander gegenüberliegenden Küstenstrichen, so etwa zwischen Aitolien und Achaia, zwischen Boiotien beziehungsweise Athen und Euboia, zwischen Thessalien und Euboia.

Man hat damit sogar gezielt Politik gemacht: Durch den Bau einer Brücke am Euripos bei Chalkis, an der engsten Stelle zwischen Boiotien und Euboia wurde die Insel im Jahre 411 dem Festland angegliedert, womit dem Einfluß der beherrschenden Seemacht Athen begegnet wurde. Und bei internen Konflikten in vielen Staaten wurde die gegenseitige Abgrenzung der Bürgerkriegsparteien durch natürliche Diskrepanzen zwischen Insel und Festland, aber auch durch die extreme Binnengliederung in gebirgigen Regionen begünstigt. Insgesamt muß festgehalten werden, daß die spezifische Dialektik der griechischen Geschichte, das Nebeneinander von Gemeinsamkeit und Eigenheit, in dem naturräumlichen Rahmen schon vorgeprägt war. Indes, zwangsläufig ergab sich diese keineswegs. Vielmehr hatten noch jeweils andere Faktoren hinzuzutreten, die nun in besonderer Weise mit der Aktivität und der Mentalität der Menschen selbst, auch in ihrer jeweiligen historischen Entwicklung und Erfahrung, zusammenhingen.

2. Wirtschaftsleben und soziale Strukturen

Die griechischen Staaten ruhten in ganz außerordentlichem Maße auf einem agrarischen Fundament. Das kommt schon darin zum Ausdruck, daß die griechische Stadt in einem spezifischen Sinne Ackerbürgerstadt war, also im Unterschied etwa zur Stadt des Mittelalters nicht von handwerklichen Zünften geprägt beziehungsweise mitgeprägt war. Sichtbar wurde dieser Sachverhalt dadurch, daß die Stadtmauer keine juristische Grenze war, sondern sich auf ihre fortifikatorische Funktion beschränkte, also auch nicht *conditio sine qua non* urbaner Existenz war. Die Bewohner des Landes waren in der Regel nicht als solche von den Stadtsässigen rechtlich abgegrenzt. Jede Polis verfügte über ein Territorium, sie war nicht allein ein personaler Verband, sondern kannte die ‚Gebietsgeltung‘ (Max Weber), insofern sie auch über Personen, die ihrem Bürgerverbande nicht angehörten, aber auf ihrem Gebiete residierten (zum Beispiel Metöken), verfügte, also als ‚Gebietsverband‘ handelte. Dabei bildete das Territorium in der Regel das um das städtische Zentrum herum liegende Land, meist ein fruchtbares Stück Ebene. Nicht selten gab es auch, angesichts der physischen Voraussetzungen nicht verwunderlich, erhebliche Unterschiede, ja auch Aufspaltungen innerhalb des Territoriums: Berge bildeten in Randlagen oft die natürlichen Grenzen zu Nachbarstädten oder von Kammern innerhalb des Polisgebietes und unterschieden sich auch in der Art ihrer Bewirtschaftung von dem Kern des Polisgebietes. Wo das Meer die physische Grenze darstellte, gab es besondere Teilgebiete etwa als Festlandsbesitz (Peraia) einer Insel oder als Inselbesitz eines Küstenplatzes.

Die Bedeutung des Landes und der Landwirtschaft wird noch deutlicher, wenn man berücksichtigt, daß, grob geschätzt, an die 80% aller Einwohner in der Landwirtschaft tätig waren. Diese wurde konsequenterweise schon in der Antike als das Kernstück des gesamten wirtschaftlichen Lebens angesehen. Sie hat also auch hier an erster Stelle zu stehen.

a. Landwirtschaft

Grundlagen

Die griechische Landwirtschaft befand sich noch ganz auf der traditionellen Wirtschaftsstufe. Auf Grund der geringen technischen Möglichkeiten (Zugtiere, starrer Pflug) und der fehlenden naturwissenschaftlichen Forschungen (kein Kunstdünger) war sie in ungleich höherem Maße als die moderne von den natürlichen Gegebenheiten abhängig. Es gab demzufolge auch ein lebhaftes Empfinden dafür, was Mißernte und Hungersnot bedeuteten. Mit besonderer Sorgfalt und durch lange, über Generationen tradierte Erfahrungen belehrt, beobachtete man die physischen Indizien für den richtigen Zeitpunkt der verschiedenen Verrichtungen, der Aussaat insbesondere, nämlich den Umlauf der Gestirne und das Verhalten von Tieren, zum Beispiel das Erscheinen von Zugvögeln.

Wegen der oben dargestellten geomorphologischen, klimatischen und edaphischen Voraussetzungen lagen die Hauptgebiete des Ackerbaus in den Binnenebenen und Tälern, den neogenen Hügelländern sowie den alluvialen Küstenhöfen mit ihren hochklassigen Böden. Von welcher Bedeutung dabei Ent- und Bewässerung waren, wurde bereits betont. Überhaupt war der Akkerbau insgesamt in hohem Maße von der Findigkeit und dem Fleiß mensch-

licher Kulturleistung abhängig. Die Situation war so, daß einem nichts ge-
schenkt wurde, auch in günstigen Gebieten nicht. Man konnte aber das Land
so bebauen, daß auch weniger fruchtbare oder sogar agrikulturell schwer
nutzbare Gebiete hohe oder doch hinreichende Erträge abwarfen – und umgekehrt konnten gut bebaute Gebiete bei Nachlassen der menschlichen Bemühungen, gar bei Verlassen des Landes rasch und nachhaltig veröden. Zu
den unbedingt notwendigen Meliorationen gehörte nicht allein die Kontrolle des Wasserhaushalts, sondern auch der Versuch, in ungünstigen Gegenden
Land hinzuzugewinnen – angesichts der Beschränktheit der ergiebigeren
Räume oft eine Notwendigkeit, gerade bei anwachsender Bevölkerung. Man
machte, in Verbindung mit Rodung, die Hänge der Berge und Hügel nutzbar, indem man unter ständiger Bedrohung durch die Erosion, insbesondere
durch die starken Regenfälle, die rasch die Erde herabspülen konnten, Terrassen anlegte und sicherte beziehungsweise ausbesserte. Besonders hier war
Ackerbau auf den oft sehr steinigen Böden, die regelrecht an die Berge geklebt waren, nur in bescheidenstem Umfange möglich. Immerhin gab es ein
Reservoir für Binnenkolonisation. Ansonsten waren weite Gebiete in den
Bergen, wenn wir von Jagd und Holzgewinnung absehen, nur für die Klein-
tierhaltung (Schafe, Ziegen) geeignet. Rinder und insbesondere Pferde, die in
größerem Maße auf Grünfutter angewiesen sind, finden wir demgegenüber
nur in größeren und gut bewässerten Ebenen.

Die Produkte und ihre Bearbeitung

Der Anbau war der typische Winterfeldanbau im Etesiengebiet. Hier können
nur die wichtigsten Produkte vorgestellt werden. Von großer Bedeutung war
naturgemäß der Getreideanbau. Dabei stand in der Quantität die Gerste im
Vordergrund. Weizen war zwar beliebter, doch war sein Anbau in vielen Gegenden nur eingeschränkt beziehungsweise um den Preis eines geringeren Er-
trages möglich.

   Nach den trockenen Sommermonaten war (und ist) der lehmige und toni-
ge Boden oft steinhart. Die Bauern waren also (und sind es noch heute) auf
den Regen angewiesen, der den Boden lockert und es ermöglicht, daß die
Saat Wurzeln faßt und sich weiter entwickelt. Deshalb war es so wichtig,
mittels genauer Beobachtung der astronomischen Konstellation und des Flu-
ges der Zugvögel den Zeitpunkt für die Aussaat festzulegen, also die Zeit, zu
der man mit ausreichenden Regenfällen rechnen konnte. Dies war in den
meisten Gebieten der Monat Oktober.

   Die Arbeit des Aussäens war sehr schwer: Der primitive Pflug, der mit seinem hölzernen Scharbaum den Boden nur wenig einritzte, mußte mit dem
ganzen Gewicht des Körpers in den Boden gedrückt werden. Zusätzlich hatte der Pflüger noch die Zugtiere (Ochsen oder Esel) zu dirigieren und anzu-

spornen. In der Regel gab ein zweiter Säer die Saat in die schmale Furche und bedeckte sie mit der Hacke. Die Ernte, in der Regel im Mai oder Juni, bedeutete ebenfalls harte Arbeit: In gebückter Haltung, mit der einen Hand die Halme umfassend, mit der anderen die Sichel führend, mußten der Bauer und seine Knechte bei schon sehr hohen Temperaturen das Getreide schneiden. Der Dreschvorgang fand auf einer Tenne statt. Das dort aufgeschüttete Getreide ließ man von Ochsen oder Eseln, welche an einen Pfahl gebunden waren, austreten oder mit Dreschschlitten trennen. Die Spreu worfelte man mittels großer flacher Behälter durch Werfen gegen den Wind aus. Das Stroh wurde als Viehfutter verwendet. Der Acker selbst blieb dann in der Brache, wobei er im Sommer gelegentlich noch aufgelockert wurde. Im Spätsommer wurde er sehr oft von Viehherden abgeweidet, die damit zugleich für eine natürliche Düngung sorgten. Diese Form der Zweifelderwirtschaft war die vorherrschende.

Neben dem Getreide waren in der griechischen Antike die wichtigsten Anbaupflanzen der Wein und der Ölbaum. Der Wein, der hier im dritten Jahr nach seiner Pflanzung ersten Ertrag bringt, wurde Ende Februar an den Reben beschnitten, bei gleichzeitiger Lockerung des Bodens. Die Weinlese begann Anfang bis Mitte September. In der Regel wurde unmittelbar nach der Lese gekeltert, und zwar traten die Arbeiter den Wein in einem Bottich oder einer Erdgrube mit den Füßen aus; der Most wurde direkt oder durch Transport in Schläuchen oder Krügen in große Tonfässer (Pithoi) geleitet – ein Verfahren übrigens, das wie viele andere noch im 19. Jahrhundert verbreitet war.

Die Olive war in der Antike von größter Bedeutung, da sie nicht nur ein wichtiges Grundnahrungsmittel war, sondern weil ihr Öl auch als Beleuchtungsstoff und zur Körperpflege diente. Hierfür gab es also einen echten Massenbedarf. Zudem ist die Olive für die in Griechenland herrschenden klimatischen und edaphischen Verhältnisse sehr gut geeignet: Sie verlangt ein warmes Klima, begnügt sich aber mit weniger guten Böden und ist auch in trockeneren Gebieten lebensfähig. Zudem läßt sich ihr Anbau mit dem von Getreide auf einem Acker sehr gut zu einer Mischnutzung kombinieren. Allerdings bedeutet die Pflanzung eines Ölbaums eine ziemlich hohe ‚Investition‘, denn eine neue Pflanze gibt erst nach rund 12 bis 13 Jahren den ersten Ertrag. Dafür sind die Bäume allerdings nahezu unbegrenzt lebensfähig: Noch heute gibt es Olivenbäume, die sich in die Antike zurückdatieren lassen. Solche Bäume stellten also einen ganz erheblichen Wert dar, infolgedessen standen sie häufig unter dem Schutz der Götter. Die Ernte, im Winter durchgeführt, war denkbar primitiv (wie noch heute): Mit langen Stöcken schlug man die Früchte vom Baum und las sie dann vom Boden auf – womit man sich zugleich die Arbeit des Beschneidens ersparte, da viele Äste abgebrochen wurden.

Daneben gab es andere relativ wichtige Feldfrüchte, vor allem Feigen und diverse Obstsorten, dazu Gemüsearten, besonders Bohnen und Kohl. Diese wurden in aller Regel in Hausgärten gepflanzt. Als Nutz- und Haustiere waren am wichtigsten das Rind (Ochsen waren die wichtigsten Zugtiere) und der Esel, als Transport- und Reittier. Pferde waren eher Luxus, sie hatten vornehmlich militärische und geradezu repräsentative Funktionen, insofern die Pferdehaltung nicht nur für die alte adlige Kampfesweise nötig war, sondern auch zum aristokratischen Lebensstil gehörte. Für die Versorgung mit Milch und ihren Produkten kamen in erster Linie Ziegen und Schafe in Frage. Letztere waren zudem für die Produktion von Wolle für Kleidungsstücke sehr wichtig.

Betriebsformen und soziale Grundeinheiten

Angesichts der natürlichen Grundlagen und der technischen Möglichkeiten war agrarische Tätigkeit in der Regel nur in kleinem Stil möglich, oft schon dort, wo der Boden ergiebig war, und erst recht da, wo der Bauer an steilem Hang zwischen einigen Olivenbäumen auf steinigem Acker sein Ochsengespann zu bewegen hatte. Typisch für diese Wirtschaftsweise war der bäuerliche Kleinbetrieb, gruppiert um den Oikos (Haus) des Bauern. Dieser war normalerweise der Eigentümer seines Landes, gelegentlich auch Pächter, meist von zusätzlichem Land. Der Oikos mit der bäuerlichen Familie war die wirtschaftliche Grundeinheit. Dabei war der Mann für die Feldarbeit zuständig, wo er auch selbst mit Hand anlegen mußte (als αὐτουργός, ‚Selbstwerker‘), die Frau im Hause im wesentlichen für die Versorgung und ‚Reproduktion‘, das heißt für die Bereitung der Nahrung, die Herstellung der Kleidung und das Aufziehen der Kinder. Auch diese selbst wurden sehr früh in den Arbeitsprozeß eingegliedert, die Mädchen als Helferinnen der Mutter, die Jungen etwa als Hüter des Viehs, bei der Ernte und so weiter. Dazu kamen gegebenenfalls Sklavinnen und Sklaven, die die Frau im Hause und den Mann bei der Feldarbeit unterstützten, die also als Mägde und Knechte tätig waren. Konkret können wir uns eine ungefähre Vorstellung allenfalls von der Größe einer mittleren Bauernwirtschaft machen, welche mit ihren Erträgen ihrem Inhaber den Dienst als Schwerbewaffneter (Hoplit) erlaubte: Diese hatte nicht weniger als 3 bis 4 ha, war aber auch im Durchschnitt nicht wesentlich größer. Sie wurde mit Hilfe von zwei bis drei Sklaven bearbeitet. Dies sagt immerhin auch etwas über die allgemeinen Größenordnungen.

Ein Bauer mit seinem Oikos – das war der ‚typische‘ griechische Polisbürger –, personenrechtlich frei und selbständig wirtschaftend, stadtsässig oder in einem der zum Territorium der Polis gehörenden Dörfer (Komen) beziehungsweise in einem Einzelgehöft wohnend (letzteres wohl besonders in den Randgebieten). Vorherrschend war ein gemischter Ackerbau mit Viehhal-

tung, primär unter dem Gesichtspunkt der Selbstversorgung, eine ausgeprägte Subsistenzwirtschaft also. Man produzierte keinen nennenswerten
Überschuß, und nicht selten hatte man kaum für die eigene Familie genug.
Was übrig war, ging überwiegend auf lokale Märkte, besonders in der Stadt
beziehungsweise auch in den städtischen Zentren der benachbarten Poleis.
Dabei war der Austausch spezieller Produkte aus Wein-, Oliven- und Garten-
kulturen sowie der Viehzucht besonders gewinnträchtig. Man handelte dafür vor allem handwerkliche Erzeugnisse ein, soweit man diese nicht selbst
herstellen konnte.

Sehr leicht konnten solche Betriebe, da sie oft knapp über der Grenze des
Existenzminimums arbeiteten, in eine prekäre Situation geraten. Eine einzige
Mißernte konnte eine existentielle Bedrohung sein. Zudem waren die Bau-
ernstellen von Verkleinerung und Zerstückelung bedroht, durch die verbreitete Erbteilung (unter den Söhnen) und den Zwang zur Stellung einer Mit-
gift bei der Verheiratung der Töchter. Schon Hesiod empfahl deshalb die
Beschränkung auf einen Sohn – was aus naheliegenden Gründen aber nicht
immer realisierbar war!

Für den Bauern gab es relativ viel Freizeit, da für die Subsistenzerwirt-
schaftung bei durchschnittlich gutem Land weniger als die Arbeitskraft einer Familie (einschließlich Sklaven) ausreichend war – wobei es natürlich
große saisonale Differenzen gab, was in der Erntezeit zum Beispiel durch die
Beschäftigung von Landarbeitern auf der Basis von Tagelohn ausgeglichen
wurde. Die prinzipiell denkbare Ausdehnung des Betriebes und damit die
Ausschöpfung des Arbeitskräftepotentials war oft unmöglich, da kein Land
mehr zur Verfügung stand. Sie wurde oft auch gar nicht angestrebt, da die
Mentalität nicht auf die Maximierung von Gewinn gerichtet war, sondern
eher darauf, daß die Freiheit des Bürgers auch in Freizeit zum Ausdruck
kam. In der Tat hatten viele Männer auf diese Weise, wenn auch teilweise
eingeschränkt, Zeit für Aktivitäten, die für sie mindestens so wichtig beziehungsweise obligatorisch waren wie die Feldarbeit, so die Kommunikation
mit ihren Freunden, die Ausübung verschiedener Kultverpflichtungen, politische Tätigkeit und Kriegsdienst. Insgesamt also war der griechische Bauer
ein kleiner oder allenfalls mittlerer Landwirt. Wir erfassen mit derart situierten Bauern einen erheblichen Teil der freien Bevölkerung in den griechischen
Stadtstaaten. Aber selbstverständlich ist das nur ein Typus, wir finden daneben noch wichtige andere Formen der Wirtschaft beziehungsweise andere
soziale Gruppen.

Besonders ins Auge fällt der Großbesitz: Hier handelt es sich zunächst nur
darum, daß ein Bauer größeres und besseres Land hat. Aus diesem zunächst
einmal graduellen Unterschied konnte leicht ein qualitativer werden, wenn
der Besitz so ertragreich war, daß der Landwirt bei der Arbeit nicht mehr
mit Hand anzulegen hatte, also kein ‚Selbstwerker‘ (αὐτουργός), sondern

abkömmlich war, also weitgehend oder vollständig Herr über seine Zeit. Das begründete beziehungsweise unterstützte auch Unterschiede im sozialen Rang, denn der griechische Adlige war in der Regel ein solcher Großagrarier – wobei oft unklar bleiben muß, ob er von vornherein, als ‚Alt'-Adliger, mehr Land hatte beziehungsweise erhalten hatte oder auf Grund seiner ökonomischen Möglichkeiten vom Bauernstande aus aufgestiegen war: Sehr oft konnte man das in späterer Zeit nicht mehr unterscheiden, da der reiche Bauer auch sehr schnell den aristokratischen Lebensstil annahm beziehungsweise die Unterschiede sich auch in anderer Hinsicht, zum Beispiel in der Politik (s. u. 47), verwischten. Jedenfalls ging die Tendenz – und auch in der historischen Entwicklung ist das noch zu verfolgen – dahin, daß der Großbesitzer sich aus den agrarischen Lebens- und Arbeitsverhältnissen zunehmend löste und das Leben eines ‚Rentiers' führte, für den die Muße das Ideal war. Noch in homerischer Zeit war es keine Schande für den Aristokraten, bei der Feldarbeit aktiv mitzumachen. Im 4. Jahrhundert dagegen sah sich der Athener Xenophon genötigt, gerade an die Adresse der Reichen eine Werbeschrift für die landwirtschaftliche Tätigkeit zu richten, welche diesen nahelegte, sich wenigstens um die Aufsicht über ihre Wirtschaft selber zu kümmern.

Normalerweise verfügte ein solcher Großagrarier oder Adliger über viel gutes Land. Er ließ dieses in der Regel von Sklaven bearbeiten, wobei auf einem Besitz von 50 ha rund 10 männliche Sklaven beschäftigt waren. Die Aufsicht hatte ein Verwalter. Auch im Hause, wo mehrere Sklavinnen beschäftigt waren, lag die Beaufsichtigung der Arbeiten bei einer Vertrauensperson, einer Verwalterin. In ‚Stoßzeiten', also etwa bei den verschiedenen Ernten, wurden zusätzlich Saisonarbeiter (Tagelöhner) angemietet, oft Kleinbauern, die auf zusätzliche Einkünfte angewiesen waren, oder Besitzlose und Kleinstbesitzer, die ganz oder überwiegend von solchen Tätigkeiten leben mußten. Natürlich konnten Teile des Besitzes auch verpachtet werden, doch die dominierende Form der Bewirtschaftung war der Gutsbetrieb mit dem Oikos.

Dabei ist allerdings zu beachten, daß sich ein solcher Betrieb, schon in seiner flächenmäßigen Ausdehnung, aber auch in der Art der Nutzung, noch erheblich von den späteren römischen Latifundien oder gar neuzeitlichen Plantagenwirtschaften unterschied. Insofern ist übrigens auch der häufig gebrauchte Begriff des Großgrundbesitzers zu relativieren. Der Großagrarier konzentrierte sich keineswegs ausschließlich auf bestimmte, besonders ertragreiche und nach reinen Marktgesichtspunkten angebaute Monokulturen. Sein Betrieb hatte prinzipiell keine andere Struktur als die kleinere Bauernwirtschaft. Allerdings konnte er über die Eigenversorgung hinaus auch Produkte für die lokalen, ja auch die entfernteren Märkte anbauen. Hierbei war die Lieferung von Wein und Öl, im Austausch gegen Gewerbeerzeugnisse, aber auch gegen Luxusartikel besonders ergiebig. So kamen größere Reichtümer zusammen, die durch andere Tätigkeiten und Verdienstmöglichkeiten beträchtlich vermehrt werden konnten: Der Großagrarier konnte als Darlehensgeber für Kleinbauern auftreten, gerade wenn diese in eine schwierige Situation geraten waren; er konnte ihnen dabei mit Saatgetreide aushelfen. Dadurch ließ sich sogar ein festes Abhängigkeitsverhältnis begründen. Weitere lukrative Nutzungen des Eigentums waren der Verkauf von Holz oder die Vermietung von Sklaven. Die abkömmliche Lebensweise erlaubte auch die Teilnahme an Raub-, Kriegs- und Beutezügen – in der früheren Zeit, etwa Homers, in manchen Regionen aber auch später noch, durchaus nichts Ehrenrühriges. Dazu kamen als Einnahmen die Geschenke, die sich aus den zahlreichen weitgespannten sozialen Kontakten ergaben.

Aus den Möglichkeiten und der Orientierung des Lebens dieser Gruppe ergibt sich, daß die Gutsbesitzer durchweg stadtsässig waren, also, sofern nötig, zusätzlich zu einem oder mehreren Gutshöfen ein Stadthaus hatten. In der Stadt war ja das Zentrum des politischen Lebens, das zunächst maßgeblich von dieser Gruppe geprägt war, dort manifestierte sich deren politischer und sozialer Einfluß, und dort war der Raum für mannigfaltiges gesellschaftliches Beisammensein.

Eine Sonderform derartiger Großagrarier sind solche Großgrundbesitzer, die ihre Güter von Angehörigen eines älteren Bevölkerungssubstrats, das sie im Zuge der Landnahme unterworfen hatten, bearbeiten ließen, insbesondere die thessalischen (s. u. 98 f.) und die kretischen (s. u. 175 f.) Adligen, dazu auch manche Grundbesitzer in den kleinasiatischen Städten. Ferner ist zu berücksichtigen, daß verschiedene – insbesondere archäologische – Zeugnisse zur Zeit den Schluß nahelegen, daß in vielen Teilen der griechischen Welt seit dem 4. Jahrhundert und verstärkt im Hellenismus der größere Grundbesitz, also der hier bezeichnete Typus von Gutswirtschaft, in Gestalt größerer Ländereien mit unter anderem durch starke Türme befestigten Höfen, zunehmende Verbreitung gefunden hat, daß sich also die Gewichte zuungunsten des mittleren und kleineren Bauerntums verschoben. Dies würde auch gut zur allgemeinen politischen und sozialen Entwicklung passen und zu den für die römische Kaiserzeit bereits beobachteten Zuständen (Domänen und ‚echter‘ Großgrundbesitz) hinführen.

Daneben hat man das Augenmerk noch auf andere Gruppen zu richten, die in einigen Fällen einen nicht unbedeutenden Teil der jeweiligen Bevölkerungen stellten, auf die Hirten, Fischer und Landarbeiter. Zu jeder bäuerlichen Subsistenzwirtschaft gehört, wie angedeutet, die Viehhaltung. Für diese stand als Weidegrund – neben dem Brachland auf den eigenen Äckern – vor allem das eher bergige Randgebiet des jeweiligen Territoriums zur Verfügung, die sogenannte ἐσχατιά. Diese war offenbar üblicherweise, soweit sie nicht gerodet und damit in Privatbesitz übergegangen war, Gemeindebesitz und diente der allgemeinen Nutzung durch die Angehörigen der Polis. Die Weidetätigkeit selbst lag in der Hand von Familienangehörigen. Bei Großbetrieben konnte diese Form der Viehhaltung erhebliche Ausmaße annehmen, als Hirten dienten dann in der Regel Sklaven. Die Landesnatur nun bringt es mit sich, daß sich, gerade bei großen Höhenunterschieden und angesichts der Knappheit des Weidelandes in den anderweitig zu nutzenden Ebenen, die Sommerweiden in größeren Höhenlagen befanden und daß die Herden, oft über größere Entfernungen hinweg getrieben, im Frühjahr und Herbst in Zwischenregionen, im Winter in den Ebenen, auf dem Brachland, grasten: Es hat also durchaus eine Art von Almwirtschaft gegeben. Diese Art der Viehhaltung war angesichts der obwaltenden Subsistenzwirtschaft von einiger Bedeutung für die Masse der bäuerlichen Betriebe.

Daneben aber gab es, besonders in Regionen, in denen die Möglichkeiten ackerbaulicher Nutzung generell stark eingeschränkt waren, ‚echte‘ Hirten, das heißt Personen, die allein oder überwiegend von der Viehzucht, und das hieß vor allem Schaf- und Ziegenzucht, lebten. Diese waren nicht nur die Sklaven größerer Grund- und Herdenbesitzer, wie sie uns im Hirtenroman des Longos so idyllisierend geschildert sind, sondern auch freie Hirten, die ihre eigenen Herden hatten und zusätzlich wohl auch, im Auftrage und im Zuge des Austausches mit anderen Agrarprodukten, das Vieh anderer mitweideten. Diese mochten außerdem einen festen Wohnsitz mit einer sehr kleinen Bauernwirtschaft gehabt haben, die sie mit dem Nötigsten versorgte. Im wesentlichen aber war ihre Lebensweise zwangsläufig durch eine hohe Mobilität gekennzeichnet. Inwieweit hierfür der Begriff der Transhumanz zutrifft oder die Assoziation mit modernen Hirtennomaden im Balkanraum gestattet ist, muß dahingestellt bleiben: Zum einen gibt es hier noch begriffliche Schwierigkeiten, zum anderen gibt unser Material nur sehr wenig her. Sicher ist allerdings, daß zumindest die äußeren Lebens- und Wirtschaftsformen sehr ähnlich waren: Die Hirten ließen ihre Herden in den Sommermonaten die verschiedenen Bergregionen abweiden und waren im Winter genötigt, tiefer gelegene und anderweitig kultivierte Gegenden aufzusuchen. Dabei muß es Absprachen mit der dort ansässigen, überwiegend ackerbautreibenden Bevölkerung gegeben haben. Außerdem waren die Hirten mit ihrer einseitigen Produktion von Wolle, Milch und Milchprodukten, also in erster Linie Käse, auf den Austausch mit den Bauern und damit auf friedliche Symbiose angewiesen. Dennoch konnte es hier leicht zu Konflikten kommen, zumal wenn die Unterschiede der Wirtschaftsweise und die daraus resultierenden unterschiedlichen Interessen noch durch politische Gegensätze verstärkt wurden. Überhaupt war die Lebensweise der Hirten oft wenig friedlich: Mit häufig wechselndem Quartier, oft nur in Form bodenvager Behausungen neben den Pferchen für das Vieh, in einer wenig einladenden Bergwelt, führten sie ein rauhes Leben, in besonders enger Verbindung mit der Natur und dem Tier, einer ungünstigen Witterung und den Angriffen von Raubtieren ausgesetzt. Ihr Schutzgott war der ‚klippenfreudige‘ Pan, nicht zufällig ein Mischwesen aus Bock und Mensch. Sie hatten selbstverständlich Waffen zu tragen, und es galt unter ihnen keineswegs als ehrenrührig, die eigene Herde durch Raub bei den ‚Kollegen‘ aufzufüllen – auch dies Anlaß für zahlreiche Konflikte. Es ist deswegen durchaus bezeichnend, wenn eines der größten Monstren der ‚Odyssee‘, der einäugige Zyklop Polyphem, in sehr plastischer Weise gerade als Hirt geschildert ist.

Nur am Rande sei vermerkt, daß besonders in den bergigen Gebieten Griechenlands viele Personen von der Holzgewinnung und -verarbeitung lebten, als Holzfäller und Köhler, also Hersteller von Holzkohle, des wichtigsten Heizmaterials. Allerdings ist auch hier zu berücksichtigen, daß in sehr vielen Haushalten die entsprechenden Arbeiten auch in eigener Regie vorgenommen wurden.

Der Fischfang war für die Ernährung der Bevölkerung von einiger Wichtigkeit und deswegen seinerseits geeignet, nicht wenigen Menschen Arbeit und Brot zu verschaffen: Einerseits war billiger Fisch, der auch mit einfachen Mitteln konserviert werden konnte, ein Massennahrungsmittel, andererseits waren bestimmte Fischarten berühmte Delikatessen und ergaben infolgedessen guten Ertrag. Beides galt auch für andere Arten von Meerestieren, an denen Griechenlands Gewässer so reich sind, für Tintenfische, Muscheln und so weiter. Abgesehen von den wenigen Binnenseen (berühmt waren zum Beispiel die Aale aus dem Kopais-See in Boiotien) hatten im wesentlichen die Küstengewässer reiche Fischgründe, wobei der Kanal von Euboia und die Meerengen zwischen Ägäis und Schwarzem Meer besonders ergiebig waren.

Beim Fang selbst finden wir Einzel- und Massenfischerei. So gab es zahlreiche Fischer, die in unmittelbarer Nähe der Küste hinausfuhren, bewehrt mit Angeln, kleinen Netzen und Reusen sowie einem Dreizack als einer Art Harpune. Wie noch bis in unsere Zeit geschah dies sehr oft bei Nacht, mit Hilfe von Fackeln, die das Meeresgetier in großer Zahl anlockten. Die Massenfischerei zielte vor allem auf die großen wandernden Fischschwärme ab, besonders den Thunfisch. Sie hatte deswegen saisonale Schwerpunkte und wurde zum Teil mobil, als Wanderfischerei, betrieben, indem man die Fischschwärme verfolgte. Wenn es gelang, einen größeren Schwarm etwa in einer kleinen Bucht mit Hilfe von größeren Netzsystemen einzufangen, brauchte man nur noch vom Boot aus die Tiere zu erschlagen und an Land zu hieven. Dazu verfügten die Fischer über die entsprechenden Netzvorrichtungen und Beobachtungstürme. Diese Art des Fangens setzt ein großes Maß von Koordination unter den jeweiligen Fischern voraus, zugleich eine größere Mobilität. Das hat sicherlich auch anderweitige ‚konzertierte‘ Aktionen, besonders Flottenzüge für Raub und kriegerische Unternehmungen, begünstigt und die Kontakte mit anderen Bevölkerungen gefördert.

Die Landarbeiter, personenrechtlich frei, aber besitzlos oder mit so geringem Besitz, daß er nur als zusätzliche Quelle des Lebensunterhaltes in Frage kam, arbeiteten gegen Entlohnung, als Tagelöhner. Sie wurden besonders in Zeiten engagiert, in denen mehr Arbeiten anfielen, also in den jeweiligen Erntezeiten. Deswegen waren sie auch oft genötigt, je nach der unterschiedlichen Reifezeit und nach Art der Feldfrüchte mit saisonalen Schwerpunkten und dazu von Ort zu Ort wandernd sich zu verdingen. Diese Abhängigkeit vom Lohn aus der Tasche anderer rückte sie in die Nähe von Sklaven; ja da sie deren Einbindung in den Oikos eines Patrons entbehrten, die ja auch Schutz und Zugehörigkeit bedeutete, galt ihre Lebensweise geradezu als die denkbar schlechteste. Nun gehörten zu den Lohnabhängigen nicht allein Landarbeiter, sondern auch Personen, die in einem Gewerbe tätig waren, und dies führt uns zu dem nächsten Komplex wirtschaftlicher Aktivität.

b. Gewerbliche Tätigkeiten

Vorab sei noch einmal betont, daß die hier bezeichneten Tätigkeiten – schon von der Zahl der von ihnen Lebenden her – im allgemeinen von wesentlich geringerer Bedeutung waren als die Landwirtschaft. Allerdings müssen dabei im einzelnen größere Differenzen, die zeitlich wie räumlich bedingt sind, berücksichtigt werden, wozu noch einiges zu sagen sein wird (s. u. 96 f.).

Handwerk

Schon von seinem sozialen Ansehen her stand der Handwerker, jedenfalls in den früheren Epochen und in vielen Regionen Griechenlands, hinter dem selbständig wirtschaftenden Agrarier zurück. Von Hause aus galt nur etwas, wer eigenen Landbesitz hatte. Der Handwerker, der in seiner Werkstatt saß, wurde nicht selten sogar verachtet: Im Wort ‚Banause‘ (von βάναυσος, Handwerker) hallt das heute noch nach. Er war ja auch zunächst überwiegend als von Dorf zu Dorf, von Hof zu Hof ziehender, herumwandernder Habenichts in das Blickfeld geraten. Man brauchte ihn nur für wenige spezielle Arbeiten, da vieles, bis hin zur Verfertigung wichtiger landwirtschaftlicher Geräte, im Hause erledigt wurde. Für manches, besonders die Herstellung von Keramik und Waffen sowie Gebrauchsgeräten aus Metall, waren die Handwerker jedoch unentbehrlich, und bei zunehmender Differenzierung in den wirtschaftlichen und sozialen Verhältnissen wuchs ihre Bedeutung. In den größer werdenden Siedlungen finden wir ihre Werkstätten oder Buden, oft in bestimmten Gegenden konzentriert. Wichtig für das Wirtschaftsleben waren zunächst die Zimmerleute und Bauhandwerker, deren Bedeutung mit den zunehmenden Aktivitäten im Monumentalbau seit dem 7. Jahrhundert noch wuchs. Sie sind, bedingt durch ihre Mitarbeit bei örtlich wechselnden Großprojekten und ihre teilweise beachtliche Spezialisierung, immer relativ mobil geblieben. Die Spanne der in diesem Metier Tätigen reichte vom einfachen Steinhauer bis hin zum Architekten von Großanlagen. Daneben sind die Schmiede und Bronzegießer zu nennen, wichtig für die Herstellung von Waffen, von zahlreichen häuslichen Gebrauchsgeräten und kunsthandwerklichen Produkten. Am bedeutendsten waren jedoch, auch quantitativ, die Töpfer. Die von ihnen – auf der Töpferscheibe und im Brennofen – verfertigten Erzeugnisse waren wichtige Gebrauchsgegenstände, besonders für den Konsum, die Vorratshaltung und den Transport (Trink- und Eßgeschirr, Fässer, Amphoren). Hier gab es viel Massenware, aber auch Luxusgüter von hohem kunsthandwerklichem Wert, besonders die bemalte Keramik. Dieser Zweig der Produktion erlaubt übrigens auch eine für den Stellenwert dieses Handwerks interessante Berechnung: In Anlehnung an die Zuweisung von Vasen an bestimmte Künstler hat der britische Archäologe R. M. Cook als Gesamtzahl der im 5. Jahrhundert in Athen im Bereich der Herstellung der berühmten rotfigurigen Vasen gleichzeitig tätigen Personen, einschließlich Sklaven, eine Zahl von maximal 500 ermittelt. Das ist, auch wenn man zusätzlich noch etliche auf die Herstellung von einfacher Keramik spezialisierte Werkstätten annimmt, angesichts einer Gesamtbevölkerung von rund 300 000 eine relativ kleine Zahl. Man hat dabei zusätzlich zu bedenken, daß Athen mit der rotfigurigen Keramik die gesamte Welt belieferte und daß in sehr vielen griechischen Staaten die Bedeutung der handwerklichen Tätigkeit für das wirtschaftliche Gesamtgefüge wesentlich geringer war als im Athen des 5. Jahrhunderts.

Die Arbeits- und Wirtschaftsweise der Handwerker war prinzipiell nicht anders als die auf dem Agrarsektor: Grundeinheit war auch hier der Oikos, das Haus als Wohnung, Werkstatt und Laden, in dem der Handwerker normalerweise in kleinem Stil, mit Unterstützung durch seine Familienangehörigen und vielleicht ein bis zwei Sklaven als ‚Gesellen‘, tätig war. Es gab auch größere Werkstätten, die aber weder durch den Einsatz von Maschinen noch die Organisation der Arbeitsvorgänge sich etwa neueren Manufakturen oder Industrien an die Seite stellen lassen, sondern vielmehr durch die Summierung der jeweiligen Einzelarbeiten gekennzeichnet waren. Mehrere Sklaven, gelegentlich freie Lohnarbeiter, fertigten jeweils einzeln oder bei komplexeren Produkten in Gruppen einen Gegenstand. In diesem Rahmen waren durchaus größere Reichtümer zu erwerben, und der Inhaber konnte dann den Lebensstil eines ‚Rentiers‘ erreichen – wenngleich ihm dabei immer noch der ‚Makel‘ des Handwerkers anhaftete.

Generell ergab sich aus der Entwicklung, daß sich die Handwerker in der Regel in den städtischen Zentren konzentrierten, und daraus wiederum bildete sich eine gewisse Differenzierung zwischen Stadt und Land heraus. Das eingangs gegebene Bild von dem engen Zusammenhang von Stadt und Umland ist damit aber nur geringfügig zu modifizieren: Selbst in gewerblich-kommerziell hochentwickelten Städten wie etwa Korinth oder Rhodos blieb die Mehrheit der Bevölkerung landwirtschaftlicher Tätigkeit verhaftet.

Handel

Vieles von dem über das Handwerk Gesagte trifft auch für den Handel zu. Zunächst nahm der Produzentenhandel einen hohen Anteil am Gesamtvolumen des Handels ein: Bauern oder deren Familienangehörige verkauften ihre überschüssigen Produkte auf den nächstgelegenen Märkten selbst, die Handwerker ihre Erzeugnisse in ihren Läden. Es gab aber auch spezifische Formen des Handels und entsprechend spezialisierte Händler: Die Kleinhändler erwarben die Güter normalerweise bei den Importeuren (zum Beispiel Fernhändlern, s. u.), etwa auf dem Großmarkt (Emporion) eines Hafenplatzes, und verkauften sie auf nahegelegenen Märkten (soweit dies die Fernhändler nicht selbst erledigten). Sie übernahmen beispielsweise aber auch die Fische und Meerestiere von den Fischern zum Verkauf auf speziellen Fischmärkten. Zu dieser Gruppe im weiteren Sinne gehören auch die Inhaber gastronomischer Dienstleistungsbetriebe, die Getränke und speziell zubereitete Speisen verkauften, die Geldwechsler, die an Tischen die diversen Währungen tauschten, aber auch Geld in Aufbewahrung nahmen, oder etwa die Prostituierten. Eine besondere Form dieses Kleinhandels war das Hausieren: Mobile Kleinhändler verkauften diverse Produkte, oft nur mit einem Tragebehälter oder einem oder mehreren Tragtieren auf dem Landweg reisend. Dies war besonders wichtig für die Versorgung der Bevölkerung in den vielen abgelegenen Gebieten.

Handel mit größerem Volumen gab es eigentlich nur in der Form des Fernhandels, und dieser war im wesentlichen wegen der bereits geschilderten Verkehrsverhältnisse auf das Meer verwiesen. Der Fernhändler war entweder Besitzer eines eigenen Schiffes, oder er charterte sich, allein oder mit anderen, ein Handelsschiff. Meistens fuhr er selbst mit und kaufte für den Erlös der verkauften Ware neue ein, und dabei richtete er sich nach dem, was ihm gerade den besten Gewinn versprach. Im wesentlichen handelte er mit begehrten Luxusgütern, die nur in bestimmten Gebieten erhältlich waren, also etwa mit kostbarem Schmuck und Gefäßen, Textilien, Parfums und Gewürzen, aber auch Sklaven. Dazu kamen Rohstoffe für die Metallverarbeitung, besonders die Waffen- und Münzgeldproduktion, sowie in erheblichem Umfang Massenwaren, vor allem Getreide, Wein und Olivenöl, Pökel- und Trockenfisch. Im griechischen Raum verkaufte er an Kleinhändler oder direkt an den Konsumenten.

Dieser Beruf erforderte mithin hohe Flexibilität und Mobilität. Er wurde öfter von Personen ausgeübt, die nicht an ihrem Herkunftsort lebten, sondern an dem für ihre Tätigkeit günstigsten Ort, sofern sie nicht unterwegs waren. Viele waren also sogenannte Metöken (Ansässige ohne Bürgerrecht). Angesichts der weiten Entfernungen, des Kontaktes mit oft noch auf primitiver Stufe lebenden fremden Bevölkerungsgruppen und der Gefährdung der Seefahrt durch Stürme und Seeräuber waren solche Handelsfahrten mit hohem Risiko behaftet, zumal die Händler in eine Schiffsladung nicht selten ihr ganzes Vermögen investiert oder sich sogar dafür hoch verschuldet hatten. Die Fahrten hatten auch oft geradezu den Charakter von Abenteuer- und Entdeckungsreisen, besonders in der archaischen Zeit. Eine größere Regelmäßigkeit ergab sich erst mit der Entwicklung der griechischen Kolonisation und besonders durch den Ausbau des athenischen Seeimperiums im 5. Jahrhundert, das die Sicherheit der Seewege erheblich verbesserte.

Wenn allerdings eine Handelsfahrt erfolgreich verlief, dann waren – gerade wegen der Risiken und des damit zusammenhängenden knappen Warenangebots – extreme Gewinne möglich, sofern nicht staatliche Gesetze die Preisgestaltung kontrollierten. Das war allerdings keineswegs die Regel und kam eigentlich nur bei lebenswichtigen Gütern wie Getreide vor. So war in den Kreisen dieser Händler das Gewinndenken besonders ausgeprägt. Die Verachtung der Landbesitzer, besonders der größeren, traf aber auch diese Personengruppe, und nicht selten drängte es einen Händler, zumal wenn er einige erfolgreiche Fahrten absolviert hatte, vom gefährlichen Meer weg zur Anlage seiner Gewinne in Landbesitz.

Wir konnten hier nur in knappen Strichen ein allgemeines Bild geben und nur die besonders typischen und wichtigen Phänomene herausstreichen. So ist vieles zu differenzieren, zunächst einmal in zeitlicher Hinsicht. Bestimmte Entwicklungen wurden gelegentlich schon angedeutet, und manches wird im folgenden noch zu präzisieren sein. Noch wichtiger ist vielleicht, daß sich auch in regionaler Hinsicht deutliche Modifizierungen des Gesamteindrucks ergeben. Diese sind sogar so signifikant, daß wir sie unserer typologischen Differenzierung im zweiten Teil zugrunde legen. Doch gerade angesichts der notwendigen Modifizierungen ist der Hinweis auf den allgemeinen Rahmen wichtig, da nur dieser die angemessene Folie für den Einzelfall abgibt. Nur so läßt sich überdies dann auch die Ambivalenz von Übereinstimmung und Besonderheit auf diesem Gebiet halbwegs angemessen wiedergeben.

3. Grundzüge des politischen Lebens

In diesem Kapitel geht es vor allem um politische Geschichte. Gerade dabei muß die spezifische Doppelgesichtigkeit von Gemeinsamkeiten und jeweiligen spezifischen Eigenheiten (exemplarisch) verdeutlicht werden, gerade hier, weil die von der Natur vorgezeichneten und durch die Lebensweise bedingten Gegebenheiten erst vor dem Hintergrund von je gemeinsamen oder getrennten Erfahrungen im historisch-politischen Geschehen ihre definitive Ausprägung erhalten. Dabei finden sich nicht nur auf Grund struktureller Voraussetzungen gleichgerichtete, parallele Entwicklungen, mit lokalen Varianten, sondern solche Ähnlichkeiten, Entsprechungen, Gemeinsamkeiten wurden gleichsam potenziert durch zunehmende gegenseitige Kenntnisnahme, die Nachahmungseffekte provozieren mußte. Auf der anderen Seite erhärteten sich partikulare Elemente, zum Beispiel durch längerfristige kriegerische Konfliktkonstellationen zwischen denselben politischen Einheiten. So gab es in Griechenland geradezu zwei Arten von ‚Schicksalsgemeinschaften‘, auf der – allgemeinen – Ebene des Griechentums und auf der – speziellen – Ebene der einzelnen politischen Entität, der Polis beziehungsweise des Stammes- oder Bundesstaates.

a. Historische Erfahrungen

Abgesehen von den Gemeinsamkeiten und Unterschieden, die die späteren Griechen mitbrachten und die ethnisch-anthropologisch bedingt waren, für uns aber nicht mehr recht erforschbar sind, und denjenigen, welche durch die Lebensumstände und die naturräumliche Situation hervorgerufen wurden, war es vor allem eine Reihe einschneidender historischer Erlebnisse, die der Masse der Griechen, mit jeweiligen Abweichungen und Abstufungen, gemeinsam waren und die das griechische Selbstverständnis entscheidend geprägt haben. Sie erhärteten einerseits die gesamtgriechische Identität und das Wissen um diese, andererseits die Individualität, gerade in der Abgrenzung von Vergleichbarem. Die wichtigsten dieser Erlebnisse und Erfahrungen waren die Landnahme, die Herausbildung der Polis und der griechischen Nation sowie vor allem die Krise der archaischen Zeit, vorwiegend im 7. und 6. Jahrhundert.

Die Landnahme

Unser Wissen über diesen Vorgang ist mehr als lückenhaft, und es ist deshalb noch heute sehr verbreitet, ihn vor allem aus den diversen Mythen, die die Griechen dazu erzählten, zu rekonstruieren und damit dann auch die archäologischen und sprachhistorischen Daten zu interpretieren. Da dies methodisch hochgradig problematisch ist – die Mythen sagen viel mehr über das Bewußtsein dessen aus, der sie erzählt, als über die erzählte Zeit (s. u. 87 ff.) –, werden hier nur kurz, unter Verzicht auf eine Pseudo-Genauigkeit, die Punkte erwähnt, die als gesichert gelten können.

Ein nicht unerheblicher Teil des Bevölkerungssubstrats, aus dem sich in der archaischen Zeit die griechische Nation bildete, ist erst gegen Ende des

2. Jahrtausends eingewandert und hat auch innerhalb der ansässigen, mit den Einwanderern ethnisch verwandten Bevölkerung erhebliche Verschiebungen verursacht. Neue Untersuchungen haben gezeigt, daß dieser Zuzug, gemeinhin unter dem Stichwort Dorische, Ägäische oder schlechthin Große Wanderung erfaßt, nicht *uno actu* oder in einigen wenigen großen Schüben ablief, sondern in einem längeren Prozeß von im einzelnen wohl recht komplizierten Bewegungen, der sich vom ausgehenden 13. bis ins 10. Jahrhundert hinein erstreckte. Die wandernden Gruppen waren stammesmäßig organisiert, oft mit entsprechenden Untergliederungen, und sie standen unter einer monarchischen Spitze. Man darf sie nicht ohne weiteres mit den späteren griechischen Großstämmen der Aioler, Dorier und Ioner verbinden, da diese im wesentlichen erst später als solche konstituiert wurden (s. u. 37). In manchen Gebieten haben sich jedoch originäre Stammesstrukturen gehalten, zum Beispiel in Aitolien, und in anderen Regionen war der Stamm zunächst so prägend, daß sein Name sich auf die Landschaft übertragen und in den weiterentwickelten politischen Organisationsformen gehalten hat, zum Beispiel in Thessalien und Boiotien.

Bei der Landnahme selbst zielte man naturgemäß auf die ergiebigeren Landstriche, so daß wir Siedlungszentren oft in Gegenden finden, die schon in mykenischer Zeit von größerer Bedeutung waren (Messenien, Mantineia-Ptolis, Argos, Chalkis und so weiter). Dort fand man auch einen von Natur her gesicherten, bereits zusätzlich befestigten Platz, der als Mittelpunkt und Schutzburg diente (Akropolis). Das Land wurde verteilt, wobei die Götter und die jeweiligen Führer ein besonderes Stück (Temenos) erhielten. Letztere übernahmen im übrigen auch den Titel ehemaliger mykenischer Ortsgouverneure (*g^{w}asileus* – βασιλεύς, ‚König‘). Ob auch, sofern er überhaupt schon herausdifferenziert war, der Stammesadel besseres Land erhielt, oder sich ein Adel erst nach der Landnahme aus den durch zufälligerweise bessere Zuteilung und Erbgang Begünstigten entwickelte, muß offenbleiben. Manche der Zuwanderer schwangen sich auch zu einer Herrenschicht auf, die nicht nur über das Land, sondern auch über die noch ansässigen, dieses Land bebauenden Menschen verfügten, also als Grundherren mit abhängigen Bauern lebten, so in Thessalien und auf Kreta (s. o. 25).

Wichtig für unser Thema ist, daß sich auch sonst schon beträchtliche Unterschiede ergaben: Etliche Regionen waren für größere Siedlungen und eine betont agrikulturelle Lebensweise nicht oder weniger geeignet, etwa in Westgriechenland und im Norden wie im Zentrum der Peloponnes. Hier hielt sich, wie schon angedeutet, die alte Organisationsform, wenn auch mit allmählicher Weiterentwicklung (s. u. 150 ff.). In sehr vielen Gebieten aber bildeten die neuen Siedlungszentren die Kerne auch ganz neuer politischer Einheiten, die die alten Stammesbeziehungen völlig in den Hintergrund treten ließen. Äußerlich kommt dies darin zum Ausdruck, daß der Name der Siedlung den des Verbandes prägte. Dazu trat eine allmähliche Verschiebung der Lebensweise. Von Hause aus eher auf Viehzucht eingestellt, gingen die Siedler mehr und mehr zum Ackerbau über. Immer mehr Gebiete wurden unter den Pflug genommen. Dies geschah begreiflicherweise vor allem in den Küsten- und Binnenebenen sowie den neogenen Hügelländern und anderen Gebieten mit besonders ergiebigen Böden.

Auf Grund der vielfältigen Gliederung der griechischen Landschaft waren die Ländereien solcher Siedlungen durchweg sehr klein. Ein Gebiet von 100 km² war schon einigermaßen bedeutend, und selbst die größeren kamen kaum auf mehr als 300 bis 400 km². Nicht anders war die Situation auf den ägäischen Inseln, die ohnehin klein waren und wo sich auf den größeren mehrere solcher Siedlungskomplexe herausbildeten. Man verlor also den alten Zusammenhalt weithin, entwickelte aber in den neuen Räumen ein neues, auf das Gebiet konzentriertes Zusammengehörigkeitsgefühl. Dabei blieben, gerade in besonders zergliederten Gegenden, die einzelnen Siedlungen stark auf sich beschränkt. In den Gegenden, wo die physiogeographische Situation einen Zusammenhang nahelegte oder sich ein politischer Wille zu Ausdehnung und Zusammenfassung geltend machte, kam es zur allmählichen Dominanz einer bedeutenden Siedlung, meist gestützt auf einen besonders günstigen Fixpunkt in Form einer Akropolis. Mit einem solchen Verfahren, für das später jedenfalls der Begriff des Synoikismos gebraucht wurde, treten wir aber schon in den Komplex der eigentlichen Polisbildung ein.

Die Polis der Adligen

Der Synoikismos hat zwei Seiten: Er ist ein ökistischer oder ein staatsrechtlicher Vorgang oder beides. Es kann also sein, daß sich eine konkrete Siedlungsänderung, ein Zusammensiedeln in einem Ort, vollzieht. Es ist aber auch möglich, und in der Polisbildung alles andere als selten, daß sich der Synoikismos lediglich in einem staatsrechtlichen Zusammenschluß mehrerer Siedlungen mit einer zentralen Siedlung vollzieht, im wesentlichen unter Beibehaltung der Wohnsitze: Dann konzentrierten sich lediglich die politischen Gewalten, die entscheidenden Gremien und Institutionen, in dem ‚Vorort‘. Beides konnte natürlich auch kombiniert sein, aber für die politische Geschichte entscheidend sind die staatsrechtlichen Vorgänge. Das zeigt sich schon am Anfang der Entwicklung. Wir finden schon relativ früh zu einiger Größe gekommene Orte, besonders in Alt-Smyrna und dem früheisenzeitlichen Lefkandi (auf Euboia). Ferner läßt sich beobachten, wie in verschiedenen Gegenden, etwa gegen 700, Siedlungsplätze verlassen wurden (so auf Andros, Paros und Chios) und wie vom 8. bis zum 6. Jahrhundert größere Siedlungen zunehmend ausgebaut wurden und offenbar einen beträchtlichen Bevölkerungszuwachs verzeichneten (Smyrna, Korinth).

Diese Siedlungskonzentration ist das äußere Indiz der Polisbildung. Aber auch auf die staatsrechtlichen Vorgänge gibt es Hinweise, das heißt darauf, daß sich mehrere, weiterhin bestehende Siedlungen sozusagen der Suprematie eines bedeutenden Ortes beugten, fortan nur als Dörfer (Komen, Demen) einer Polis existierten. Dies läßt sich für Megara für das 8. Jahrhundert nachweisen, in den arkadischen Städten Tegea und Mantineia für das 6. Jahrhundert, in manchen Gegenden sogar noch später (Elis, Heraia, Achaiische Städte): Hier hatte sich teilweise unter den Siedlungen schon vorher ein loser politischer Zusammenhalt entwickelt oder gehalten, der durch den Synoikismos lediglich noch besonders akzentuiert und gefestigt wurde. Ferner kann man beobachten, daß manche städtischen Zentren ihren Geltungsbereich immer weiter ausdehnten, zum Teil bis an die natürlichen Grenzen ihres Territoriums, zum Teil darüber hinaus (Korinth, Argos, Chalkis, Eretria), was nicht selten ein jahrhundertelanger Prozeß war (Eretria).

Wenn wir diese Daten kombinieren mit dem, was wir über die innere, besonders die verfassungsrechtliche und politische Entwicklung in der frühen Phase ermitteln können, ergibt sich ein ziemlich klares Bild: Der Prozeß der Polisbildung steht in engem Zusammenhang mit einem bedeutenden Machtgewinn der Adligen beziehungsweise der Reichen. Diesen gelang es, unter Ausnutzung ihrer ökonomischen Ressourcen, ihres sozialen Gewichts und ihrer politischen Position als ritterliche Einzelkämpfer, Ratgeber und Richter, die politische Macht in den eigenen Reihen zu monopolisieren, ja teilweise überhaupt erst als solche zu konstituieren. Sofern sich die alten Stammesführer als Könige überhaupt hatten halten können, waren sie zu *primi inter pares* herabgesunken. Nun wurden sie definitiv entmachtet. Die Adligen oder einzelne adlige Familien bildeten nun die herrschende politische Schicht, und zwar als Kollektiv, indem sie nämlich die Aufgaben des Anführers im Kreise der Berechtigten kursieren ließen, das heißt zeitlich begrenzten und, wohl teilweise erst später, durch Aufteilung auf mehrere Personen zusätzlich entschärften. Insofern man damit genötigt war, zu konkretisieren und abzugrenzen, was vorher mehr oder weniger ‚amorphe‘ herrscherliche Befugnis war, erhielt die politische Einheit ‚Anstaltscharakter‘, entstand eine rational definierbare Staatsgewalt, die sich zunächst in die Kompetenzen von politischen Amtsträgern gliederte, der sich die anderen Angehörigen der Einheit entsprechend unterzuordnen hatten. Es gab also jetzt Ämter, die von Adligen bekleidet wurden, und vor allem entwickelte sich der Rat, der aus den Häuptern der Adelsfamilien zusammengesetzt war, meist ein ‚Rat der Alten‘, vom Beratungsgremium des Königs zu einem politischen Führungsorgan. Zudem lag bei den Adligen die Entscheidung in Rechtsstreitigkeiten, wobei sie nicht allein nach in ihren Reihen tradierten, religiös sanktionierten Rechtssätzen Recht sprachen, sondern selbst auch neu Recht setzen konnten.

Die restliche freie Bevölkerung trat gelegentlich, einberufen von den Inhabern der Führungsämter, zusammen und gab ihren Willen wahrscheinlich durch Akklamation zu erkennen, doch lag darin keine echte Entscheidungsbefugnis – solche Versammlungen bildeten kaum mehr als ein Publikum, vor dem Entscheidungen verkündet oder Diskussionen ausgetragen wurden; immerhin konnte sich aber ein Meinungsbild abzeichnen und damit auch der Einfluß einzelner Großer manifest werden.

Auch die ökistische Konzentration, von der die Rede war, läßt sich mit dieser Adelspolis verbinden. Waren es doch gerade die mächtigen Adligen, die sich bevorzugt in den bedeutenderen Zentren mit ihren Festungen niederließen. Und ihre politischen Funktionen legten es erst recht nahe, daß sie sich auch mit ihrem Hauptwohnsitz im politischen Zentrum ansiedelten, zumal sie dank ihrer persönlichen Abkömmlichkeit auf die Nähe ihrer Felder und Landgüter nicht angewiesen waren.

Der hier bezeichnete Prozeß hat sich mit beträchtlichen Phasenverschiebungen vollzogen. Überwiegend gehört er jedoch in das 8. Jahrhundert. Regionale Abweichungen traten auch hinzu. Gerade aber die hier beschriebenen Phänomene lassen sich in verschiedenen Poleis direkt nachweisen, sind also durchaus typisch. Sie verraten (und konstituieren) erhebliche Gemeinsamkeiten, mit diversen, aber eher untergeordneten lokalen Varianten: Wir finden ein ungeteiltes Oberamt, sehr oft mit dem Titel Prytanis, aber auch mit dem alten Basileus-Titel, zum Beispiel in Milet, Korinth, Mytilene (Prytanis) und Megara (Basileus) – nur war dieses zeitlich eingeschränkt, in der Regel ein Jahresamt, und die Iteration konnte, etwa durch Einschaltung einer Frist, erschwert werden, so im kretischen Dreros. Dieses Oberamt kursierte oft nur in bestimmten Familien oder Familiengruppen, deren Angehörige dann auch allein ratsfähig waren, zum Beispiel den Basiliden in Erythrai, den Bakchiaden in Korinth, den Penthiliden in Mytilene, den Neleiden in Milet oder dem Rat der Neunzig in Elis. Kennzeichnend war auch die Einführung hoher Altersgrenzen für die Bekleidung wichtiger Funktionen: Im aristokratischen Chalkis mußten Amtsträger und Gesandte wenigstens 50 Jahre alt sein. Derartige Ordnungen haben sich in manchen Gebieten ziemlich lange, bis ins 6., ja 5. Jahrhundert hinein gehalten (in Thessalien, lange auch in Elis, Chalkis und Eretria).

Kennzeichnend für die Adelspolis war jedoch auch die Binnengliederung der Gesamtbevölkerung, denn diese erfolgte nach dem gerade in aristokratischen Kontexten dominierenden Gesichtspunkt der Abstammung beziehungsweise Verwandtschaft. Zahlreiche Poleis waren in Phylen (‚Stämme‘) unterteilt, diese ihrerseits wieder in Untereinheiten, wie Génē (Geschlechter), Phratrien (Bruderschaften) und so fort. Diese gentilizische Binnenstruktur hatte politische, militärische und vor allem auch kultische Bedeutung. In der neueren Forschung ist die Einschätzung der Phylen und ähnlicher Gliederungen vor allem auf Grund von Beobachtungen zur athenischen Entwicklung stark problematisiert worden, so daß zur Zeit einige Unklarheiten bestehen. Für uns ist besonders ein Gesichtspunkt wichtig, der insgesamt zu wenig Beachtung gefunden hat: Die Phylen wurden – so viel ist zunächst klar – auf realer oder – in der Regel – fiktiver, aber ‚geglaubter‘, und damit subjektiv realer Verwandtschaft aufgebaut. Aber sie beschränkten sich nicht auf die Binnengliederung der Polis, sondern gingen über diese hinaus. So finden wir in vielen der Städte, die sich dem ionischen Stamm zurechnen, die vier Phylen der Argadeis, Aigikoreis, Geleontes und Hopletes, und in den dorischen Staaten die der Hylleer, Dymanen und Pamphyler, mit einigen teilweise beträchtlichen Abweichungen und zusätzlichen Einheiten. Interessanterweise gab es aber, noch aus viel späterer Zeit, als die Phylen normalerweise schon lokal definiert waren, im arkadischen Tegea Phylen, die sich nicht allein auf diese Stadt bezogen, sondern auf den gesamten Stammesverband der Arkader, der sich auf den Heros Arkas und dessen Söhne zurückführte. Hier hatte man sich also offenkundig an den alten großen Stämmen orientiert. Schon dieses Beispiel zeigt, mit wieviel Überlegung man an diese Gliederung heranging. Ein derart intentionales Vorgehen hat man auch bei den bekannten dorischen und ionischen Phylen anzunehmen. Diese sind auch nicht als Residuen der alten Stämme zu interpretieren, gerade weil sie sich in allen politischen Einheiten finden, was sich bei der Zersiedelung der Stammesgruppen so nicht ergeben hätte. Vielmehr kamen diese Gliederungen erst dadurch zustande, daß man sich einem Stamm zugehörig fühlte.

Dafür wiederum war maßgebend, daß die Griechen einander zunehmend näher kennenlernten, besonders bei Kultveranstaltungen im überlokalen Rahmen. Dabei merkten sie dann, daß sie sich alle ähnlich waren, sofern sie dieselben oder vergleichbare Kulthandlungen vollzogen, eine ähnliche Sprache und ähnliche Gewohnheiten hatten. Sie sahen aber auch, daß sich in diesem großen Rahmen manche ähnlicher waren als andere. So lief bezeichnenderweise der Prozeß, mit dem sich die Griechen allmählich ihrer nationalen Identität bewußt wurden, parallel mit der Herausbildung der ethnischen Identitäten. Nichts zeigt dies deutlicher als die Herleitung der Eponymen der Stämme, Aiolos, Doros und Ion, von ihrem Vater beziehungsweise Großvater Hellen – ein Stemma übrigens, das für eine derart frühe intentionale Zuordnung auch bei anderen Völkern in ganz ähnlicher Struktur vorkommt und offensichtlich ein wesentliches Merkmal ethnischer Selbstvergewisserung darstellt.

Es sind selbstverständlich die Adligen gewesen, die auch für diese überlokalen Ausrichtungen maßgebend waren. Sie hatten doch in erster Linie auch Kontakte über die Grenzen ihrer Einheit hinaus und verfügten von daher über reiche Gelegenheiten, andere Griechen und auch Nichtgriechen genauer kennenzulernen. Damit wird deutlich, daß in der Phase der von den Adligen geprägten Polisbildung und der dieser inhärenten Konstituierung sehr klei-

ner politischer Einheiten sich gleichzeitig auch – gefördert durch die über-
staatlichen Beziehungen des Adels – das Bewußtsein einer allerdings im einzelnen abgestuften Gemeinsamkeit Bahn brach. Nicht zufällig haben wir
dafür ein wichtiges Indiz aus dem 8. Jahrhundert, und zwar aus dem Bereich
supralokalen Kultvollzugs: An den Olympischen Spielen in der Pisatis, die im
Jahre 776 erstmals mit einem Agon ausgetragen wurden, durften nur Griechen teilnehmen. Das dieser Vorschrift zugrundeliegende Selbstverständnis
war also mindestens bei einem Teil der Griechen zu diesem Zeitpunkt vorhanden. Somit war also die von uns unterstrichene Wechselbeziehung von
Individuellem und Übergreifendem der politischen Geschichte des Griechentums gleichsam in die Wiege gelegt.

Die Krise der archaischen Zeit

Zum Teil noch während sich die Adelspolis konstituierte, oft nur kurz danach – wir haben ja mit jeweils mehr oder weniger großen Phasenverschiebungen zu rechnen –, zeichnete sich eine Entwicklung ab, durch die nicht
nur die Adelspolis beseitigt, sondern auch die neuformierte Polis in ganz spezifischer Weise zum Kernraum politischer Zuordnung gemacht wurde. Hier
waren verschiedene Faktoren zu jeweils unterschiedlichen Zeiten und mit jeweils unterschiedlichem Gewicht wirksam, gab es an einem Ort schon Lösungen, während an einem anderen noch alles unverändert war. Aus diesem
Grunde, aber auch wegen des Quellenmangels, können wir die Geschichte
nicht kontinuierlich nacherzählen. Wir können lediglich konstatieren, daß
sich weithin, vor allem im 7. und 6. Jahrhundert, die sozialen und politischen
Zustände krisenhaft verschärften, was letztendlich zu politischen Systemen
führte, die die Adelspolis ablösten. Ferner können wir die entscheidenden
Elemente der Krise isolieren sowie die verschiedenen Lösungsversuche und
endgültigen Ergebnisse herauspräparieren und in ihren wichtigsten Phäno-
menen exemplifizieren.

Der erste Faktor lag bereits in der Machtkonzentration beim Adel begründet und besteht vornehmlich in der Tendenz zur Exklusivität und in der
internen Des-, besser Nichtintegration der Aristokraten. Die Adligen grenz-
ten sich zunehmend als eigener Stand ab. Sie demonstrierten ihren Reichtum
und vergrößerten ihn ständig, denn seit dem 7. Jahrhundert gab der sich ent-
wickelnde Fernhandel immer mehr Chancen, den eigenen Wohlstand durch
eine gewisse Spezialisierung in der landwirtschaftlichen Produktion zu meh-
ren. So verstärkte sich auch der soziale und ökonomische Druck auf die
Kleinbauern, die hier nicht mithalten konnten, ohnehin oft von Verarmung
und Verschuldung bedroht waren (s. o. 23) und jetzt Gefahr liefen, von den
reichen Adligen als abhängige Arbeitskräfte benutzt zu werden. Indem die
Adligen über die Rechtsprechung verfügten, wurde die Situation noch be-
drohlicher.

Andererseits gab es in der Adelsschicht durchaus interne Spannungen: Gerade in den Aristokraten lebte ein wacher Ehrgeiz, dessen Triebfeder das Streben nach Anerkennung durch Mit- und Nachwelt war, nach Ruhm und Ehre, Prestige und Bedeutung, zu erwerben durch individuelle Tüchtigkeit und Leistung, in Konkurrenz und im ständigen Vergleich mit anderen. Diese kompetitive Mentalität, die für uns etwa im griechischen Sport so sinnfällig wird, konnte sich jetzt ungehemmt auch und gerade *in politicis* entfalten. Und da mochte jemand bald auf den Gedanken kommen, nicht nur vor, sondern über den anderen zu stehen.

Schließlich entwickelte sich im 7. Jahrhundert, erstmals sicher belegt für die Jahrhundertmitte, eine neue Kampfweise: An die Stelle des adligen Einzelkampfes trat der Kampf in „taktischen Körpern", in geschlossenen und tief gestaffelten Schlachtreihen (Phalangen) von Schwerbewaffneten (Hopliten), die mit Panzer, Helm, Schild, Beinschienen, Lanze und Kurzschwert ausgerüstet waren. Die Hopliten setzten sich in ihrer Masse aus den besser situierten Bauern zusammen, die sich eine solche Rüstung leisten konnten. Zwangsläufig mußten in diesen Kreisen allmählich nicht allein das Gefühl der Solidarität und des Schulterschlusses untereinander und damit auch die Loyalität zur eigenen Polis im Sinne eines genuinen Polispatriotismus wachsen, sondern auch das Empfinden negativer Privilegierung: Man kämpfte für den Staat, hatte aber auf dessen politische Entscheidungen so gut wie keinen Einfluß.

So schufen der stets lebendige kompetitive Ehrgeiz von Adligen, die persönliche Not vieler Kleinbauern und wachsendes Selbstbewußtsein und Partizipationsbegehren mittlerer und größerer Bauern etwa seit der zweiten Hälfte des 7. Jahrhunderts in vielen griechischen Staaten krisenhafte Situationen, die man durchaus als revolutionär bezeichnen kann. Deutlich und klar abgegrenzt standen sich schließlich die Gruppen gegenüber: hier die Reichen, die Adligen, die ‚Dicken', die Vornehmen, die Nachkommen von Göttern – dort das Volk, der Demos, in sich durchaus nicht einheitlich, aber nicht selten vom Adel als Pöbel (κακοί) sozusagen ausgegrenzt und damit mindestens in der Gegnerschaft geeint.

Auch die Reaktionen auf diese Krise ähneln sich in den verschiedenen griechischen Staaten, auch sie sind sehr stark untereinander und mit den verschiedenen krisenhaften Zuspitzungen verwoben, auch sie sind mit oft erheblichen zeitlichen Verschiebungen in den verschiedenen Gebieten spürbar. Zunächst brachte die ausgreifende Kolonisationstätigkeit, die schon lange vorher eingesetzt hatte (um 750), eine gewisse Entlastung, wie ja überhaupt eine von deren Hauptursachen in einem der Symptome der Krise, dem eklatanten Widerspruch zwischen der Entwicklung der Bevölkerung und der Menge des verfügbaren Landes, lag. Wir können hier diesen Vorgang nicht im einzelnen verfolgen, sondern nur die beiden Punkte hervorheben, die für die Formierung der uns interessierenden Staaten wichtig waren: Zum einen gab es ganz bestimmte Kolonisationszentren, das heißt, einige Mutterstädte taten sich besonders hervor, insbesondere Milet in Kleinasien (mit Apoikien vor allem im Bereich des Marmarameeres und im Pontos-Gebiet), Korinth (mit Gründungen in Westgriechenland und auf Sizilien), das euboiische Chalkis (mit Kolonien in Unteritalien und Sizilien) und Megara (in Sizilien und vor allem im Bereich der Meerengen und im Schwarzen Meer). Diese und manche anderen Städte wurden zu Zentren der Kolonisierungstätigkeit nicht nur, weil gerade sie einen erheblichen Überschuß abzugeben hatten, sondern weil sich in ihnen viele Siedler auch aus anderen Gegenden sammelten, da sie in besonderer Weise über die organisatorischen Voraussetzungen für die schwierigen Unternehmungen verfügten, über die notwendigen Verbindungen und die Kenntnisse ferner Gebiete. Dazu kamen oft gezielte kommerzielle und politische Interessen – allerdings erst im Verlaufe der schon regen Aktivitäten. Jedenfalls errangen manche Städte in dieser Zeit eine große Bedeutung, zumal Anregungen aus fremden Kulturen sich gerade in ihnen manifestierten: Die Blüte Milets beispielsweise (s. u. 133 ff.) ist ohne diese Vorgänge ganz undenkbar.

Etwas anderes war aber noch wichtiger. Die Organisation lag jeweils in der Hand einzelner Adliger aus der betreffenden Mutterstadt, von Oikisten. Diesen oblag die Führung des gesamten Kolonisationsunternehmens. Sie hatten damit aber über die rein technische Organisation hinaus auch weitreichende planerische Aufgaben, für die Landverteilung, die Anlage der Stadt und für deren politische Ordnung, die Verfassung. Dieser Zwang zur Planung einer Stadt und eines soziopolitischen Systems muß auf die im Mutterland ja auch noch *in statu nascendi* befindliche Formierung des Staates beträchtliche Rückwirkungen gehabt haben. Die Frage etwa, wie man die verschiedenen hoheitlichen Aufgaben zu bestimmen hatte und nach welchen Kriterien die aus solchen Überlegungen resultierenden Ämter besetzt werden sollten, mußte spätestens jetzt gestellt und beantwortet werden. Und gefundene Antworten konnten dann, ebenso wie umgekehrt bestimmte Entwicklungen im Mutterland, übernommen werden. Es hat sich ganz offenkundig – die Ähnlichkeit der Vorgänge zeigt das zur Genüge – allmählich in diesem Rahmen ein allgemeines ‚know how‘ ergeben, und dabei hat wahrscheinlich die Priesterschaft des Apollon von Delphi, dessen Orakel regelmäßig vor Kolonisationsunternehmungen konsultiert wurde, eine bedeutende Rolle gespielt (s. u. 167).

Die ‚Entlastungen‘, die die Kolonisierung brachte, reichten aber in vielen Gebieten nicht aus. Das Gemenge von Adelskonkurrenz, Bauernnot und Hoplitenanspruch wurde immer brisanter. Der Antagonismus zwischen Adel und Volk war unverkennbar, wenn auch die Gruppen alles andere als einheitlich waren: Deklassierte und reiche Bauern hier, viele Cliquen unter Führung einzelner, besonders ehrgeiziger Vornehmer (Hetairien) dort, wie sie besonders für Mytilene um 600 durch die Gedichte des Alkaios belegt sind. Auch galt politisches Handeln zunächst immer noch als Sache der Adligen. Diese unruhige Situation war also so recht die Lage, in der besonders prestigeorientierte und umtriebige Aristokraten den schon angedeuteten Schritt vom Hervorragen aus dem Kreise der Standesgenossen zum Herrschen über diese – und damit über alle – tun konnten. Nur vor diesem Hintergrund wird das Phänomen der älteren Tyrannis deutlich. Natürlich waren die griechischen Alleinherrscher, die sich mit einem wohl aus dem Orient stammenden Begriff für Monarch ‚Tyrannen‘ nannten, nicht einfach Exponenten der Unter- oder der Hoplitenschicht, gleichsam wildgewordene Demagogen, als welche sie in der späteren antiken Tradition, besonders im 4. Jahrhundert, und auch noch in der Forschung des 19. und frühen 20. Jahrhunderts erscheinen. Sie waren aber auch nicht sozusagen historisch beliebig austauschbare, zeitlich verschiebbare Einzelkämpfer, wie es in Teilen der neueren Forschung behauptet wird. Vielmehr waren sie Kinder gerade dieser Krise und ohne diese – in der Dimension wie in den Inhalten ihrer Politik – nicht denkbar. Gerade in dieser Zeit häuften sie sich ja in verschiedenen Gebieten Griechenlands, und aus zeitgenössischen Zeugnissen wird deutlich, daß in einer krisenhaften Zuspitzung wie der skizzierten alles zur Tyrannis drängte, diese also eine erstrangige, geradezu strukturelle Gefahr darstellte. Daß dabei sich auch das Vorbild der orientalischen Monarchie ausgewirkt hat, die man gerade jetzt in Gestalt des lydischen Großreiches näher kennenlernte, versteht sich von selbst, ist aber keine ausreichende Erklärung für das Gesamtphänomen.

Naturgemäß führte der Tyrann ein Leben von betont aristokratischem Zuschnitt, aber in ganz anderen Dimensionen und mit klarer politischer Zielsetzung: Der adlige Oikos, immer schon zeitweise Heimstatt für Rhapsoden und Sänger, wurde zum Hof, an dem Künstler versammelt wurden und den eine besondere Repräsentation auszeichnete. Am deutlichsten wird das bei Periander von Korinth und Polykrates von Samos (s. u. 119). Die Außenkontakte des Adligen wurden gezielt ausgebaut. Die Herrscher unterstützten sich in einer Art von tyrannischer Solidarität, etwa bei der Ergreifung oder Verteidigung der Macht (Lygdamis von Naxos mit Peisistratos von Athen und Polykrates), gingen dynastische Verbindungen ein (Theagenes von Megara, Kleisthenes von Sikyon), sogar teilweise mit Herrscherfamilien der ‚alten‘ Großreiche. Überhaupt entwickelten sie so etwas wie eine Außenpolitik, was im Kolonialreich der Kypseliden von Korinth besonders deutlich wird. Und Polykrates’ Beziehung „zu Ägyptens König“ ist sogar in die Weltliteratur eingegangen. Außerdem dienten die Außenkontakte vor allem der Selbstdarstellung der Tyrannen und ihrer Familien vor der griechischen Öffentlichkeit, also besonders bei den panhellenischen Agonen, etwa in Olympia

oder in Delphi, wo sie, vor allem mit ihren Pferdegespannen, auftraten und
sich durch Weihungen und Bauten verewigten.

Noch bedeutender war allerdings die Politik der Tyrannen im Inneren: Einerseits lähmten sie die politische Opposition, indem sie deren Möglichkeiten, zum Beispiel die der Kommunikation, beschränkten, durch juristische
und militärische Zwangsgewalt, aber auch durch geschickte politische Maßnahmen, zum Beispiel Familienkoalitionen. Dies traf naturgemäß zunächst
ihre Standesgenossen, also ihre primären politischen Konkurrenten. Andererseits begünstigten sie die ärmeren Schichten, gerade in ihren ökonomischen Problemen: Sie förderten die Kleinbauern durch Kredite und schufen,
unter anderem im Bereich gewerblicher und kommerzieller Aktivität und
durch öffentliche Bautätigkeit, neue Verdienstmöglichkeiten, oft auf Kosten
der Reichen, die auf vielfältige Weise besteuert wurden. Auch den Ressenti-
ments der ärmeren Schichten kamen sie entgegen: Theagenes von Megara
ließ die Herden der reichen Grundbesitzer abschlachten und Kleisthenes von
Sikyon gab den alten dorischen Phylen Spottnamen, ‚Schweinelinge‘, ‚Eselin-
ge‘ und ‚Ferkelinge‘. Überhaupt förderten die Tyrannen den Zusammenhalt
der Bevölkerung, zum Beispiel durch religiöse Maßnahmen (Bauten und
Kultveranstaltungen). So waren sie zunächst durchaus populär.

Wesentlich aber war, daß all dies entpolitisierend wirkte. Gerade ökonomisches *appeasement* und Ablenkungen auf das kultische Gebiet zeigen den
patronalen Charakter der Herrschaft. Was wirklich politisch war, lag beim
Herrscher und seiner Familie: Er förderte nicht das Bürgeraufgebot, das da
und dort schon Erfolge gehabt hatte, sondern stützte sich zunehmend auf
ein stehendes Heer von bezahlten Söldnern. Zwar ließ er das politische System im wesentlichen formell intakt, setzte aber seine Verwandten und Ver-
trauenspersonen in die Schlüsselpositionen. Bestimmte Bereiche des Politischen, die unter ihm erst ‚entdeckt‘ worden waren, wie Außen-, Sozial- und
Religionspolitik, lagen ohnehin ganz bei ihm, das heißt, die von ihm ausge-
hende Kapazitätserweiterung des politischen Systems kam ihm selbst zugute.
Und insofern die organisierte Ausübung von Herrschaft das Wesen von
Staatlichkeit bestimmt, hatte die Tyrannis wesentlichen Anteil an der „Verstaatlichung der Polis" (J. Martin). Gerade hierin und in der Tatsache, daß
die alte Adelsherrschaft, auch in ihren alten gewachsenen Beziehungen zerschlagen und die staatliche Gemeinschaft um einen neuen Mittelpunkt zen-
triert wurde, lag die historische Funktion der Tyrannis: Dies wirkte weiter,
und nach ihr war nichts mehr so wie früher.

Die ältere Tyrannis selbst war allerdings überall nur von beschränkter
Dauer; im positiven Sinne konnte sie sich nicht etablieren. Die Opposition
der traditionellen politischen Klasse, des Adels, ließ sich nicht ausschalten;
auch aus der Emigration heraus und ihrerseits gestützt auf auswärtige Verbindungen, übten Adlige Widerstand. Vor allem aber – und das wird bewie-

sen durch die weitere Entwicklung – stand die Tyrannis auch dem gewachsenen und noch wachsenden Selbstbewußtsein der Hoplitenschicht im Wege, die teilweise schon vor der jeweiligen Tyrannis, teilweise auch, bei größeren Konflikten, unter dieser als militärische Schicht sich bewährt hatte. Und generell genügte die Tyrannis nicht dem Postulat einer auf Recht gegründeten Ordnung, wie es sich gerade in dieser Krisenzeit herausgebildet hatte und allmählich die Grundlage für die innere Akzeptanz einer politischen Ordnung bildete. Insofern wurde die Tyrannis auch nicht als legitime Ordnung anerkannt. Es lag aber auch gerade in diesem Gesichtspunkt der Rechtlichkeit der Schlüssel für die Überwindung der Krise.

Daß und wie dies gelang, macht ganz entschieden die welthistorische Bedeutung der Griechen *in politicis* aus. In den meisten Staaten wurden nämlich, gegen die Adelsherrschaft und die Monarchie, die politischen Ordnungen auf die Selbstbestimmung erheblich breiterer Schichten, ja letztlich auf die Gesamtheit der freien Bürger der politischen Einheit abgestellt. Damit diese neuen Ordnungen zustande kommen konnten, mußten zwei Dinge zusammenkommen.

Zum einen war ja damals durchaus schon ein Verfahren zur Schlichtung von Streitigkeiten unter den Bürgern bekannt und üblich – und um Streitigkeiten ging es ja jetzt auch. Was lag also näher, als auch die Lösung der großen Konflikte auf dem Felde des Rechts, des Schiedsspruchs zu suchen? Das bot den großen Vorteil, daß derart gewonnene Regelungen angesichts der religiösen Verankerung des Rechts eine besondere Verbindlichkeit hatten, bei allen Gruppen der Bevölkerung. Problematisch war allerdings, daß zunächst nur eine der antagonistischen Gruppen, das Volk, an dem Recht in diesem Sinne ein vitales Interesse hatte, da es mangels eigener Macht nur auf diesem Wege Schutz vor Übergriffen finden konnte, und daß die Rechtskundigen, die Adligen, die allein Kenntnis der Satzungen und Befugnis zu deren Weiterentwicklung hatten, in dieser Konfliktkonstellation Partei waren. Sie hatten überdies nicht selten das Recht mißbraucht, durchaus auch im Sinne ihrer eigenen Interessen. Deswegen bestand die erste Forderung darin, daß das geltende Recht beziehungsweise die wesentlichen Rechtssätze insgesamt jedermann zugänglich gemacht, also schriftlich fixiert wurden – wobei sich zwangsläufig schon Konkretisierungen und partielle Systematisierungen ergaben. So war die Kodifizierung des Rechts ein erster wesentlicher Schritt. Überhaupt können wir in dieser Zeit ein ausgeprägtes und teilweise schon hoch entwickeltes Rechtsbewußtsein greifen.

Dazu kam noch ein zweites Moment. Durch die Kolonisation war bewiesen, daß man zur Planung komplexer politischer Systeme in der Lage war. Zunehmend setzte sich überdies, stark gefördert durch die Entwicklung eines eigenständigen Problembewußtseins in der sich herausbildenden Wissenschaft (s. u. 93 f.), eine große Wertschätzung für die gezielte intellektuelle Leistung eines klugen Individuums durch. Es war ja das 6. Jahrhundert auch die Zeit, in der gerade solche Individuen unter dem Stichwort des ‚Weisen' erfaßt und schließlich in der Gestalt der ‚Sieben Weisen' kanonisiert wurden – ein Vorgang, der durch deren Leistungen auch auf politischem Gebiet wiederum gefördert wurde.

Man verfiel also darauf, so, wie man für die Koloniegründung einen Oikisten – nach Befragung des Orakels – bestimmte, eine bestimmte Person, selbstverständlich einen Angehörigen der Adelsschicht, zu beauftragen, auf dem Wege über die rechtliche Fixierung die aufgeladene politische und soziale Situation zu entspannen. Solche Beauftragten, Nomotheten oder Aisymneten (Gesetzgeber und -künder) oder auch ‚Versöhner' genannt, erhielten oft zeitlich befristete Sondervollmachten. Und nicht selten kamen sie wegen der starken inneren Zerstrittenheit und weil einige Individuen als besonders klug und manche Staaten als besonders gut geordnet galten, von außen. Auch hier gab es naturgemäß viele lokale Varianten, aber angesichts der Gleichartigkeit der Probleme und des wechselseitigen Austausches gab es doch eine Reihe von nomothetischen Prinzipien beziehungsweise spezifisch nomothetischen Lösungen, die wir verschiedentlich feststellen können – und die im übrigen bezeichnenderweise mit manchen tyrannischen Maßnahmen verwandt sind.

Besonders charakteristisch sind Regelungen zum Schutz des freien Bauerntums, etwa das Gesetz des Philolaos von Korinth (Ende 7. oder 6. Jahrhundert) für Theben, das die Wahrung der Landlose, also der – wahrscheinlich neu verteilten – Besitztümer vorschrieb, also zugleich ein Akkumulationsverbot beinhaltete, oder ein dem mythischen Staatsgründer Oxylos zugeschriebenes Gesetz in Elis (wohl aus dem 6. Jahrhundert), nach dem ein fester Teil jedes Landes von hypothekarischer Belastung ausgenommen war – womit der totalen Verschuldung der Bauern, mithin auch der Schuldknechtschaft, ein Riegel vorgeschoben war.

Wichtig waren ferner Gesetze, die bestimmte aristokratische Usancen einschränkten, die besonderen Unwillen ausgelöst hatten: Schon die verschiedenen Gesetze gegen Trunkenheit und Alkoholmißbrauch hatten wohl diese Zielrichtung. Noch wichtiger waren Vorschriften, die den Aufwand bei Begräbnissen und bei der Ausgestaltung von Grabstätten unterbanden. Die meisten dieser Gesetzgebungen waren also Bündel von Einzelgesetzen, in denen zu dem bestehenden und vielleicht auch erstmals kodifizierten Recht neue Bestimmungen traten, die konkrete Mißstände und Konfliktpunkte betrafen.

Nicht selten enthielten solche Gesetzeskomplexe auch Regelungen über die politische Verfassung, ja es ist ein Kennzeichen dieser Art von Nomothesie, daß sie in letzter Konsequenz nicht allein Einzelfragen regelte, sondern auch über wesentliche Elemente des politischen Systems bestimmte. Festgelegt wurde so auch die politische Machtverteilung, die Frage, wer an ihr in welchem Umfang und mittels welcher Institutionen partizipierte. Damit waren die Rahmenbedingungen für politisches Handeln definiert. Entscheidend war, daß dabei auch das Volk, wahrscheinlich zunächst nur die zum Hoplitendienst Befähigten, Anteil erhielt. Wir kennen zwar nur wenige dieser frühen Verfassungen, aber sie verraten bereits einen erstaunlich hohen Organisationsgrad. So geht aus einem wohl kurz vor der Mitte des 6. Jahrhunderts entstandenen Gesetz der Insel Chios hervor, daß es einen Volks-Rat gab, der durch Wahl besetzt war, wobei die Repräsentanz der Phylen gewahrt blieb. Er trat regelmäßig zusammen und hatte bedeutende Rechte, als Appellationsinstanz in Prozessen, bei der Verhängung von Bußen und bei der Führung der Geschäfte. Das Volk selbst – also ein über den Adel hinausgehender Kreis – faßte Beschlüsse, demnach gab es offensichtlich eine Volksversammlung. Die wichtigsten Beamten – noch vor dem Basileus, der wahrscheinlich nur noch die kultischen Funktionen des alten Königs wahrnahm – waren die ,Volksführer' (Demarchen), die ihrerseits der Kontrolle unterlagen beziehungsweise rechenschaftspflichtig waren, natürlich gegenüber dem Volk.

Dies Gesetz ist ein klares Zeugnis für eine rational durchdachte, die Aristokratie transzendierende Verfassung von der Art derer, die sich im 6. Jahrhundert in Griechenland weithin durchsetzten; wie weithin, demonstriert am besten die Tatsache, daß ein weiteres Zeugnis für eine vergleichbar geordnete und hochentwickelte Verfassung am Ende des 6. Jahrhunderts aus dem westlichen Lokris bekannt ist, einer Gegend, die man vor dem griechischen Hintergrund nicht gerade zu den prägenden zu rechnen hat.

Solche neuen Konstitutionen hatten also weite Verbreitung. Sie zeigen nicht allein, daß sich im wesentlichen gegen Ende des 6. Jahrhunderts die Mitbestimmung breiterer Schichten des Volkes durchgesetzt hatte, sondern daß auch der Prozeß der Polisbildung definitiv abgeschlossen war – mit einer weiteren wichtigen Konsequenz: Ganz anders als die Adligen mit ihren grenzüberschreitenden Verbindungen waren die Bauern des Volkes mit ihrem Lande verwurzelt, hatten die Hopliten unter ihnen einen besonderen Polispatriotismus entwickelt. Auf die Polis als politische Grundeinheit war man jetzt in ganz anderer Weise orientiert. Und damit war zugleich definitiv die politische Vereinzelung des Griechentums besiegelt, der eingangs bezeichnete Partikularismus erreicht – immer aber in Verbindung mit den hier aufgezeigten, parallel gerichteten Strukturen, die ebenfalls historisch gewachsen waren.

b. Politische Grundmuster

Nachdem dergestalt die in den meisten der uns interessierenden Staaten erreichte Grundsituation erfaßt ist, können wir uns für das Folgende darauf konzentrieren, die politischen Strukturen und rechtlichen Formen eher systematisch darzustellen. Da anerkanntermaßen unabhängig davon, wie man Politik im einzelnen definiert, die Konkurrenz um Macht und Machtanteil dabei mindestens eine wichtige, wenn nicht die zentrale Rolle spielt, wollen wir uns bei der Analyse der politischen Grundmuster auf die Struktur der Konflikte beschränken, zumal diese ja in jedem Falle über den spezifischen Charakter des jeweiligen politischen Verhaltens gerade an einem neuralgischen Punkt Aufschluß geben können. Die Konfliktkonstellationen sind hier jeweils idealtypisch isoliert worden; in der Realität waren sie auf mannigfache Weise vermengt.

Innerstaatliche Gruppen und interne Konflikte

Wo es um die dominierende Position im Staate vor beziehungsweise über den anderen geht, finden wir verschiedene Ebenen des Streitens und entsprechend verschiedene Gruppen, von denen einige schon behandelt worden sind. Dabei bezeichneten die ‚Wettkämpfe‘ der kleineren Adelsfaktionen den ältesten Typus der Auseinandersetzung, setzten sich aber auch später noch fort, besonders in den Bereichen, in denen sich ältere Ordnungen noch länger hielten, wie in Thessalien, aber auch unter dem Vorzeichen der neuen Ordnungen, weil auch in diesen in der Realität der Adel immer erhebliches Gewicht hatte. Wichtig war, daß die einzelnen politisch aktiven Adligen sich stets mit einer Anhängerschaft aus Gleichrangigen und sonstigen Sympathisanten umgaben, mit denen sie durch engste persönliche Bande verknüpft waren, oft über Generationen hinweg. Die Freunde (φίλοι) und Kameraden (ἑταῖροι) bildeten auf diese Weise eine elementare politische Gemeinschaft, die Hetairie. In dieser hatte das Eigeninteresse des Machtgewinns, auch um persönlicher Verbindungen willen, oft Priorität vor anderen Loyalitätsverpflichtungen, etwa gegenüber der Polis.

Eine exzessive Form dieser Ausrichtung auf ‚nackten‘ Machtgewinn war die Tyrannis, denn auch die Tyrannen standen in der Regel an der Spitze derartiger Hetairien und waren auf entsprechende Freunde angewiesen. Auch die Tyrannis war mit dem Ende der archaischen Zeit historisch keineswegs ‚erledigt‘, sie lebte oft wieder auf, wenn sich günstige Voraussetzungen ergaben; denn die Bereitschaft, sich selbst mit seiner Clique, in Gestalt einer individuellen oder kollektiven Gewaltherrschaft, in der Polis durchzusetzen, blieb immer ein wichtiges Movens gerade für politisch agile Köpfe, ja dies ist geradezu ein Spezifikum griechischer Politik. So hatte man mit Tyrannen

ebenso zu rechnen wie mit hetairischen Faktionskämpfen, ja deren Bedeutung nahm mit dem Sieg der makedonischen Militärmonarchie sogar wieder
zu.

Im wesentlichen aber nahm die interne politische Auseinandersetzung der
klassischen Zeit gerade wegen der veränderten Rahmenbedingungen weitere
Ausmaße an. Vor allem ging es in den politischen Konflikten nun um die
echte politische Teilhabe breiterer Schichten beziehungsweise um deren genauen Umfang. Dabei hat man mit einer erheblichen Relativierung im einzelnen zu rechnen: Was zu einem Zeitpunkt ‚breitere Schicht‘ war, konnte etwa
50 Jahre später als eingeschränkter Kreis angesehen werden, und dies um so
mehr, als sich die klassischen Verfassungsbegriffe erst sukzessive und mit einer Verspätung gegenüber der politischen Realität entwickelten. So mußte
die Hoplitenpoliteia, wie sie am Ende des 6. Jahrhunderts als eine in die Breiten der Bürgerschaft reichende Verfassung weithin etabliert war, später als
Oligarchie gelten, da sie die in ihr vergebenen Berechtigungen besonders an
die Hoplitenfähigkeit, mithin an die ökonomische Leistungsfähigkeit, mithin an den Zensus knüpfte – worin man nachher gerade ein wesentliches
Merkmal der Oligarchie sah. Demgegenüber bedeutete dann später, zumal
nach den unerhörten Erfolgen und der zügigen Entwicklung der attischen
Demokratie, Partizipation breiterer Schichten auch und gerade Mitbestimmung aller Bürger, auch und gerade der weniger Begüterten.

Generell war unter solchen Voraussetzungen in der klassischen Zeit der
archaische Klassen- und Ständekampf Adel gegen Demos überlagert, ja ersetzt durch den Konflikt zwischen Oligarchen und Demokraten. Die jeweiligen politischen Gruppierungen waren jetzt ziemlich gemischt. Da die Angehörigen der Führungsschicht weitgehend abkömmlich, also reich sein
mußten, standen an der Spitze jeweils in aller Regel begüterte Leute, Angehörige des alten Adels oder der durch ihre wirtschaftliche Position heraus-
ragenden und durch die neuen Ordnungen ihm gleichgestellten Schicht der
Großbauern, übrigens oft mit der gerade skizzierten traditionellen ‚hetairischen‘ Konstellation und Zielsetzung. Um diese Kerne herum – und das war
angesichts der Verbreiterung der Basis für politisches Agieren unerläßlich –
formierte sich jedoch in vielen Abstufungen und mit jeweils ganz unterschiedlichem Grad des Engagements ein loserer Anhang. Dieser war mit den
jeweiligen Führungspersönlichkeiten und ihren Cliquen sowie untereinander
durch viele personale Bindungen liiert, durch Nachbarschaft, wechselseitige
Hilfeleistung und gemeinsamen Kriegsdienst, kultische ‚Vergemeinschaf-
tung‘, echte Freundschaft und Verwandtschaft, aber auch durch die persönliche Ausstrahlung und nicht zuletzt die Gebefreudigkeit der Spitzen – all
dies waren ganz wesentliche Faktoren. Aber in größerer Zahl und auf Dauer
ließen sich größere Anhängerscharen durch die Eliten nur aktivieren, wenn
diese glaubhaft, konsequent und langfristig auch für deren politische Inter-

essen einstanden. Und diese lagen eben, auf dem damaligen Stand der historischen Entwicklung, zum einen in der Aufrechterhaltung einer beschränkten Partizipationsbasis, etwa zugunsten mittlerer und größerer Bauern in einer Hoplitenverfassung, mit übrigens teilweise erheblichen Abstufungen (s. u. 63 f.), zum anderen in der Erweiterung dieser Basis zur Teilhabe aller Freien, auch der Ärmeren, also der Kleinbauern, Gewerbetreibenden, Kleinhändler, Lohnarbeiter. Dazu traten naturgemäß verschiedene sozial und ökonomisch bedingte Spannungen, nach Art der etwa in der archaischen Zeit beobachteten, wenngleich ohne deren allgemeine Bedeutung.

Wieviel Energien gerade in diese Partizipationskämpfe eingehen konnten, wird schon deutlich, wenn man sich erinnert, daß die Frage nach der politischen Mitbestimmung schon einer der wesentlichen Faktoren der Krise der archaischen Zeit gewesen war. Auf diesem Wege waren nun an den internen Auseinandersetzungen nicht selten echte Massen, das heißt erhebliche Teile der Bevölkerung beteiligt. In diesem Sinne lassen sich übrigens auch die Begriffe Oligarchen und Demokraten noch präzisieren. Oft kam es im Verlauf der in diesem Rahmen ausgetragenen Konflikte zu erbitterten Auseinandersetzungen, zu inneren Kriegen mit Anwendung von Gewalt, Vertreibungen, Besitzverschiebungen, Morden und Massakern, zu echten Bürgerkriegen, zu Staseis (Stasis = innerer Krieg). Daß solche Auseinandersetzungen zudem regelmäßig noch in bestimmte außenpolitische Konfliktfelder eingebunden waren, machte die Sache nur noch brisanter (s. u. 56 ff.).

Die Kämpfe selbst waren durch Unversöhnlichkeit und ein hohes Maß an Perfidie gekennzeichnet. Das rührte nicht zum wenigsten von der immer stark personalen Komponente her: In den kleinen politischen Gebilden kannte man sich, persönliche Vorlieben oder Feindschaften gingen ungebremst in das politische Kämpfen ein, von den verbreiteten Ansichten über Freundschaft und Feindschaft noch gefördert und durch Rache- und Vergeltungspostulate am Leben gehalten. Deshalb wurden die Konflikte oft geradezu vererbt. Generell stand eine große Konfliktbereitschaft einem nicht selten schwach entwickelten Friedenswillen gegenüber. Und die Auseinandersetzungen steigerten sich durch ihren Austrag selbst, schufen ein unentwirrbares Geflecht von Unrecht und Gegen-Unrecht, von Rache und Gegenrache. Letztendlich also ging es – und darin fassen wir das genuine Wesen der Stasis – um alles: Herrschaft oder Unterdrückung, Freiheit oder Knechtung, Lebensrecht im Staat oder Exil, Leben oder Tod. Häufig bildeten sich so geradezu zwei Staaten, oder es wurde wenigstens die Existenz des politischen Gegners im Staate nicht geduldet, da man fest damit rechnen konnte, daß die Opposition gleich wieder aufs Ganze gehen würde, Freiheit also nur in der Position des Herrschenden möglich schien.

Zweifellos herrschte nicht der permanente Bürgerkrieg. Es gab sogar verschiedene, übrigens sehr gut ausgedachte Mittel zu dessen Verhinderung,

Einschränkung oder Beendigung. Und die Macht der Polissolidarität erwies sich – gerade auch in den loser mobilisierten Anhängergruppen – oft als stärker. Aber die Bedrohung durch Stasis lastete als schwere Hypothek über dem politischen Leben der griechischen Staaten, und die politische Identität einer Polis war mindestens latent durch die genannten desintegrierenden Faktoren im Konfliktfeld von Oligarchie und Demokratie gefährdet.

Zwischenstaatliche Konflikte

Ein Konfliktfeld liegt gleichsam zwischen den internen Auseinandersetzungen und denen auf ‚internationaler' Ebene: Ich meine damit die Versuche einzelner Poleis, in einem vorgegebenen Rahmen, einem geographischen und/ oder ethnisch einigermaßen einheitlichen Gebiet, in dem es oft noch eine gentilische Organisationsform gab, einen Einheitsstaat zu errichten, das heißt, eine ihr eigenes Gebiet überschreitende Region zu unifizieren, und zwar in Form eines Synoikismos (vgl. o. 34). Sofern in den von solchen Bestrebungen betroffenen Ortschaften ein eigenständiges Polisbewußtsein noch nicht ausgebildet oder in einem größeren Raum landsmannschaftliche Verbundenheit diesem gegenüber lebendig geblieben war oder gar die Bildung politischer Einheiten bestimmt hatte, war dies unproblematisch, wie etwa der Synoikismos von Elis (um 472) und die Gründung von Megalopolis in Südarkadien (um 369), aber bedingt auch die Umwandlung von Rhodos in einen Einheitsstaat (408) zeigen. Hatte sich jedoch in den Siedlungen schon eine eigenständige Tradition herausgebildet, oder war dort der Prozeß der Polisbildung in kleinem Rahmen schon abgeschlossen, konnte der unifizierende Staat auf erhebliche Schwierigkeiten stoßen: Die Entwicklung war schon sehr weit in eine andere Richtung gegangen.

Das beste Beispiel hierfür ist die langfristig verfolgte Politik Thebens, die zunächst stammesmäßig greifbare, dann als Bundesstaat konstituierte boiotische Föderation in einen Polisstaat Theben zu verwandeln: Dabei kam es zum einen immer wieder zu Verwicklungen mit einem annähernd gleichbedeutenden Staat mit einer ausgeprägten Eigentradition, also einem Konkurrenten (Orchomenos), zum anderen zu Konflikten mit kleineren Poleis, die gegen diesen Versuch der Einverleibung starken Widerstand leisteten (Eleutherai, Thespiai, Plataiai) und sich lieber, ohne Rücksicht auf ihre ethnische Zuordnung, zum Schutz gegen diesen Druck auf ihre Eigenständigkeit an eine größere Polis in der Nähe anschlossen. Auf vergleichbare Weise wehrten sich die kleineren Städte auf Lesbos (428/427) durch den Appell an ihre Hegemonialmacht Athen gegen den Versuch der größten Polis, Mytilenes, die Insel zu synoikisieren. Letztlich waren derartige Konflikte prinzipiell nichts anderes als genuin außenpolitische Kriege, die zum Zwecke der Annexion von Nachbargebieten geführt wurden, wie etwa die Expansion von Argos im 6. und 5. Jahrhundert oder die Gewinnung eines Periökengebietes durch Elis.

Damit kommen wir auf die Konflikte zwischen einzelnen Staaten zu sprechen, nach deren jeweiliger Herausbildung zu selbständigen politischen Einheiten. Naturgemäß gab es dafür verschiedene Ursachen beziehungsweise Ursachenkomplexe, die oft eng miteinander verbunden waren. Hier sollen die wesentlichen Faktoren isoliert dargestellt werden. Zunächst lag erhebliches Konfliktpotential in ökonomischen Gegensätzen beziehungsweise Spannungen, welche meist ganz elementar waren. An erster Stelle standen Auseinandersetzungen um Land, insbesondere bei Nachbarn, die nicht durch eindeutige natürliche Grenzen voneinander getrennt oder von denselben Grundvoraussetzungen geprägt und abhängig waren, beispielsweise von der Wasserversorgung durch denselben Fluß. Dieser Faktor tritt deutlich hervor in den Spannungen zwischen Tegea und Mantineia im östlichen Arkadien, die in demselben hydrologischen System liegen, in einer Polje, in der es leicht möglich war, das Gebiet des geringfügig tiefer liegenden Staates teilweise unter Wasser zu setzen. Auch der Gegensatz zwischen Phleius und Sikyon dürfte seine Wurzel darin gehabt haben, daß sie am Oberlauf (Phleius) beziehungsweise im Mündungsgebiet desselben Flusses ihre Siedlungszentren hatten, während das dazwischenliegende gebirgige Land leicht strittig werden konnte. Zwischen den Aitolern und den Akarnanen war das Alluvialgebiet des großen Flusses Acheloos, besonders dessen Mündungsgebiet, immer wieder umstritten. Chalkis und Eretria, eng benachbart auf der Insel Euboia – die Entfernung zwischen ihnen beträgt nur etwa 20 km –, führten einen langwierigen Kampf um eines der fruchtbarsten Gebiete Griechenlands, die zwischen ihren Siedlungszentren gelegene Lelantische Ebene. Und Samos und Priene stritten gar jahrhundertelang um ein Stück Land, bis schließlich der römische Senat ein Machtwort sprach (135).

Vergleichbare Konflikte gab es dort, wo angesichts des Vorherrschens von Viehwirtschaft, also in wenig ertragreichen, bergigen Regionen, die Abgrenzung der Weidegebiete unklar war, Auseinandersetzungen um Nutzungsgebiete geführt oder schlicht wechselseitiger Viehraub betrieben wurde: Zwischen den Lokrern (wahrscheinlich den westlichen) und den Phokern herrschte vor diesem Hintergrund ein derart starkes Konfliktpotential, daß die Thebaner es fest in Rechnung stellen konnten, als sie auf Umwegen und aus der – formaljuristischen – Defensive heraus einen Krieg gegen Sparta auslösen wollten (395). Überhaupt haben wir, Sir Moses Finley hat jüngst nachdrücklich darauf hingewiesen, mit vielen Kriegen zu rechnen, die in Gier nach Beute, also nach sehr elementarer Bereicherung, ihren Ursprung haben. Und natürlich gehört in diesen Rahmen auch die Verbesserung der eigenen Ressourcen durch planmäßige Expansion zum Zwecke der Landgewinnung, sei es aus echter Landnot, sei es aus einem exzessiv ausgeprägten Landhunger: Hierhin ist wohl die Gewinnung von Festlandsbesitz durch die Samier zu stellen, aber auch die Westexpansion der Mantineier. Angesichts dieser Voraussetzungen und wegen der nachbarschaftlichen Lage haben sich schon in diesem Rahmen oft langwierige Konflikte, ja traditionelle Feindschaften ergeben, geradezu Erbfeindschaften. Dazu tat ein übriges ein zweiter Faktor in dem Bündel von jeweiligen Kriegsursachen: Die Mentalität der Griechen, auch im kollektiven Bereich der Stadtstaaten, kam dem Konflikt, auch dem bewaffneten Konflikt, sehr entgegen. Das ausgeprägte Konkurrenzdenken, von dem bereits die Rede war, hatte auch im zwischenstaatlichen Bereich seinen festen Platz, kein Wunder, da es die politische Elite stark bestimmte. Sichtbarer Ausdruck dieser spezifischen Prestigeorientierung sind die großen Weihungen anläßlich von Siegen gewesen. Man stellte nicht allein als Sieger in einer Schlacht noch auf dem Schlachtfeld ein Siegesdenkmal (Tropaion, Trophäe) auf, sondern machte den Erfolg auch publik, indem man verschiedenen Gottheiten, lokalen wie überregional bedeutenden, einen Anteil der Beute zueignete, in Form eines Denkmals oder in Gestalt erbeuteter Waffen und Kriegsgeräte. Naturgemäß waren dafür gerade die panhellenischen Heiligtümer geeignet, die immer wieder große Besuchermassen aus der ganzen griechischen Welt anzogen. In Olympia drängt sich das noch nicht so sehr auf, aber in Delphi demonstrieren die verschiedenen Weihdenkmäler diese Gesinnung *ad oculos:* Hier konnten auch kleinere und mittlere Staaten den Sieg über große Mächte dauerhaft verherrlichen, ja dem Konkurrieren gab man hier optische Gestalt, indem man eigene Denkmäler neben und gegenüber denen von besiegten Gegnern aufstellte. So bildet die Heilige Straße im delphischen Apollonheiligtum auch heute noch einen ‚Geschichtslehrpfad' für griechische Politik.

Das spezifische Freund-Feind-Denken und der Gesichtspunkt der Rache, die ebenfalls in der griechischen Mentalität fest verankert waren, wirkten in dieselbe Richtung. Gerade der Rachegedanke sorgte zudem dafür, daß vieles unvergessen blieb und es eine Kontinuität in der Feindschaft auch aus diesem Grunde gab: Noch rund 150 Jahre nach der Zerstörung griechischer Heiligtümer auf dem Xerxeszug von 480 (ihrerseits bereits ein Akt der Revanche) konnte Philipp II. von Makedonien seinen Perserfeldzug plakativ als Krieg zur Vergeltung dieser Gottlosigkeit ausgeben. Wenn dies auch schwerlich seinen realen Motiven entsprach, so zeigt gerade die propagandistische Komponente, wie empfänglich das griechische Bewußtsein für derartige Vorstellungen war.

Dazu tritt, als dritter Faktor, mit jenem zweiten eng verbunden, eine genuin politische Motivierung in Form einer Hegemonialpolitik. Die Tyrannen hatten gezeigt, daß man einen Herrschaftsverband auch ohne direkte Annexion, in geographisch entferntem beziehungsweise großräumigem Gebiet, also auch in einem die Dimensionen der Polis sprengenden Rahmen errichten konnte, mit einer loseren Form der Zuordnung: In Korinth jedenfalls wurde diese Politik nach der Vertreibung der dortigen Alleinherrscher weitergeführt. Auch das Ausgreifen Spartas in die mittlere Peloponnes nahm den Charakter einer solchen Politik an, die Herrschaft nicht mehr als direkten Zugriff verstand, sondern als politisches Dominieren in organisierter Form, gegründet vor allem auf die wechselseitige, aber in erster Linie vom stärkeren Staat auch realiter durchsetzbare Bündnisverpflichtung, die Symmachie. Ganz ähnlich strebten auch die Thessalier im 6. Jahrhundert, nach der Angliederung ihrer unmittelbaren Randgebiete, die als Einheiten minderen Rechts, als Periökengebiete, einverleibt wurden, nach der Vorherrschaft über Mittelgriechenland, das heißt, den ostlokrisch-phokischen Raum, bis hin nach Delphi.

Solche Absichten waren aber keineswegs auf die Großmächte beschränkt. Vom korinthischen Kolonialsystem war schon die Rede, und auch die Mantineier bauten sich in der zweiten Hälfte des 5. Jahrhunderts ein Symmachiesystem auf; und was dem größeren Nachbarn recht war, war dem kleinen ostarkadischen Orchomenos billig, das sich im Westen seines Gebietes einen schmalen Einflußbereich zulegte. Im 4. Jahrhundert, nach der spartanischen Katastrophe von Leuktra und nach der Neuorganisation ihres Bundes, sahen sich die Arkader insgesamt als die natürlichen Herren der Peloponnes an. Auch die Politik der größeren Bundesstaaten, der Koiná der Aitoler und der Achaier im 3. und 2. Jahrhundert, lenkte – bei gegebenen Möglichkeiten – wie selbstverständlich in solche hegemonialen Bahnen. Andererseits bot dieses Streben, verbunden mit der Prestigeorientierung des Handelns, auch für schwächere Staaten, die von einer stärkeren Macht unter Druck gesetzt wurden, die Chance, bei deren größerem Konkurrenten Schutz zu finden. So suchte Plataiai gegen Thebens Anspruch Schutz bei Athen. Solche Verquikkungen machten die politische Situation schon komplizierter, und wenn auch noch das erste Element, das ökonomische Interesse, mit hineinspielte und Konfliktpotentiale virulent wurden, die durch feindliche Nachbarschaftsbeziehungen erhärtet waren, ergaben sich oft feste, weitgehend traditionelle Konfliktkonstellationen, wie etwa zwischen Sparta und Argos bis weit ins 4. Jahrhundert hinein, zwischen Theben und Athen, Elis und Arkadien, Phokis und Thessalien, aber auch den nur durch ein verbindendes Meer getrennten Achaiern und Aitolern, was geradezu verhängnisvoll wurde in der Epoche der wachsenden römischen Macht.

Diese allgemeinen Voraussetzungen hatten nun im wesentlichen vier Konsequenzen, die das politische Leben in Griechenland zwischen den Staaten entscheidend bestimmten: die Kriegsgefahr war alltäglich, die Kriegführung war höchst intensiv, Elemente genuin politischen Verhaltens wurden gestärkt, und die Konfliktsituationen verschränkten sich in unerhörter Weise. Sicher war es nicht so, daß das zwischenstaatliche Verhältnis der griechischen Poleis ein permanenter Kriegszustand war, der nur durch befristete Friedensverträge unterbrochen wurde. Diese in der älteren Forschung oft vertretene Position ist von neuzeitlichen völkerrechtlichen Vorstellungen geprägt, die sich nicht ohne weiteres auf die griechische Welt übertragen lassen. Nicht immer herrschte automatisch Krieg, wenn ein Frieden nicht vertraglich festgelegt war. Man kann sogar beobachten, daß die Griechen Elemente der friedlichen Schlichtung, etwa im Schiedsgerichtsverfahren, entwickelten und systematisch anwandten (s. u. 69 f.). Doch so viel ist richtig: Gerade wenn man sich in einem der beschriebenen Konfliktfelder befand, konnte man schnell in einen Krieg geraten: Nicht der Zustand, sondern die Gefahr des Krieges war also permanent. Die existentielle Bedrohung durch Krieg gehörte zu den Alltagserfahrungen jedes Griechen.

Dies war insofern bedenklich, als Kriege sich sehr schnell zum äußersten steigern konnten. Das zeigt allein schon der ‚Urtyp‘ eines griechischen Krieges, der Kampf um Troja, wie er in der ‚Ilias‘ dargestellt ist: Ziel der Griechen ist die totale Vernichtung des Gegners, das heißt die Zerstörung der Stadt, die Tötung der Wehrfähigen und die Versklavung der Wehrlosen, besonders der Frauen, die als selbstverständliche Beute angesehen werden – wobei es keineswegs ins Gewicht fällt, daß die Trojaner Barbaren sind, denn sie werden ja gerade nicht sehr markant als solche präsentiert, sondern gleichen in ihrer Mentalität den Griechen. Und wenn die Angehörigen der pylaiisch-delphischen Amphiktyonie sich eidlich verpflichteten, im Kriegsfalle nicht die gegnerische Stadt zu zerstören und ihre Wasserversorgung nicht zu unterbinden, dann zeigt dies zwar das Bemühen um die Normierung auch des kriegerischen Verhaltens, aber vor allem doch auch, wie bitter notwendig eine solche war. Die nicht wenig verbreitete Vorstellung vom ‚agonalen‘ Charakter der Kriege, nach der diese nicht mehr waren als genau begrenzte Massenduelle, mit einem einzigen militärischen Sieg entschieden und ohne verheerende Konsequenzen für den Unterlegenen, muß also mindestens modifiziert werden. Es gab solche ‚definierten‘ Konflikte, mit Vereinbarungen von Regeln, gerade in der archaischen Zeit, im adligen Milieu, zum Beispiel im Rahmen des Lelantischen Krieges zwischen den chalkidischen und eretrischen Rittern oder das Massenduell zwischen spartanischen und argivischen Kämpfern in der Auseinandersetzung um die Landschaft Thyreatis (um 546) – aber als die Argiver im Jahre 420 ein ähnliches Verfahren vorschlugen, sahen die Spartaner darin eine „Torheit“. Diese hatten im übrigen schon im Jahre 494 in der Schlacht bei Sepeia Tausende von argivischen Hopliten hingeschlachtet. Hier zeigt sich eben deutlich, daß diese Kriege nicht nach der Art von Kabinettskriegen, unter Verwendung von Söldnern, ausgetragen, sondern praktisch von Milizheeren, also unter aktiver Beteiligung und mit patriotischem Engagement der Bürger (s. o. 39) geführt wurden.

Es gab, wie schon angedeutet, durchaus Einschränkungen im Sinne völkerrechtlicher beziehungsweise kriegsrechtlicher Bestimmungen oder Gewohnheiten. Es galt sogar als ungriechisch, wenn Griechen einen griechischen Staat zerstörten und dessen Bewohner versklavten beziehungsweise töteten. Von der Realität wurden aber auch diese Einschränkungen ständig überholt: Ganz selbstverständlich vernichtete man auf Kriegszügen etwa die Ernte auf dem Halm und bedrohte damit die gesamte Bevölkerung mit dem Hungertod. Man scheute sich auch nicht, feindliches Land unter Wasser zu setzen und überhaupt alle Mittel zur Niederringung des Gegners, über die offene Feldschlacht hinaus, anzuwenden. Die Kriegführung war also, nach Maßgabe der damaligen Möglichkeiten, durchaus total. Und auch die Zielsetzung: Als Alexander der Große im Jahre 335 Theben ‚ausradieren‘ wollte, konnte er sich ruhigen Gewissens auf ein entsprechendes Votum von Griechen, und zwar vor allem von den Nachbarn Thebens, stützen. Und wenn es nicht zum Letzten kam, dann waren dafür oft realpolitische Gründe, mangelnde Möglichkeiten oder andersgeartete Interessen also, maßgebend, nicht eine generelle moralisch oder juristisch bestimmte Zurückhaltung: Der Grieche war dem Griechen durchaus ein Wolf.

In all diesen elementaren Bedrohungen haben die Griechen vor allem auch ihr politisches Handwerk gelernt: Sie konnten realpolitisch denken, wußten, von welcher Macht die jeweils größere Bedrohung ausging, wo sie Gegengewichte, wo sie Schutz finden konnten: Dem totalen Existenzverlust war die wohlüberlegte freiwillige Unterordnung bei gewisser Einschränkung der außenpolitischen Bewegungsfreiheit vorzuziehen. Wenn kein großer Staat zur Verfügung stand, konnte man sich im Nahbereich orientieren. Umgekehrt konnte man als Schutzmacht relativ leicht eine hegemoniale Position gewinnen. Es bildete sich allmählich ein System größerer, mittlerer und kleinerer Mächte heraus, mit regionaler oder sozusagen universaler Orientierung, also mit Bezug auf ein Gebiet oder den Gesamtraum der griechischen Poliswelt. Jeder wußte um seinen Standort, wie er ihn verbessern konnte oder Gefahr lief, ihn zu verlieren. Und ganz selbstverständlich war den Führern einer Polis klar, daß der Feind ihres Feindes ihr natürlicher Freund war. Hier konnten sich dann solche genuin politischen Überlegungen und Interesseneinschätzungen vor alte, gewachsene Loyalitäten personaler und ethnischer Natur schieben und ihrerseits sogar emotional aufgeladene Beziehungen stiften: Die Nibelungentreue der Plataier gegenüber den Athenern zeigt dies nicht anders als die der Phleiasier gegenüber Sparta.

Die bewußte Definition des Polisinteresses – des Analogon zur neuzeitlichen Staatsraison – wurde möglich und geläufig. Bezeichnend dafür war, daß dies im 5. Jahrhundert auch intellektuell-reflektorisch erkannt war: Die ‚Entdeckung der politischen Geschichte durch Thukydides‘ bestand ja gerade in der Aufhellung solcher Denkweisen und Handlungsmaximen – und so steht dieser nicht zufällig neben Machiavelli, der in einem sehr ähnlichen politischen Milieu lebte. Und solche spezifisch politischen Überlegungen waren für die politisch Handelnden selbstverständlich geworden.

Schon damit hing aber eine bedenkliche Konsequenz zusammen: Da man sich – in einer Situation latenter Kriegsgefahr – nach Partnern umzusehen hatte oder gar schon Bündnisverpflichtungen eingegangen war, ergaben sich immer weitergehende politische Verflechtungen, die durch die Begrenztheit des Raumes des Polisgriechentums insgesamt sehr gefördert wurden. So war schon im 5. Jahrhundert ganz deutlich, daß Kriege nur noch schwer zu lokalisieren waren: Es konnte geradezu zu Kettenreaktionen kommen, und die generell schon große Kriegsanfälligkeit wurde dadurch potenziert.

Noch intensiver wurde diese Involvierung vieler Staaten in einen Konflikt, wenn nicht nur bilateral untereinander verbundene Poleis, sondern die großen hegemonialen Bündniskomplexe auf den Plan gerufen wurden – was angesichts von deren Ausdehnung nach den Perserkriegen schon vor der Mitte des 5. Jahrhunderts zunehmend der Fall war. Hier kam es dann zu ‚Weltkriegen‘ des griechischen Staatenkosmos, in die auch Neutrale hineingezogen wurden: Politische Einheiten, die bisher an der Peripherie lagen, allenfalls auf ihre lokalen Streitereien, um Grenzverlauf und Kleinvieh, konzentriert, wurden der großen Politik eröffnet – und sie ergriffen das Spiel sofort. Dies wird besonders deutlich in Westgriechenland. Dort wurden zunächst im Ersten Peloponnesischen Krieg, dann im Peloponnesischen Krieg selbst vor allem wegen der athenischen Orientierung und Strategie die Achaier, Aitoler, Akarnanen und Lokrer politisch ‚entdeckt‘ – und sofort betrieben sie ihre eigene Politik und brachten ihre vorhandenen Gegensätze, dessentwegen man sie zum Teil ‚geweckt‘ hatte, in das große Ringen ein.

Solche Weltkriege waren zunächst der Erste Peloponnesische Krieg (460/459–446) und vor allem der Peloponnesische Krieg (431–404), dessen Vorgeschichte einleitend skizziert wurde, gleichsam als das Muster eines derartigen Konfliktes schon von seinem ersten Historiker Thukydides erkannt. Nicht minder sind hier aber auch die Hegemonialkriege des 4. Jahrhunderts zu nennen, der Korinthische Krieg (395–386), die Kriege in der Epoche der thebanischen Vorherrschaft (371–362), der Dritte (356–346) und der Vierte (339/338) Heilige Krieg. Das ist nur eine lapidare Aufzählung. Sie gewinnt aber schon Profil, indem man zu konstatieren hat, daß in der Epoche von der Abwehr der Perser bis zur Unterwerfung Griechenlands unter die makedonische Herrschaft, also von 479 bis 338, innerhalb von 141 Jahren also rund 70 Jahre lang, mithin die Hälfte der gesamten Zeit, solche universalen und extremen Kriege herrschten.

Integrierte Konflikte

Dies alles war schon problematisch und verwirrend genug. In Wirklichkeit war die Situation jedoch noch komplizierter, da sich interne und zwischenstaatliche Konflikte miteinander verschränkten. In der Regel amalgamierte sich die Stasiskonstellation mit den außenpolitischen Konfliktlagen. Dies war auch nur zu natürlich. Gerade angesichts der radikalen oder leicht zu radikalisierenden Zielsetzungen in den inneren Kriegen lag es für eine interne Gruppierung nahe, bei einem Nachbarstaat oder einer regionalen beziehungsweise allgemeinen Großmacht Unterstützung zu suchen, sei es, um den Gegner endlich auszuschalten, sei es, um sich gerade vor solchen Absichten des Gegners zu schützen: So suchte man zum Beispiel Schutz bei einer fremden Macht, weil der innere Gegner mit deren Feind liiert war, oder es unterstützte umgekehrt die auswärtige Macht eine interne Gruppierung in einem anderen Staat, weil deren Gegner mit ihrem Feind kollaborierte. Ein sehr charakteristisches Beispiel dafür ist die unbedingte Loyalität von Phleius gegenüber Sparta (nach 369), während die aus Phleius vertriebenen Emigranten aufs engste mit Argos, dem traditionellen Feind Spartas, ja ihres eigenen Staates zusammenarbeiteten.

Durch solche Verwicklungen wurde die ohnehin große Anfälligkeit für Kriege noch einmal vergrößert. Viele große Konflikte wurden letztlich durch derartige Mechanismen ausgelöst: Die Vertreibung der führenden Oligarchen von der Insel Naxos (500) führte zu einer vom milesischen Tyrannen Aristagoras initiierten, auf die Herrschaft über die Insel zielenden Intervention der Perser, und aus deren Mißerfolg sowie aus Aristagoras' Reaktion darauf ergab sich der Ionische Aufstand, dessen Konsequenz die Perserkriege waren. Wie sich aus einer Stasis in Epidamnos der Peloponnesische Krieg entwickelte, ist oben skizziert worden. Innere Konflikte zwischen zwei Gruppen in Theben mündeten in den Korinthischen Krieg. Jahrzehntelange interne Streitigkeiten auf verschiedenen Ebenen im Thessalischen Bund machten dieses reiche Land letztlich zu einer leichten Beute für die makedonische Monarchie.

Die Vorgänge selbst waren unerhört vielschichtig, ja mehrdimensional und sind oft kaum noch zu entwirren. Die Grenzen zwischen Außen- und Innenpolitik schwanden häufig; ob innenpolitische Absicht oder außenpolitische Orientierung das entscheidende oder primäre Movens war, ist oft nicht mehr auszumachen. Man suchte nicht nur sehr häufig um Unterstützung von außen nach, sondern fand damit eigentlich immer bei der auswärtigen Macht offene Ohren: Interventionen waren an der Tagesordnung, Verrat (durch Öffnen der Stadttore von seiten der Kollaborateure) das wichtigste poliorketische Mittel. Vor allem aber sahen gerade größere oder relativ überlegene Mächte hier ein außerordentlich günstiges Herrschaftsinstrument, durch dessen Gebrauch man den Aufwand an eigener, direkter Zwangsanwendung gering halten konnte: Man unterstützte eine Gruppe gegen ihren inneren Gegner, insbesondere die Herrschenden in einem Staat gegen die Emigranten oder umgekehrt, und hatte in dieser einen loyalen Partner, weil das beiderseitige Interesse in der Aufrechterhaltung des auswärtigen Herrschaftsverhältnisses zwecks Garantierung beziehungsweise Änderung der bestehenden internen Machtverteilung bestand. So hatten schon die Perser ihre Herrschaft über die griechischen Städte Kleinasiens auch mit auf sie angewiesenen Tyrannen als ‚Stellvertretern' ausgeübt.

Aus solchen Gegebenheiten kristallisierte sich im 5. Jahrhundert eine ursprünglich wohl nicht so konzipierte und nicht primär ideologisch bestimmte, aber durch zunehmend häufiger geübte Praxis erhärtete und insofern zur Regel gewordene Tendenz heraus: Athen stützte in seinem Machtbereich, besonders in Städten, die sich aufgelehnt hatten, die demokratischen Kräfte, und konsequenterweise förderte Sparta, als *der* außenpolitische Gegner Athens, deren Kontrahenten, also die Oligarchen. So konnten schließlich bestimmte Verbindungen, so die zwischen Athen und Oligarchien, als unnatürlich gelten. Dieser Prozeß erreichte im Peloponnesischen Krieg seine spezifische Ausprägung, und dessen Historiker Thukydides hat das klar erkannt: „Die ganze griechische Welt sozusagen geriet in Bewegung, da es überall Konflikte gab, mit der Konsequenz, daß die Führer der Demokraten die Athener herbeiriefen, die Oligarchen die Lakedaimonier" (3,82,1).

Im Verlaufe des 4. Jahrhunderts, als die alten Hegemonialmächte geschwächt waren beziehungsweise wurden, also eine gewisse Konstante nicht mehr existierte, spitzten sich derartige Verwicklungen zu. Dies sei hier nicht *in extenso* analysiert, sondern lediglich mit einer kurzen Skizzierung der Vorgänge auf der Peloponnes zwischen 370 und 362 illustriert, in der sich nach der spartanischen Niederlage bei Leuktra (371) alle Formen von Konflikten vermischten und Kriege sich in Staaten hinein fortpflanzten – wobei wir noch insofern vereinfachen, als die gleichzeitige Nordpolitik der Thebaner mit ihren ebenfalls weitreichenden Verästelungen ausgespart bleibt:

Zur politischen Ausnutzung seines bei Leuktra errungenen militärischen Erfolges förderte Theben unter anderem Vereinheitlichungstendenzen in Arkadien, welche zugleich eine Demokratisierung bedeuteten, ausgehend von Spartas Feind Mantineia schnell auch Tegea und andere arkadische Gebiete ergreifend. Zahlreiche Flüchtlinge, vor allem aus dem ehemals oligarchischen Tegea, suchten Zuflucht in Sparta und kämpften Seite an Seite mit diesem gegen den neuen arkadischen Bund, dessen demokratische Verfassung und die Thebaner. In Phleius gewannen die Emigranten gegen ihre Heimatstadt die Unterstützung von Thebanern, Argivern, Arkadern und Eleiern, während die dort dominierenden gemäßigten Oligarchen völlig loyal auf Seiten Spartas blieben. Sie sahen sich bald schweren Angriffen seitens der

Exulanten ausgesetzt und mehr noch vom Nachbarstaat Sikyon bedroht. In diesem war unter dem Einfluß von Argivern, Arkadern und Thebanern nach einer außenpolitischen Abkehr von Sparta die oligarchische Verfassung durch eine Demokratie, schließlich durch die Tyrannis des Euphron ersetzt worden. Andererseits standen Sikyons westliche Nachbarn, die Achaier, wieder unverbrüchlich zu Sparta, nachdem die Thebaner dort eine Demokratie errichtet hatten, welche durch prospartanisch-oligarchische Exulanten beseitigt worden war – woraufhin der Staat auch seinen außenpolitischen Kurs von Theben weg und zu Sparta hin korrigiert hatte, was zur Emigration der Demokraten, vor allem in das demokratische Arkadien geführt hatte. Dieses entwickelte, zumal nachdem durch die weitgehende Unifizierung gewaltige Energien gebündelt waren, einen beachtlichen Expansionsdrang und kam so in Konflikt mit Elis um dessen Untertanengebiet Triphylien, das als arkadisch beansprucht wurde. Als dieses dem elischen Staat verlorenging, lehnten sich die Oligarchen von Elis gegen das demokratische Regime auf. Es kam zu Unruhen, in deren Verlauf die Arkader zugunsten der Demokraten intervenierten: Im Falle eines Erfolges hätten sie leicht die Kontrolle über ganz Elis gewonnen. Doch zunächst wurden sie zurückgeschlagen, und die elischen Demokraten mußten fliehen, setzten aber, wie die Exulanten anderer Staaten, mit Hilfe ihrer auswärtigen Verbündeten den Kampf gegen die besonders von Sparta und Achaia unterstützten Oligarchen in der Heimat fort, welche so in Bedrängnis gerieten, daß die Arkader im Jahre 364 die Olympischen Spiele – sonst Sache der Eleier – unter ihrer Ägide veranstalten konnten, wobei der Krieg zeitweise bis in das berühmte Zeusheiligtum, den Hort des Olympischen Friedens, getragen wurde. Als die führenden Politiker Arkadiens sich schließlich an den dortigen Tempelschätzen vergriffen, um den Krieg zu finanzieren, das heißt besonders ihre als Söldner engagierten Landsleute zu bezahlen, brachen die alten Gegensätze im arkadischen Bund wieder auf, die in alten zwischenstaatlichen Reibereien, besonders zwischen Tegea und Mantineia (s. o. 50), aber auch in Differenzen zwischen südlichen und nördlichen Arkadern ihre Wurzeln hatten, und verschränkten sich mit schon vorhandenen inneren Konflikten und sozialen Spannungen. So zerbrach der arkadische Staat, der ja schon vorher mit einer sehr großen Zahl von Emigranten konfrontiert war, in mehrere Stücke, wobei sich schließlich die alten arkadischen Vormächte als Kristallisationspunkte ergaben, allerdings mit nunmehr gewechselten Fronten, nämlich Mantineia auf Seiten Spartas, das radikalisierte Tegea bei den Thebanern. In dieser verworrenen Situation griffen die Thebaner selber im Jahre 362 mit einer großen Streitmacht auf der Peloponnes ein, und auch Athen sah sich zu direktem Einschreiten gegen Theben und für Sparta veranlaßt. Im Juli prallten alle in einer Schlacht aufeinander, in der Umgebung von Mantineia. Das Kämpfen war mörderisch, brachte aber keine Entscheidung. Eine Chance für die griechische Politik realisierte sich nicht, die Chance nämlich, daß nach den Eruptionen der letzten Jahre durch den Sieg einer der Koalitionen wenigstens eine Beruhigung eintrat, wenn auch um den Preis von deren Dominanz. Vielmehr blieb das Chaos an der Tagesordnung. In den letzten Sätzen seiner ,Hellenika' hat Xenophon, ein Zeitgenosse der Ereignisse, dies eindringlich formuliert: Nach der Schlacht „war das Gegenteil von dem eingetreten, was alle Welt vermutet hatte. Denn da nahezu ganz Griechenland zusammengetroffen war und Front gegeneinander bezogen hatte, glaubte jeder, daß im Falle eines Kampfes die Sieger herrschen, die Besiegten Untertanen sein würden. Der Gott aber hat es so gefügt, daß beide, wie Sieger, ein Siegeszeichen errichteten und die anderen auch jeweils nicht daran hinderten . . . und daß beide behaupteten, sie hätten gesiegt, jedoch offenkundig weder an Land noch an Städten, noch an Herrschaft mehr hatten als vor der Schlacht. Unentschiedenheit und Verwirrung aber ergaben sich nach der Schlacht, mehr noch als zuvor, in Griechenland" (7,5,26 f.).

Die geschilderten Vorgänge zeigen gerade in ihrer verwirrenden Abfolge, wie es immer wieder zu Kettenreaktionen von kriegerischen Verwicklungen kam. Es waren die inneren Parteiungen, die sich Macht und Freiheit sichern, es waren die auswärtigen Mächte, große, mittlere und kleine, die ihre Ressourcen erweitern, ihr Prestigestreben befriedigen und ihre Herrschaft ausdehnen – oder sich gegen entsprechende Absichten von Konkurrenten schützen wollten. Hier liegt die Wurzel für das machtpolitische Versagen des Polisgriechentums. Die von Xenophon gekennzeichnete Situation zeigte dies auch ganz konkret: Drei Jahre nach der Schlacht von Mantineia trat Philipp II. die Herrschaft über die Makedonen an, und gut 20 Jahre später beherrschte er ganz Griechenland. Damit nun war eine ganz neue Größe ins Spiel gekommen. Diese war zwar nach Alexanders Tod (323) selber nicht mehr einheitlich, und das bot auch wieder neue Chancen, etwa für die sich entwickelnden Bundesstaaten, die seit der Mitte des 3. Jahrhunderts das politische Gesicht Griechenlands mit einer beachtlichen Integrationskraft bestimmten. Diese Möglichkeiten jedoch wurden nicht genutzt, zumal in Gestalt Roms eine Macht von noch ganz anderer Qualität auf den Plan trat – oder besser gesagt, von den Griechen in ihren Streitigkeiten immer wieder als letzte Instanz auf den Plan gerufen wurde. Diese brachte schließlich, nach der Schlacht von Pydna 168 und definitiv nach der Zerstörung von Korinth 146, Frieden und Ruhe, aber um den Preis vollständiger Unterwerfung, mit dem Ende jeglicher politischer Eigenständigkeit, Friedhofsruhe. So legte sich die *pax Romana* über Griechenland – aber Aigina, Megara, Athen und Korinth, sie waren nur noch ,cadavera', als solche bezeichnenderweise von einem Römer bejammert.

c. Der rechtliche Rahmen

Ein ziemlich düsteres Bild war bisher zu zeichnen, und selbst wenn die Vorstellung von permanent gewaltsam ausgetragenen Konflikten übertrieben ist, bleibt der Gesichtspunkt der dauernden Bedrohung und nicht selten realen Gefährdung bestehen. Allerdings erhält dieses Bild ein wenig freundlichere Striche, wenn man sieht, wie die Griechen diese Situation zu bewältigen suchten, mit welchem politischen Einfallsreichtum sie auf die gemachten Erfahrungen konzeptuell jeweils genau an den neuralgischen Punkten reagierten. Sie knüpften auch dabei an das schon bewährte Mittel zur Lösung von Konflikten an, den Rekurs auf das Recht. In den internen Kämpfen entwickelten sie ein immer wieder zu beobachtendes Procedere der Versöhnung, mit der wichtigen Verpflichtung zur Amnestie im Wortsinne (also sich nichts nachzutragen) und mit dem ausdrücklichen Hinweis auf den Rechtsweg für den Fall von Streitigkeiten auf Grund von durch Umsturz bedingten Besitzveränderungen. Solche Regelungen sicherten die Griechen, wiederum durch einschlägige Erfahrungen gewitzigt, zusätzlich durch die Mobilisierung religiöser Bindekräfte (besonders Eide) ab. In außenpolitischen Auseinandersetzungen war der Rechtsweg durch ‚internationale‘ Schiedsgerichtsverfahren geläufig. Und über solche Einzelentscheidungen hinaus gelangte man zu einem ausgeklügelten realpolitischen Friedenskonzept, das auf politische Respektierung, nicht auf Herrschaft abgestellt war.

Andererseits ist auch dies wieder zu relativieren. Das Recht wurde auch benutzt zur Legalisierung von Machtergreifung und Herrschaftsbildung, auf staats- wie auf völkerrechtlicher Ebene. Im Inneren zum Beispiel waren die Sieger im Bürgerkrieg schon deshalb auf die Einhaltung beziehungsweise Herstellung eines rechtlichen Rahmens angewiesen, um Vertreibungen und Enteignungen der Gegner durch juristische Sanktionierung zu fixieren. Ohnehin galt – wie schon ausgeführt (s. o. 43) – eine politische Ordnung ohne rechtliche Formen auch als nicht legitim. Das Recht war also ambivalent, der in ihm verfestigte Zustand konnte Ergebnis politischer Einigung und Aussöhnung sein, ebensogut aber auch politischen Siegens und Herrschaftswillens. Das muß hier betont werden, da wir im folgenden, gemäß der von uns vorgenommenen Isolierung der Phänomene, primär auf die rechtliche Gestalt und weniger auf die hinter dieser steckenden politischen Intentionen schauen, die wir im übrigen oft auch gar nicht so gut kennen wie jene.

Die klassischen Verfassungen

Die wichtigsten Elemente der inneren Organisation waren naturgemäß die jeweiligen Verfassungen, wie sie sich seit dem 6. Jahrhundert ausgebildet und danach weiterentwickelt hatten. Wenn man unser Quellenmaterial mit der wichtigsten an der Empirie orientierten antiken Klassifizierung, der des Aristoteles, zusammenhält, lassen sich die Verfassungen insgesamt folgendermaßen definieren und untergliedern: Demokratien sind Verfassungen, in denen alle Bürger der jeweiligen politischen Einheit alle wichtigen politischen Rechte teilen, insbesondere das aktive Wahlrecht zu allen politischen Ämtern besitzen und die politischen Entscheidungen mehrheitlich, in einer Versammlung, treffen – wobei allerdings erhebliche Teile der Bevölkerung, nämlich die Frauen, die festansässigen freien Nichtbürger (Metöken) und die Sklaven ausgeschlossen bleiben. Diese Vorstellung von Demokratie weicht also von den heutigen Maßstäben ab. Als Oligarchien haben demgegenüber alle Verfassungen zu gelten, in denen die genannten politischen Rechte, wie und nach welchen Kriterien auch immer, nur einem beschränkten Kreis von Bürgern zugestanden sind, so daß sich aus dem im privatrechtlichen Sinne gleichberechtigten Bürgerverband eine mehr oder weniger große Gruppe von Aktiv- beziehungsweise Vollbürgern heraushebt.

Alle Verfassungen haben im einzelnen eine Fülle verschiedenster Ausprägungen in den jeweiligen Staaten, eigentlich gleicht kaum eine genau der anderen, und wenn auch nur die Namen der Behörden – bei gleicher Funktion – voneinander abweichen. Gewisse Grundtatsachen sind ihnen aber gemeinsam. In den Demokratien gehört dazu zunächst die bedeutende Rolle der Direktversammlung der Bürger (Volksversammlung), die wesentliche Beschlüsse faßt und regelmäßig tagt. Zugleich bildete sie in der Regel auch den höchsten Gerichtshof beziehungsweise waren die jeweiligen Gerichtshöfe prinzipiell ihre Kommissionen: Jedenfalls war das Volk auch Gerichtsherr (Volksgericht). Aus eher praktischen Gründen war, insbesondere zur Vorab-Diskussion, zur ‚Vorberatung‘, ein Koordinierungs- und Leitungsausschuß eingerichtet, der ‚Rat‘ (Bulé). Dieser stand als spezifisch demokratischer Rat nicht selten neben dem alten Rat der Adelspolis, der seine ehemaligen Machtbefugnisse meist zumindest partiell verloren hatte. Er konnte auch weitere Befugnisse übernehmen. Daneben wurden für diverse Funktionen, vor allem die Organisation der Rechtsprechung, die Kriegführung, die städtische Verwaltung, Bauten und finanzielle Angelegenheiten wie auswärtige Kontakte, Beamte gewählt (oder erlost), mit zeitlicher Befristung, in der Regel durch die Primärversammlung. Hierbei gab es allerdings auch in Demokratien gewisse Einschränkungen im passiven Wahlrecht (zum Beispiel Vermögensvorschriften bei Beamten, die mit öffentlichen Mitteln umgingen und mit ihrem Vermögen hafteten). Generell aber waren die Beamten dem Volk, das heißt dem jeweils zuständigen Gremium, zur Rechenschaft verpflichtet.

Auf dieser allgemeinen Grundlage gab es nun im wesentlichen, je nach dem Grad der Entwicklung des demokratischen Prinzips der Beteiligung aller Bürger, eine extreme und eine eher gemäßigte beziehungsweise eingeschränkte Form. Die extreme Form kennen wir am besten, weil sie die Verfassung Athens nach 461 war. Ihr Signum war, daß durch Zahlung von Aufwandsentschädigungen (Diäten, ‚Sold‘) für politische Tätigkeiten, analog zur Entschädigung für militärische Aktivität, den ärmeren Bürgern die ihnen juristisch zugestandene Teilhabe auch faktisch ermöglicht werden sollte beziehungsweise daß – umgekehrt – das durch ökonomische Abkömmlichkeit bedingte und durch den sozialen Rang geförderte Hervortreten bestimmter, reicherer Personen eingeschränkt werden sollte, indem das demokratische Prinzip in der Politisierung beziehungsweise Mobilisierung breitester Schichten ausgespielt wurde. Obwohl nun Athen in vielen Staaten seines Machtbereiches Verfassungen nach seinem Vorbild eingerichtet hat und auch darüber hinaus als Modell wirkte, waren solche radikalen Demokratien relativ selten. Oft finden wir ähnliche Institutionen und Verfahrensweisen, aber gerade die Diäten fehlen. Athen, mit seiner uns bei weitem am besten bekannten Verfassung, bildet genaugenommen eine Ausnahme.

So war die Masse der demokratischen Verfassungen, gerade also auch im Dritten Griechenland, insofern eingeschränkt, als nicht alle Bürger die Chance hatten, die ihnen zugestandenen Rechte auch dauernd selbst wahrzunehmen. Sie waren teils nur zeitweise oder gar nicht abkömmlich, und deshalb waren es eben doch die Begüterten, die zumindest in den politischen Führungsämtern den Ton angaben – während sich die Masse der Bürger mit der Möglichkeit der Mitbeteiligung durchaus begnügte. Angesichts der obwaltenden sozio-ökonomischen Zustände waren die meisten Demokratien Bauerndemokratien. In diesen waren in den Direktversammlungen, besonders aber im Rat und in den Ämtern, die ärmeren Schichten, vor allem die Kleinbauern, daneben auch Handwerker, Händler und Fischer, oft zahlenmäßig nur wenig beteiligt, wobei allerdings, wegen des Freizeitvolumens (s. o. 23), die Möglichkeiten der Bauern generell sowie die der stadtsässigen Handwerker auch wiederum nicht als zu gering angesehen werden dürfen. Gerade hier gab es im übrigen durchaus noch unterschiedliche Gewichtungen in den demokratischen Systemen, je nachdem, welchen Anteil die verschiedenen sozialen Gruppen an der Bevölkerung hatten: Die Demokratien in ausgeprägten agrarischen Staaten zum Beispiel brachten schon mehr Einschränkungen für Ärmere (etwa die weitab vom Zentrum lebenden Kleinbauern) als solche mit höherem Anteil an Gewerbetreibenden, die ja in der Regel in der Stadt wohnten, ihre Rechte also wenigstens in der Volksversammlung eher realisieren konnten. Das war auch ein wichtiger Grund dafür, daß der demokratiekritische Aristoteles die Bauerndemokratie noch am ehesten goutierte. Man sieht aber auch, daß allein die Größe eines Territoriums von Bedeutung für die faktische Möglichkeit der politischen Partizipation sein konnte. Zusätzlich hatten manche Verfassungen auch juristische Beschränkungen bei bestimmten Entscheidungen verfügt, die das demokratische Prinzip auch

formell modifizierten: So gab es in Mantineia die Einrichtung von Wahlmännern und in Erythrai einen – allerdings geringen – Zensus für Richter.
Man muß aber mit Nachdruck betonen, daß selbst bei solcher faktischer
oder juristischer Beschränkung die Möglichkeit der Partizipation für die betroffenen Bürger von ganz erheblichem Interesse war, wie gerade die Cha-
rakterisierung der inneren Konflikte gezeigt hat (s. o. 47). Dies verwundert
auch keineswegs, wenn man bedenkt, wie wichtig es für uns – und die Qualifizierung unseres Systems als ,freiheitlich-demokratischer Grundordnung'
– ist, wenn wir in ziemlich großen Zeitabständen, viel größer als die, in denen der Bürger einer griechischen Demokratie zur Direktversammlung gehen konnte, ein Kreuz auf einen vorgedruckten Zettel machen können.

Bei den Oligarchien ergibt sich ein komplizierteres Bild, weil die Katego-
rien und die Grade der Beschränkung der politischen Rechte sehr unterschiedlich sein konnten. Aber auch hier kristallisierten sich zwei vergleichbare Haupttypen, das heißt eine radikale und eine moderate Form, heraus. Die
extreme Gestalt ist leicht zu greifen, ist eine Oligarchie sozusagen im Wortsinne: die Herrschaft einer kleinen Clique, zum Beispiel einer Familie nebst
ihren Anhängern, einer Hetairie oder ähnliches. Unter deren Herrschaft war
entweder die verfassungsmäßige Ordnung suspendiert oder – im Normal-
fall – so weit manipuliert, daß nur die Angehörigen der herrschenden Gruppe die führenden Positionen bekleideten, oft unter Anwendung von Zwangs-
mitteln. Wir kennen derartige Verfahren aus der Tyrannis, und in der Tat ist
ein solches System nichts anderes als eine kollektive Tyrannis. Bezeichnenderweise war es oft das Ergebnis einer Stasis, in der deren spezifischer Charakter zu der Monopolisierung der Macht durch eine Bürgerkriegspartei geführt hat: Die megarische Oligarchie nach 424 zum Beispiel beschränkte alle
wesentlichen Rechte auf die zurückgekehrten und durch Putsch an die
Macht gekommenen Emigranten. In Theben führte ein mit spartanischer
Unterstützung vorgenommener *coup d'état* im Jahre 382 die Herrschaft einer Hetairie und die Eliminierung ihrer Gegner herbei. Auch die Dekarchien,
die Lysander nach seinem Sieg über die Athener bei Aigospotamoi (405) in
zahlreichen griechischen Staaten einsetzte, gehören diesem Typus an. Die
Griechen hatten für ihn auch den Namen der ,Dynasteia', der ursprünglich
die aristokratische Herrschaftsform bezeichnete, die übrigens in der klassischen Zeit auch solche exklusiven Formen annehmen konnte, gerade angesichts des Drängens breiterer Schichten nach politischer Mitsprache, zum
Beispiel in Thessalien.

Die gemäßigteren Formen von Oligarchien bieten ein sehr breites Spek-
trum. Ein herausragendes Merkmal jedoch war fast allen gemeinsam: Die
Ausübung der wesentlichen politischen Rechte war von einem bestimmten
Vermögen abhängig, einem Zensus also. Dieser betraf mindestens das passive
Wahlrecht, meist aber auch das aktive. Dazu trat in vielen Fällen die beson-

dere Kompetenz, ja Machtfülle bestimmter Gremien, zu denen wiederum nur ein eingeschränkter Teil der Aktivbürger Zugang hatte, durch Wahl und oft auch auf Lebenszeit beziehungsweise ohne Befristungen und Iterationsverbote besetzt, womit das Gewicht bestimmter Individuen und Familien dauerhaft verankert war. So gab es Räte von Probuloi (Vorberater), Thearoi (Aufseher) und so weiter, in denen oft die maßgebenden Entscheidungen gefällt wurden, während die Zustimmung einer Direktversammlung der Aktivbürger nur formellen Charakter hatte, zum Beispiel in den oligarchischen Verfassungen von Elis, Korinth und Tegea. Ansonsten konnten auch diese Verfassungen durchaus den demokratischen ähneln: Es gab Primärversammlungen, Räte und Beamte, allerdings mit der jeweiligen Beschränkung. Dies zeigt besonders die uns am besten bekannte oligarchische Verfassung, die boiotische von 446 bis 386: Alle Vollbürger waren in vier Räte eingeteilt, von denen jeweils einer die Geschäfte führte und eine partielle Entscheidungsbefugnis hatte. Alle wesentlichen Beschlüsse, zum Beispiel die über Krieg und Frieden, wurden jedoch von allen Räten, de facto also von einer Direktversammlung aller Vollbürger, gefaßt, nach Vorberatung durch den geschäftsführenden Rat. Die wichtigsten Beamten wurden grundsätzlich nach demselben Modus gewählt. Das Vermögen, das über die Zugehörigkeit zum Kreise der Vollbürger entschied, war so bestimmt, daß derjenige, der die Möglichkeit hatte, als Hoplit zu dienen, aufgenommen wurde; sie war also an einem Hoplitenzensus orientiert. Überhaupt entsprachen die Oligarchien der klassischen Zeit nicht selten der Hoplitenpoliteia.

Im Falle von Boiotien beziehungsweise Theben war auf diese Weise rund die Hälfte der freien Bürgerbevölkerung im Besitz der Vollbürgerrechte. Generell konnten diese Oligarchien relativ große Teile der Bürgerschaft umfassen, wie sich besonders dort zeigt, wo deren Mehrheit hinter der oligarchischen Verfassung steht, wie in Mytilene zu Beginn des Peloponnesischen Krieges und in Tegea im Jahre 369 vor dem demokratischen Umschwung. Mithin waren auch oft die Unterschiede insbesondere zwischen den Bauerndemokratien in wohlhabenden Agrarstaaten und den gemäßigten Oligarchien gering, so daß es auch fließende Übergänge gab. Nicht selten konzentrierte sich deshalb auch der innere Konflikt auf die Auseinandersetzung zwischen gemäßigter und radikaler Oligarchie, so in Theben 382.

Insgesamt zeigt die Geschichte des 5. und 4. Jahrhunderts häufig genug ein ausgeprägtes Hin und Her zwischen den Demokratien und den Oligarchien, weniger eine geradlinige Entwicklung. Dennoch gab es eine langfristige Tendenz, nach der letztlich nur eine Verfassung, die allen Bürgern oder doch wenigstens deren weitaus überwiegendem Teil die wichtigsten politischen Rechte einräumte, also eine Demokratie, als eine legitime Ordnung galt, und zwar im wesentlichen aus zwei Gründen.

Das athenische Modell der politischen Ordnung hatte eine erhebliche

Ausstrahlungskraft. Zwar war es, gerade da der ‚Demokratie-Export‘ ja auch Herrschaftsmittel war, im 5. Jahrhundert durchaus umstritten. In anderen Staaten aber war Demokratie selten so exzessiv, und im 4. Jahrhundert war die athenische Politik verhältnismäßig zurückhaltend geworden. Und zumindest in der organisatorischen Bewältigung der Probleme derart breiter Mitsprache konnte Athen – ohnehin das geistige Zentrum des damaligen Griechenland – vorbildhaft sein.

Damit korrespondierte das Scheitern der Oligarchie: Deren radikale Form war ohnehin diskreditiert, sie galt als Terrorregiment, als Tyrannis, und konnte nie die innere Akzeptanz der Beherrschten gewinnen, war gerade deswegen sehr oft auf Stützung von außen (häufig durch Besatzungen) angewiesen, wodurch das System zusätzlich verhaßt wurde. Überhaupt aber fehlte ein dem athenischen Muster für die Demokratie vergleichbares oligarchisches Modell. Sparta, spätestens seit dem Peloponnesischen Krieg die Schutzmacht von Oligarchien, konnte mit seinem atavistischen System ein solches nicht bieten (und die begeisterte Zustimmung griechischer Intellektueller für diese Ordnung ist nicht der geringste Beweis für deren Realitätsferne). Andere Verfassungen, die diese Rolle hätten spielen können, besonders die boiotisch-thebanische, waren durch ihre Radikalisierung zu einer Cliquenherrschaft kompromittiert; bezeichnenderweise richteten die Thebaner selbst nach deren Beseitigung eine Demokratie ein, die viele Elemente der attischen hatte. Symptomatisch für die Gesamttendenz war schließlich, daß Alexander der Große, alles andere als ein glühender Verfechter der Volksherrschaft, in den kleinasiatischen Städten nach der Vertreibung der Perser Demokratien installierte.

So trat spätestens seit der zweiten Hälfte des 4. Jahrhunderts an die Stelle des Konfliktfeldes Demokratie *versus* Oligarchie zunehmend der Gegensatz zwischen der Demokratie als anerkannter, legitimer Ordnung und der Tyrannis, individueller wie kollektiver, als usurpierter Herrschaft, woraus sich allmählich auch eine Bedeutungsverschiebung des Begriffes ‚Demokratie‘ ergab. Allerdings hat sich die Demokratie insbesondere seit dem ausgehenden 4. Jahrhundert im Inneren erheblich verändert – was die Zustimmung der jeweiligen Eliten, auch der an sich kritischen, beträchtlich begünstigte: Das Milizsystem wurde zunehmend durch die Anmietung von Söldnern ersetzt, und die Reicheren gewannen wieder mehr Bedeutung durch die Übernahme und besondere Ausgestaltung von Leiturgien, das heißt privaten Leistungen zugunsten öffentlicher Interessen, und durch ihre Kontakte zu mächtigen Potentaten. So blieb die Demokratie zwar noch formal erhalten und insofern als Ordnung akzeptiert, in Wirklichkeit war sie aber – in Abwandlung eines berühmten Thukydides-Wortes – die Herrschaft der ersten Männer.

Die Bundesstaaten

Gleichzeitig mit der erwähnten Veränderung ergab sich im Hellenismus ein Prozeß, der schließlich außerordentlich viele griechische Staaten betraf und der gleichsam in der Mitte zwischen interner und außenpolitischer Entwicklung ablief: der Siegeszug der Koiná, der Bundesstaaten. Der in ihnen beschrittene Weg bot wohl die besten Aussichten mit dem großen Dilemma der griechischen Geschichte, der politischen Zersplitterung, fertig zu werden.

Die Bundesstaaten beruhten in der Regel auf älteren, gentilisch organisierten Einheiten. Zum Bundesstaat aber wurden sie erst, wenn sich innerhalb dieser Formationen schon selbständig handelnde und entsprechend verfaßte Zentren herausgebildet hatten, ‚echte' Poleis oder Gebietsverbände von mehreren Siedlungen (sogenannte Gaue) mit annähernd vergleichbarer Eigenständigkeit. Ein Koinón ist also immer ein Zusammenschluß von deutlich unterscheidbaren politischen Einheiten. Damit war einerseits im Inneren eine Weiterentwicklung von Polisorganisation und städtischen Siedlungszentren möglich und ließ sich andererseits der Bund durch Aufnahme weiterer Städte beziehungsweise politischer Einheiten relativ leicht vergrößern.

Dies bot ganz erhebliche Vorteile. Im Unterschied zum Synoikismos wurde kein Einheitsstaat konstituiert. Die oft starken Widerstände gegen die ‚Eingemeindung' durch eine größere Macht kamen also gar nicht erst auf, da ja jede Polis größtmögliche Eigenständigkeit bewahrte und auf Bundesebene angemessen repräsentiert war. Umgekehrt gab es durchaus Elemente polisübergreifender Staatlichkeit. Ein doppeltes Bürgerrecht kennzeichnete die Bürger einerseits als Angehörige der Einzelpolis, andererseits als individuelle Glieder des Gesamtverbandes. Nach außen handelte das Koinón als fixe politische Einheit, wenngleich einzelne Gliedstaaten durchaus auch für sich außenpolitisch agieren konnten, zum Beispiel mit Proxenie- und Bürgerrechtsverleihungen, die dann auch auf Bundesebene galten. Wahrscheinlich gab es dabei bestimmte Koordinationen. Die Koiná hatten ferner für die Bundesaufgaben gemeinsame Behörden und Gremien und prägten vielfach auch bundesstaatliche Münzen. Schon deswegen waren diese Formationen für die griechischen Zustände gerade mit der Dialektik von Gemeinsamkeit und Eigenheit besonders angemessen, ja sie boten hervorragende Möglichkeiten für eine polisübergreifende Integration. Dies wurde dadurch begünstigt, daß die Zusammenschlüsse nicht aus einem hegemonialen System hervorgegangen oder gar von den Herrschaftsinteressen einer Großmacht gespeist waren. Die griechische Perhorreszierung der Herrschaft und des Beherrschtwerdens beziehungsweise das Freiheits- und Autonomiebegehren auf Polisebene stellten also für einen solchen Bund keine erhebliche Belastung dar – es sei denn, die Bünde selbst entwickelten von ihrer Zentrale her eine solche Tendenz.

Es gab allerdings auch einige Probleme und Nachteile, zum Beispiel dann, wenn es unter den Gliedstaaten schon eingewurzelte Rivalitäten gab, wie etwa zwischen Tegea und Mantineia im Arkadischen Bund (s. o. 50). Besonders schwierig war die Frage, wie die maßgebende Bundesgewalt, also diejenige Entscheidungsinstanz, die in den meisten Poleis als Volksversammlung begegnet, zu organisieren war. Wenn man sich auch hier für eine Direktversammlung entschied, bestand die Gefahr, daß die Stadt, in der diese ‚tagte‘, das Übergewicht gewann und der Versuchung zu einer Politik der Synoikisierung nachgab: Noch in der Zeit des boiotischen Bundesstaates von 446 bis 386 stieg Thebens Bedeutung in diesem Zusammenhang deutlich an, und nach der Demokratisierung im Jahre 379/378 war die Direktversammlung in Theben ‚Souverän‘ des boiotischen Staates, dieser aber war bald identisch mit Theben, also ein Einheitsstaat geworden. Wenn man demgegenüber die hoheitlichen Befugnisse auf eine Ratsversammlung übertrug, um auf diese Weise eine angemessene Beteiligung aller Mitglieder zu erreichen, ließ sich der Staat leicht als eine Oligarchie interpretieren, konnte also entsprechende Widerstände provozieren.

Jedoch ist man hier zu tragfähigen, jedenfalls weithin akzeptierten Lösungen gekommen. Im Aitolischen Koinón ging ohnehin der Zusammenhang zwischen Primärversammlung und militärischem Gesamtaufgebot nie verloren. Von den nur zweimal pro Jahr tagenden Direktversammlungen war überdies die eine sehr eng mit dem Hauptfest der Aitoler in Thermos (Thermika) verbunden, das große Massen aus dem aitolischen Raum und auch seinen Nachbargebieten anzog, während die andere (die Panaitolika) nicht ortsgebunden war. Daneben gab es einen zahlenmäßig sehr großen, proportional zusammengesetzten Rat mit einem ständigen Ausschuß und einem Beamtenkollegium, welche alle gemeinsam die Geschäfte führten, die Kontinuität der Politik verbürgten und dennoch offensichtlich nicht als oligarchische Bedrohung empfunden wurden. Allerdings konnte im Zuge der weitausgreifenden aitolischen Expansion seit dem 3. Jahrhundert im mittelgriechischen Raum zumindest in den entfernter liegenden Gebieten ein Gefühl mangelnder Mitsprachemöglichkeiten entstehen, so daß das aitolische Koinón eher als Herrschaftsverband, der Eintritt in ihn als aufgezwungene Maßnahme, also als entsprechend drückend empfunden werden konnte, zumal die Aitoler – besonders nach dem Ersten Makedonischen Krieg (215–205) – eine großangelegte, den gesamtgriechischen Rahmen anvisierende Hegemonialpolitik verfolgten. Im Boiotischen Bund des Hellenismus fand man eine besonders ingeniöse Lösung des Hauptproblems: Bei der Auszählung der Stimmen wurden die einzelnen Städte als eine Einheit ausgezählt, sozusagen nach dem Prinzip „*one city one vote*". So war die Möglichkeit des numerischen Übergewichts einer einzigen Stadt ausgeschaltet. Außerdem gab es in den übrigen Institutionen eine abgestufte Repräsentanz

der einzelnen Gliedstaaten entsprechend ihrer Bedeutung, wie dies teilweise
auch schon im älteren Boiotischen Bund der Fall gewesen war.

Ganz ähnlich verfuhr man schließlich auch im Achaiischen Bund, der von
seiner Organisationsstruktur her am wichtigsten war und wohl auch entsprechend gewirkt hat. Über diesen sind wir auch am besten unterrichtet.
Die achaiische Föderation, die seit 281/280 reorganisiert wurde, hatte zunächst (jedenfalls vor 217) eine dem Aitolischen Bund vergleichbare Ordnung: Neben den Beamten und dem Rat gab es eine Primärversammlung,
mit regelmäßigem Tagungsturnus. Diese hatte die Bundesbeamten zu wählen
und die Entscheidung in wesentlichen außenpolitischen Fragen, das heißt
über Bündnisse wie über Krieg und Frieden, zu treffen. Wohl durch eine gezielte Reform am Ende des 3. Jahrhunderts wurde das System der mittlerwei-
le erreichten Ausdehnung angepaßt. Regelmäßig tagten als Synhodos nur
noch das Kollegium der Bundesbeamten und der sehr große Rat (mit wohl
über 1000 Ratsherren), in dem sich der Anteil der Gliedpoleis offensichtlich
nach deren Bedeutung bemaß. Diese proportionale Repräsentanz war um so
bedeutender, als die Synhodos neben der Führung der Geschäfte weitreichende Kompetenzen hatte.

Die Direktversammlung trat hinfort nur noch außerordentlich und *ad hoc*
zusammen, beschränkte sich auf ganz zentrale Fragen der auswärtigen Politik und wurde nur zu dem in der Tagesordnung genau festgelegten Punkt be-
fragt, das heißt, die Abstimmungen hatten den Charakter eines Referen-
dums. Zudem erfolgte die Auszählung nach Städten auf dieselbe Weise wie
bei den Boiotern. Daneben hatten auch die Beamten, besonders der Stratege,
ein starkes exekutives Gewicht und konnten auf Dauer (die Iteration des
Amtes war möglich, wenn auch mit Unterbrechungen) eine echte Führungsschicht bilden, die durchaus auch aristokratische Züge annehmen konnte.

Nach Polybios war dieses System eine Demokratie; schwerlich hätte es
diese Qualifizierung nach den Vorstellungen der klassischen Zeit erhalten.
Doch darauf kam es nach dem erwähnten Struktur- und Bedeutungswandel
gar nicht an. Entscheidend war, daß solche Systeme von der Mehrheit der in
ihnen lebenden Bürger durchaus als legitime, ‚freiheitliche‘ Ordnungen angesehen wurden. Staaten dieses Typs hatten in der hellenistischen Epoche
schließlich eine so große Bedeutung und weite Verbreitung erlangt, daß gegen Ende des 3. Jahrhunderts nahezu die Gesamtheit der nicht zu Diadochen-
reichen gehörenden griechischen Staaten derart organisiert war. Solche Staaten konnten, dank ihrer Ausweitungsmöglichkeiten und ihrer integrativen
Kapazitäten größere Gebiete umfassen, der Aitolische Bund das ganze Mittelgriechenland, das Achaiische Koinón die gesamte Peloponnes, die damit
nach Polybios geradezu zu einer Polis geworden war, der lediglich die Mauern fehlten.

Damit war, im Organisatorisch-Konzeptionellen, die Möglichkeit gezeigt, wie sich die Atomisierung in der Welt der kleineren griechischen Staaten sukzessive überwinden beziehungsweise erträglich gestalten ließ. Nur wurde diese Chance realpolitisch nicht richtig genutzt; immer wieder erwiesen sich die oben analysierten politischen Mechanismen als stärker: Interne Rivalitäten nach Art der verschiedenen Stasiskonstellationen waren auch den Bünden nicht fremd, und die ‚klassischen' zwischenstaatlichen Hegemonialtendenzen und Gegensätze lebten fort, ja der achaiisch-aitolische Dualismus erinnert durchaus an den zwischen Athen und Sparta. Immerhin konnten sich die größeren unter den Bundesstaaten gegen die makedonische Großmacht durchaus noch einigermaßen halten, aber der römischen Weltmacht gegenüber erwiesen sich die Diskrepanzen als verhängnisvoll: Unabhängig von seinem eigenen Herrschaftswillen wurde Rom immer wieder in griechische Konflikte hineingezogen, zur Intervention geradezu eingeladen – bis es zuletzt nicht einmal mehr den Schein der griechischen Freiheit duldete.

Elemente der Völkerrechtsentwicklung

Auf völkerrechtlicher Ebene gab es in der griechischen Geschichte zahlreiche, zum Teil hochentwickelte Institutionen, von denen die meisten hier nur kurz erwähnt werden können: So gab es spezifische Verfahren für Waffenstillstand und Friedensschluß, bestimmte Regeln im diplomatischen Verkehr, betreffend den Schutz von Herolden und Gesandten. In fremden Städten hatte man, sofern man nicht auf einen persönlichen Gastfreund zählen konnte, einen Vertrauensmann seiner Polis, den Proxenos, der für die Bürger des jeweiligen anderen Staates einzutreten hatte und dafür von diesem auch geehrt und nach Kräften beschützt wurde. Große Bedeutung für die Entwicklung eines Völkerrechts hatten übrigens die Amphiktyonien, Zusammenschlüsse von mehreren griechischen Staaten, die gemeinsam in einem Heiligtum eine bestimmte Gottheit verehrten. Diese fixierten nicht nur organisatorische Fragen der Kultausübung, sondern auch allgemeine Regeln für den zwischenstaatlichen Verkehr, die durchaus auf eine Mäßigung im Austragen von Konflikten abzielten.

Was hier im Vordergrund stehen soll, sind gerade solche Regelungen, die geeignet waren, das Konfliktpotential einzuschränken. Da sind zunächst die Verfahren in ‚internationalen' Schiedsgerichten zu erwähnen. Ein solches konnte bei zwischenstaatlichen Konflikten, besonders bei Grenzstreitigkeiten oder in der Gefahr des Ausbruchs eines bewaffneten Streites, angerufen werden, die Streitenden mußten sich lediglich wenigstens darüber einig sein. Der Schiedsrichter konnte ein einzelner – dritter – Staat sein, aber auch etwa das Führungsorgan einer hegemonialen Symmachie – was natürlich größeres Gewicht hatte. Auffallend ist, daß die Griechen dieses Verfahren formalisiert, ja perfektioniert haben, wie erst richtig aus hellenistischen

Inschriften deutlich wird: Bei derartigen Streitigkeiten appellierte man an ein Gericht in einer unbeteiligten Stadt (ἔκκλητος πόλις), entweder *ad hoc* oder auf Grund von festen Vereinbarungen (Synthékai), die zwischen den streitenden Städten bereits bestanden. Die getroffene Entscheidung war bindend. Es konnte also, mittels Abmachung, ein derartiges Verfahren sogar obligatorisch werden, in genau definierten Fällen. Bestimmte Elemente staatlicher Hoheit (die Rechtsprechung) wurden also auf die völkerrechtliche Ebene übertragen. Das war insofern von Bedeutung, als damit der Austrag von Konflikten ‚verrechtlicht‘ wurde, sozusagen zu Lasten der kriegerischen Auseinandersetzung, ja als dieser Schritt – bei entsprechenden Vereinbarungen – getan werden *mußte*. Zwar mag man auch das relativieren: Zum einen waren manche Städte zur friedlichen Einigung ‚verurteilt‘, weil sie sich in der Abhängigkeit größerer Mächte befanden, zum anderen konnte man auf den Abschluß derartiger Synthékai auch verzichten oder eine getroffene Gerichtsentscheidung mißachten – dann aber immerhin mit dem Odium des Friedensstörers und Rechtsbrechers. In jedem Falle war ein Weg zur Reduzierung der Kriegsanfälligkeit gewiesen – und wir haben viele Beispiele dafür, daß die Griechen ihn sehr oft einschlugen.

Die Bündnissysteme, also die Symmachien, von denen schon die Rede war, können hier nicht näher besprochen werden. Als Formen der hegemonialen Herrschaft Spartas (Peloponnesischer Bund) und Athens (Delisch-Attischer Seebund, Zweiter Attischer Seebund) gehören sie wesentlich in deren Geschichte. Aus der Sicht der uns beschäftigenden Staaten war daran – neben der durch diese Blöcke dank des Drucks der Hegemonialmächte erzeugten Stabilisierung mit ihrem allerdings durchaus ambivalenten Charakter – vor allem von Belang, daß sich in Auseinandersetzung mit solchen Systemen ein Prinzip entwickelte und verfechten ließ, das den genuinen Interessen mittlerer und kleinerer Staaten entgegenkam und das klarer Ausdruck des Primates der Eigenstaatlichkeit der einzelnen Polis auf ‚internationaler‘ Ebene war.

Gerade die Tendenzen des Ersten Attischen Seebundes, Vereinheitlichungen durchzusetzen, die diesem völkerrechtlichen Gebilde Elemente von Staatlichkeit gaben – besonders das Münzgesetz, der partielle Gerichtszwang der Verbündeten und der häufig geübte Oktroi demokratischer Verfassungen –, erschienen als eklatante Gefährdung der politischen Eigenständigkeit, die ohnehin durch den stark beschnittenen außenpolitischen Spielraum der einzelnen Staaten beeinträchtigt war. Deshalb setzte man ein Postulat dagegen, das gerade die Eigenständigkeit zum Kennzeichen der Polisexistenz und zum Ordnungsgrundsatz für die zwischenstaatlichen Beziehungen machte, und mit dieser Forderung, bezeichnenderweise kombiniert mit dem Verlangen nach Auflösung des Attischen Seebundes, zogen Athens Gegner in den Peloponnesischen Krieg: Das Stichwort hieß Autonomia. Diese hatte, nach A. Heuß, drei wesentliche Komponenten: Juristisch kennzeich-

net sie den Polisstaat als völkerrechtliches Subjekt, politisch umschrieb sie
dessen Bewegungsfreiheit in ganz elementarem Sinne, nach außen wie innen,
in der Gestaltung der Außenpolitik wie in der Wahl der Verfassung, und
ideologisch ließ sich der Begriff als Prinzip und Idee in der politischen Argumentation gebrauchen. Nun brachte die Niederlage Athens im Peloponnesischen Krieg keineswegs den Sieg des Autonomie-Gedankens, da Sparta sogleich seine eigene Suprematie errichtete. Aber dieser Gedanke war nicht
mehr zurückzudrängen und konnte seinerseits auch in die Gestaltung hege-
monialer Symmachien eingehen, so explizit im Zweiten Attischen Seebund –
in dem sich allerdings zeigte, daß die Versöhnung von Hegemonie und Autonomie in dieser Weise auf Dauer nicht möglich war. Man mußte einen anderen Weg finden, sozusagen von der anderen Seite, von der Autonomie her,
nicht von der Hegemonie.

Das Problem einer allgemeinen Friedensordnung

Dies gelang in der Tat, bezeichnenderweise in der Zeit nach dem Peloponnesischen Krieg und in einem noch größeren Rahmen; denn angesichts des Lei-
des, das sich die Griechen einander in extremem Maße zufügten (J. Burckhardt), hatte eine Lösung vor allem drei Gesichtspunkten Rechnung zu
tragen: Der Ubiquität und Alltäglichkeit der Kriegsgefahr in den Verschrän-
kungen der Staaten untereinander, der Autonomie in dem gerade bezeichneten Sinne und der verbreiteten Sehnsucht nach Frieden. Anders gesagt, ge-
fragt war eine Friedensordnung, die den elementaren Sehnsüchten der
Menschen ebenso Rechnung trug wie den Autonomiebestrebungen einer
pluralistisch organisierten Staatenwelt, also nicht allein auf Frieden, sondern
auch auf gegenseitige Respektierung angelegt war. War dies die Quadratur
des Kreises?
    Als Lösung ergab sich jedenfalls das Prinzip der Koiné Eiréne, des ,Allge-
meinen Friedens'. Das geschah bezeichnenderweise nicht ohne weiteres. Zu
der ersten Lösung unter diesem Vorzeichen kam es erst nach dem Peloponn-
nesischen Krieg und dem nicht einmal zehn Jahre später ausbrechenden erneuten gesamtgriechischen Waffengang des Korinthischen Krieges, und
auch erst nach langen und wiederholten Friedensverhandlungen. Und sie
trug alle Zeichen einer Notlösung, eines Kompromisses, da es keinen eindeu-
tigen Sieger zu geben schien. Jedenfalls wurde im Königsfrieden von 386
zum ersten Male konkret stipuliert, daß zwischen *allen* Griechen Frieden
herrschen sollte und daß *alle* Griechen (mit kleinen Ausnahmen, s. u.) in den
Genuß der Autonomie kamen. Und auch dies war nur die ideelle Seite, weil
sich schnell zeigte, daß es doch Sieger gab. Angesichts der gewachsenen Bedeutung der persischen Macht, die ja den Frieden auch garantierte, waren
die Griechen auf dem kleinasiatischen Festland von der Autonomieklausel

ausgenommen; sie wurden persische Untertanen. Und sogleich nach dem Frieden nutzte die Großmacht Sparta die Autonomiebestimmung in ihrem Sinne. Sie monopolisierte sozusagen deren politische Interpretation: Alle ihren Interessen zuwiderlaufenden Zusammenschlüsse unterband sie, ja sie zerlegte einen Staat (Mantineia) sogar in seine Einzelteile – bei voller Aufrechterhaltung, ja wachsender Durchorganisierung des eigenen Bündnissystems. So war dieser Allgemeine Friede faktisch geradezu Ausdruck der spartanischen Herrschaft oder, um ein modernes Schlagwort zu gebrauchen, der „Komplizenschaft der Weltmächte".

Die Spannung zwischen Idee und politischer Realität, zwischen Respektierungsgedanken und Herrschaftsmittel bestimmten den Allgemeinen Frieden auch in der Folgezeit. Immerhin erwies sich das Respektierungs- und Autonomiebewußtsein gerade darin als äußerst lebendig und tragfähig, daß die Koiné Eiréne als kaschierendes Herrschaftsmittel geeignet schien – eine wahrhaft kuriose Situation. Aus den Erfahrungen mit dem Königsfrieden und dessen *interpretatio Laconica* hatten die Griechen aber durchaus dazugelernt: Es tauchte nämlich der Gedanke auf, den Frieden als Leistung wechselseitig zu garantieren, das heißt, der Friede schloß ein Bündnis aller gegen den Friedensstörer ein, die ‚Friedensgenossen' wurden in einem Pakt Partner der Friedenssicherung. Das war sozusagen der zweite Schritt. Wir konstatieren ihn – nach dem zweiten Allgemeinen Frieden (von 375), der im wesentlichen eine Respektierung des Zweiten Attischen Seebundes bedeutete – im Frieden von Sparta 371 als Möglichkeit und definitiv im Frieden von Athen aus demselben Jahr, in dem der Beistand gegen einen Störer verbindlich festgelegt war. Damit war Sorge getragen für die bewaffnete Sicherung des Pluralismus, der Autonomie und des Friedens durch alle – sicher ein Lichtblick gerade für die kleinen und mittleren Staaten, die diesen ideellen Aspekt der Koiné Eiréne hochhielten.

Ein Problem jedoch blieb: Wie sollte im Eventualfall dieser Beistand konkret organisiert sein? Es stellte sich also insbesondere die Frage nach der militärischen Führung, und damit zugleich das Hegemonieproblem. Und zugleich zeigte sich der ambivalente Charakter dieses Friedenstyps, denn mit diesem Manko lud er Großmächte geradezu ein. So hatte Athen mit seinem Zweiten Attischen Seebund in dem zweiten Frieden von 371 diese Hegemonialfunktion übernommen und später, in seiner Auseinandersetzung mit den Makedonen, mehrfach (349/348, 346, 343) mit dem Koiné-Eiréne-Gedanken operiert. Und wenn es solche Macht nicht gab, zeigte sich die Kehrseite: Als es einen Allgemeinen Frieden gab, der von derartigen Aspirationen zunächst frei war, da war dies nur möglich gewesen auf Grund der allgemeinen „Unentschiedenheit" und Schwäche, wie sie nach der Schlacht von Mantineia eingetreten war: Der Allgemeine Frieden von 362/361 war sichtbarer Ausdruck dieser Lage – aber bezeichnenderweise konnte er nicht gesichert werden. Das entscheidende Problem des Friedens war jetzt auch im umgekehrten Sinne demonstriert: Der Konsens der ‚Friedensgenossen' war nicht so groß, daß er die Friedensordnung als solche, gerade mit der Betonung der pluralistischen Basis, auch machtpolitisch durchsetzen konnte.

So ergab sich schließlich die dritte Stufe, die völlige Integration von Frieden und Pakt: Die Verpflichtung wurde direkt in den Friedensbestimmungen organisiert. So wurde im Allgemeinen Frieden von Korinth (337), dem sogenannten Korinthischen Bund, Frieden und Autonomie für alle bestimmt. Zugleich wurden die Institutionen zu deren Sicherung festgelegt: ein Bundesaufgebot und ein Bundesrat (nach einem Schlüssel gemäß der jeweiligen Leistungsfähigkeit), und vor allem ein Hegemon für den Kriegsfall. Damit nun war dieser Vertrag faktisch nichts anderes als die hegemoniale Symmachie im Gewande der Koiné Eiréne, ein höchst geeignetes, weil nach außen die Idee von Frieden und wechselseitiger Respektierung herauskehrendes Herrschaftsmittel. Der Hegemon war Philipp II., und so war dieser Friedensbund nichts anderes als die organisierte Form der makedonischen Herrschaft über Griechenland, die von nicht wenigen Griechen als Versklavung, von manchen allerdings auch als Befreiung empfunden wurde.

Interne Konflikte in zwischenstaatlichen Verträgen

Im Korinthischen Vertrag galt als Friedensstörer auch der Verursacher eines inneren Krieges. Diese Einbeziehung der Stasis in völkerrechtliche Verträge hatte schon eine längere Geschichte. Sie war ja auch angesichts der Verquikkung von innerer und äußerer Politik nur natürlich, eine geradezu logische Konsequenz des Interventionismus. Wir finden folglich in ‚internationalen' Verträgen häufig die innere Situation berücksichtigt. Beispielsweise wurden, im Sinne der Hegemonialpolitik besonders im Ersten Attischen Seebund, bestimmte politische Systeme in oktroyierten zwischenstaatlichen Vereinbarungen *(homologíai)* eingesetzt und garantiert. Später, je bedeutender der Autonomiegedanke wurde und je mehr die athenische Position im Ionischdekeleischen Krieg (414–404) geschwächt wurde, sprach man umgekehrt einen Verzicht auf eine Intervention aus, respektierte mithin ausdrücklich das jeweils bestehende System. Auch dieses findet seinen Ausdruck im Zweiten Attischen Seebund, bezeichnenderweise in enger Verbindung mit dem Autonomieprinzip: „Wer Alliierter Athens und seiner Verbündeten sein will, der kann dies in Freiheit und Autonomie sein, mit der Verfassung, die er will, ohne eine Besatzung und einen Gouverneur aufzunehmen und einen Tribut zu zahlen . . ." (IG II² 43A 20 f.). Gerade aber in dem historischen Umfeld, in dem die Koiné Eiréne aufgekommen war, gab es auch in diesem Punkte einen weiteren Schritt: Das jeweilige innere System wurde nicht nur im Sinne einer Tolerierung respektiert, sondern ausdrücklich garantiert. Schon im Vertrag zwischen Athen und Korkyra (376/375) trat der Bündnisfall unter anderem ein, wenn die innere Ordnung angegriffen wurde. Dabei dachte man wahrscheinlich noch an einen Angriff von außen, durch spartanische Intervention. Wenig später gab es dann generelle Garantien, die mithin auch gegen innere Feinde die Verbündeten mobilisierten, in der Quadrupelallianz zwischen Athen, Arkadien, Achaia und Phleius (362) und im Bündnis zwischen Athen und Thessalien (361/360).

Gerade angesichts des ständigen Wucherns innerer Konflikte nach außen und auswärtiger Gegensätze in einzelne Staaten hinein, durch die sich die Gefahr von Krieg und Bürgerkrieg wechselseitig vergrößerte – die Geschichte der Jahre unmittelbar zuvor hatte es besonders deutlich gezeigt (s. o. 57 ff.) –, hatte man in solchen Verträgen den richtigen Weg gefunden: Intervention galt nur zur Abwehr, nicht zur Herbeiführung von Stasis. Zweifellos konnte das einen Zugewinn an Stabilität bedeuten. Noch mehr mußte dies gelten, wenn sich dieses Prinzip mit dem des Allgemeinen Friedens verband. Das geschah, wie schon erwähnt, im Frieden von Korinth: Die wechselseitige Beistandsverpflichtung trat auch ein, wenn es in einem der beteiligten Staaten einen Umsturz gab oder die üblichen Mittel innerer Kriege zur Anwendung kamen, Verbannungen, Tötungen, Enteignungen und so weiter. Dann schützten die ‚Friedensgenossen‘ das bedrohte System, unter Führung ihres makedonischen Hegemon. Wie er in außenpolitischer Sicht auf Respektierung von Pluralismus und Autonomie gestellt war, so garantierte der Vertrag von Korinth die innere Autonomie und die jeweils bestehenden Verfassungen. Auch von daher also steckte in ihm gedanklich eine bedeutende friedensstiftende und stabilisierende Kraft, die gerade auf das zentrale Problem der politischen Geschichte der griechischen Staatenwelt wirkte.

In der Realität herrschte aber auch auf innenpolitischer Ebene die Doppelgesichtigkeit des Allgemeinen Friedens: Faktisch war auch diese Garantie Ausdruck der makedonischen Herrschaft. Viele der neuen Ordnungen waren erst jüngst von den Makedonen eingerichtet worden, oder sie lagen schon längere Zeit auf deren Linie beziehungsweise hatten jetzt ihre Loyalität bekundet. Auch hier war also ein sinnreiches und sozusagen faires Konzept als Mittel der Herrschaftskonstituierung und -sicherung eingesetzt worden. Vielleicht hätte aber selbst hierin langfristig eine Chance gelegen, zu einem Kompromiß zwischen Herrschaftsanspruch und Freiheitswillen zu kommen. Immerhin hatte sich ja der Herrscher auf ein System eingelassen, das auf Respektierung gegründet und eine völkerrechtliche Ordnung war, auf die er sich juristisch verpflichtet hatte. Man konnte ihn darauf festlegen – und mindestens im Bereich politischer Argumentation zeigt dies eine Rede der damaligen Zeit, die dem König der Makedonen gerade entsprechende Rechtsbrüche vorhält. Allerdings ist es müßig, über solche Chancen zu spekulieren. Durch die unvorstellbare Expansion unter Alexander dem Großen verschoben sich die Machtgewichte so, daß der Herrscher das System vollständig ignorieren konnte. Erst in den Diadochenstaaten spielten derartige Verhältnisse wieder eine Rolle, und hier zeigte sich dann – auch in anderen Vereinbarungen –, daß die völkerrechtliche Respektierung innerer und äußerer Autonomie im Verhältnis zwischen den Herrschern und den Poleis durchaus auch einen politischen Faktor darstellte – sowenig allerdings der Gebrauch des Rechts als eines reinen Machtinstrumentes damit ausgeschaltet war.

4. Die geistige Kultur

Bisher haben wir unser Leitmotiv, die Dialektik von Individualität und Identität, Eigenheit und Gemeinsamkeit, im Bereich der sozioökonomischen Zustände und der politischen Strukturen verfolgt. Damit aber steht noch ein wesentliches Gebiet aus, gerade dasjenige, auf dem die Griechen ihren eigentlichen Ruhm begründeten und immer wieder Bewunderer und Nachahmer fanden. Wir haben uns hier, mit unserem beschränkten Raum und angesichts der Tatsache, daß wir schnell an die Grenzen unserer Kompetenz stoßen, stark zu konzentrieren: auf Phänomene von allgemeiner Bedeutung, die für die griechische Vorstellungswelt besonders charakteristisch sind und die vor allem die spezifische Dialektik besonders deutlich verkörpern. Dabei sind die elementaren Bereiche des Sprechens und Schreibens, der Religiosität und des Mythos ausführlicher behandelt als die im engeren Sinne geistes- und kunstgeschichtlichen Elemente, zu denen ohnehin zahlreiche – und bessere – Informationen aus benachbarten Disziplinen, besonders der Philologie, der Philosophie und der Archäologie vorliegen.

a. Sprache und Schrift

Die griechischen Dialekte

Die griechische Sprache begegnet uns zunächst als ein großes Spektrum verschiedenster Dialekte. Der Partikularismus kommt darin besonders deutlich zum Ausdruck. Nicht nur, daß einzelne Stammeskomplexe einem Dialekt anhingen: nahezu jede Polis hatte, im Rahmen einer bestimmten Sprachgruppe, ihre eigene Variante, selbst wenn ein enger genetischer Zusammenhang, zum Beispiel im Verhältnis zwischen Mutterstadt und Kolonie, bestand. Dabei hat man zusätzlich noch zu bedenken, daß es nicht um lediglich gesprochene Dialekte ging, über denen sich eine Hochsprache wölbte. Es handelte sich von Hause aus um Dialekte ohne gemeinsame Hochsprache, die aber auch Schriftsprachen, ja teilweise sogar literaturfähig waren, wobei dann auch die Schrift (s. u.) die Unterschiede widerspiegelte. Schon im 6. Jahrhundert gab es in all diesen Dialekten zunehmend schriftliche Formulierungen, uns vor allem aus Inschriften bekannt.

Angesichts der Vielfalt – die allerdings die wechselseitige Verständigung durchaus nicht unmöglich machte (s. u. 77) – fällt eine Klassifizierung der Dialekte nicht leicht. Wenn man auf besonders problematische Oberbegriffe verzichtet, bleiben aber wohl im wesentlichen als Hauptgruppen das Ionische, Attische, Aiolische, Boiotische, Thessalische, Nordwestgriechische, Dorische und Arkado-Kyprische. Wieweit sich aus dem sprachwissenschaftlichen Befund eine historische Entwicklung, etwa als Geschichte der drei im Rahmen der griechischen Selbstfindung besonders wichtigen Stämme der Aioler, Dorier und Ioner (s. o. 33), rekonstruieren läßt, muß hochgradig problematisch bleiben. Zum einen gehen, wie sich leicht erkennen läßt, nicht alle Dialektgruppen in dem Schema auf, zum anderen sind auch die (klassischen) Stammesdialekte in sich selbst nicht besonders konsistent: Das Attische ist vom Ionischen doch deutlich getrennt, wobei es zudem innerhalb des letzteren noch sehr markante Unterschiede gibt. Das Aiolische gibt es im ‚Reinzustand' eigentlich nur als das Lesbische, also die Sprache der Insel Lesbos und eines kleineren Küstenstriches im nördlichen Kleinasien. Die oft dem Aiolischen zugerechneten Dialekte, das Boiotische und das Thessalische, teilen so viele Gemeinsamkeiten mit den nordwestgriechischen Dialekten, daß sie keineswegs nur als Untergruppe des ersteren angesehen werden dürfen.

Überhaupt kann man deutlich beobachten, daß sich Dialektgemeinsamkeiten oder -ähnlichkeiten nicht allein genetisch, also durch Herkunft oder Kolonisierung, erklären lassen, sondern auch lokal, das heißt mittels Beeinflussung benachbarter Siedlungsgebiete dank räumlicher Nähe. Die frühe Sprache der Akarnanen im westlichen Griechenland kennen wir nicht mehr, wir können jedoch einen nordwestgriechischen Dialekt voraussetzen. Aber in späterer Zeit, da sich unsere Dokumente zu häufen beginnen (im Hellenismus), finden wir eine dorisch geprägte Koiné (s. u. 78), nicht die nordwestgriechische Koiné wie in Aitolien: Der Einfluß des Dorischen aus den benachbarten korinthischen Kolonien, vielleicht auch die Abneigung gegen die Aitoler, die traditionellen Feinde (s. u. 160), ist also stärker gewesen. Im wesentlichen werden beide Faktoren, der genetische wie der lokale, also auch hier nebeneinander wirksam gewesen sein, ohne daß wir dies im einzelnen noch werden unterscheiden können. Die Ägäisinseln, besonders die Kykladen, zeigen das sehr schön. Ionisches und Dorisches steht hier nebeneinander. Da muß dann wiederum die Herkunft einen entscheidenden Faktor gebildet haben.

Generell kann nicht oft genug auf die Vielfalt hingewiesen werden, die sich innerhalb der Klassifizierungen zeigt: Das Ionische beispielsweise zerfällt in das Ostionische (in Kleinasien), das Zentralionische (auf den ioni-

schen Kykladen) und das Westionische (= Euboiische). Und dabei gibt es
noch etliche Sonderfälle, wie etwa in Chios und Erythrai, wo sich starke Aiolismen finden. Selbst die Dialekte von Chalkis und Eretria, Nachbar-
staaten, deren Zentren nur gut 20 km voneinander entfernt waren, hatten
ihre spezifischen Eigenheiten. Das Dorische gliedert sich, ebenfalls nach
C. D. Buck, in zehn Untergruppen, von denen allein fünf auf die Peloponnes
entfallen, Lakonisch und Messenisch im Süden, Megarisch auf dem Isthmos,
Korinthisch und Argolisch im Nordosten der Halbinsel, wobei von den letzteren lokale Varianten in Sikyon, Kleonai, Phleius beziehungsweise Argos,
Hermione, Troizen, Epidauros, Aigina nachgewiesen sind.

Der bestimmende Eindruck ist also, daß sich die Buntheit der politischen
Landkarte Griechenlands in seinen Mundarten getreu widerspiegelt – allerdings war dabei die Verständigung, wie schon angedeutet, relativ leicht möglich: In den Komödien des Aristophanes tauchen auf der Bühne gelegentlich
Griechen auf, die in ihren Dialekten sprechen, natürlich mit einem gerade im
deutschen Sprachbereich gut nachvollziehbaren komischen Effekt, und so
hörte der attische Zuschauer etwa boiotisch oder lakonisch im Theater –
und verstand es genauso gut, wie er auf dem Markte mit dem Bauern aus
Megara handeln konnte. Dazu kam aber noch etwas anderes. Es gab im Rahmen der Dialekte erhebliche Vereinheitlichungen, und diese gingen vom gei-
stigen Leben aus, das heißt von der Literatur. So haben schon die homerischen Epen ein großes Maß an Gemeinsamkeit auch im Sprachlichen
gestiftet. Sie haben keine Hochsprache beziehungsweise allgemeine Schriftsprache gebildet, aber der Dialekt, in dem sie verfaßt waren, ein mit vielen
Aiolismen durchsetztes Ionisch, wurde hinfort *die* Sprache des Epos. Jeder
Grieche verstand sie, viele Wörter lebten in der gesprochenen Sprache weiter,
denn ‚Ilias‘ und ‚Odyssee‘ waren die Schulbücher schlechthin. Wer selbst im
epischen Maß und Stil schreiben wollte, bediente sich dieser Sprache. So
blieb das Ionische der epische Dialekt und wurde auch in der Elegie, die dem
Hexameter den Pentameter an die Seite stellte, übernommen, damit also
auch ein Stück lyrischer Sprache (in unserem Sinne). Auch Verfasser ganz anderer Herkunft, wie etwa der Boioter Hesiod, der Spartaner Tyrtaios, der
Athener Solon, bedienten sich ihrer.

Mit anderen Gattungen ging es ähnlich: Sie wurden in einem Gebiet auf
einen hohen Entwicklungsstand gebracht, und dessen Dialekt war dann für
das gesamte Genos maßgeblich, so wie die literarischen Erzeugnisse selbst
vorbildlich waren und zur Konkurrenz einluden. Das Aiolische wurde auf
diesem Wege, dank den Leistungen von Alkaios und Sappho, die Sprache der
melischen Lyrik. Die Liedertexte der Chorlieder, die Chorlyrik also, waren
dagegen traditionell im Dorischen abgefaßt, und diesen Dialekt verwendeten
dann auch der wortmächtige boiotische Lyriker Pindar und die Dichter der
attischen Tragödie in ihren Chorpartien. Weil sich mit der Entstehung von

Naturwissenschaften und Historie im ionischen Kleinasien um Milet herum die Prosa literarisch einbürgerte, bildete das Ionische lange Zeit die Sprache der wissenschaftlichen Publikationen: Herodot aus dem karisch-dorischen Halikarnassos und der Arzt Hippokrates von der dorischen Insel Kos gebrauchten diesen Dialekt nicht anders als die Milesier selbst, als ein Thales, Anaximander oder Hekataios. Auf dieselbe Weise wurde Attisch die Sprache des Dramas, ja schließlich, dank Athens Rolle als ‚Schule von Hellas‘, die der Philosophie und Rhetorik.

Diese Tendenz zu sprachlicher Nivellierung ging noch weiter: Wegen der allgemeinen politischen und wirtschaftlichen Bedeutung Athens, der Ausbreitung der Theaterliteratur, der Philosophie und vor allem der Rhetorik, drang die – auch aktive – Kenntnis des Attischen allmählich in alle Teile der griechischen Welt und wurde dieser Dialekt die Basis für eine griechische Gemeinsprache, die Koiné. Natürlich gab es auch in diesem Rahmen noch zahlreiche lokale Varianten, in Anlehnung an die alten Dialekte. Diese waren jetzt aber nur noch ‚Klangfärbungen‘, zum Beispiel die dorische oder die nordwestgriechische Koiné. Ein Punkt muß allerdings generell beachtet werden: Die erwähnten Gattungsdialekte waren literarische Dialekte, Kunstsprachen, und sie wiesen auch als solche, abgesehen von ihrer nivellierenden Tendenz, nicht selten starke Unterschiede zu den jeweiligen Einzelmundarten ihrer Dialektgruppe auf. So geben uns eigentlich nur die Inschriften ein authentisches Bild über diese. Überhaupt war die Spanne zwischen Schriftsprache und gesprochenem Idiom relativ groß. Dies gilt auch für die Koiné, in der eine ziemlich einheitliche literarische Sprache – wie die gerade genannten, inschriftlich bezeugten Varianten beweisen – neben außerordentlich reich gegliederten Mundarten stand, die zum Teil ältere Besonderheiten noch stärker bewahrten.

Die lokalen Alphabete

Unter den vielen kulturellen und intellektuellen Leistungen der Griechen, die noch bis heute nachwirken, ist sicher nicht die kleinste die Schaffung einer Schrift von ganz besonderen Vorzügen, die – in verschiedenen Ausprägungen – ihren Siegeszug antrat und zu der genaugenommen auch unser eigenes Alphabet gehört. In der mykenischen Epoche bediente man sich in Griechenland einer Schrift, die aus Ideogrammen, Zahl- und Silbenzeichen kombiniert war. Diese Schrift, das sogenannte Linear B, hatte sich aus der älteren Schrift des minoischen Kreta entwickelt, das heißt, diese der damaligen griechischen Sprache angepaßt. Das verursachte, angesichts von deren Reichtum an Vokalen, Diphthongen und Konsonantenkombinationen, einige Schwierigkeiten und barg viele Probleme, insbesondere waren Doppel- beziehungsweise Mehrdeutigkeiten möglich. Außerdem war das System recht kompliziert, keine Schrift für alle, sondern Sache von Spezialisten. So verwundert es nicht, daß mit dem Zusammenbruch der mykenischen Palastkulturen auch diese Fertigkeit vollständig verlorengegangen ist.

Plötzlich aber gab es in Griechenland wieder eine Schrift, und diese kam der griechischen Sprache ungleich mehr entgegen; vor allem aber war sie eine Schrift, die mit einem sehr begrenzten, ja minimalen Vorrat von nur gut 20 Zeichen jedes Wort wiedergeben konnte. Eine solche Schrift kann jeder durchschnittlich begabte Mensch rasch lernen, wie wir selbst wissen, bereits ein sechsjähriges Kind. So war die Fähigkeit des Schreibens und Lesens weit verbreitet. Nahezu jeder konnte also zum Beispiel die Gesetze lesen, die in seinem Staat galten und die seine Rechte und Pflichten umschrieben – ja die Forderung nach der Veröffentlichung des Rechtes (s. o. 43) hatte diese Schrift geradezu als Voraussetzung. Somit ist eine Komponente für die spezifische Art der griechischen politischen Verfassungen, nämlich die Selbstbestimmung der Bürger im Politischen, auch die ‚demokratische‘ Schrift. Ihre darüber hinausgehende Bedeutung als Medium von Literatur und Wissenschaft und damit für die allgemeine Bildung versteht sich von selbst.

Wie es allerdings zu diesem Schriftsystem kam, läßt sich nur noch erschließen. Die ‚Erfindung‘ der griechischen Schrift gehört mit großer Wahrscheinlichkeit in die erste Hälfte des 8. Jahrhunderts, denn unsere ältesten Schriftzeugnisse stammen aus der Zeit kurz vor 750 von der Insel Ischia. Dorthin war die Schrift aber bereits mitgebracht worden, von den griechischen Siedlern, die aus Chalkis stammten. Als Voraussetzung für die Entstehung der Schrift hat man einen länger währenden und engeren Kontakt zwischen Griechen und Phönikern anzunehmen, denn deren Schrift hat den Griechen sozusagen das Rohmaterial geliefert. Man denkt also in der Forschung an einen Raum, in dem Griechen und Phöniker relativ lange in einer gewissen Symbiose lebten. Dies kann nach derzeitigem Kenntnisstand nur in der alten Siedlung von Al Mina, an der Orontes-Mündung in Syrien, oder auf Zypern gewesen sein. Wie es zur Schrift im einzelnen kam, ist nur zu mutmaßen. Dabei bietet die wenigsten Schwierigkeiten die Vorstellung von einer punktuellen Erfindung. Dies ist nämlich die einzige angemessene Erklärung dafür, daß es in allen griechischen Alphabeten auch bei den Buchstaben Übereinstimmung gibt, deren Auswahl nicht durch den Lautwert vorgeprägt war: Dem phönikischen Buchstaben '*āleþ* zum Beispiel wies man den Lautwert a zu, dem '*ayin* den Lautwert o, ohne daß dies von vornherein zwingend oder auch nur naheliegend gewesen wäre. Sehr frühe Abweichungen, die diesem Gedanken von der punktuellen Erfindung zu widersprechen scheinen, lassen sich demgegenüber leichter erklären, zumal es ja keine verbindlichen Vorschriften für die Übernahme ganz bestimmter Lösungen gab. Jedenfalls hat sich das neue Schriftsystem geradezu explosionsartig schnell verbreitet und sofort eine Fülle örtlicher Varianten (Lokalalphabete) hervorgebracht.

Generell lag das entscheidende Problem darin, daß das Phönikische, wie etwa das mit ihm verwandte Hebräische, nur die Wiedergabe von Konsonanten kannte, was gerade dem griechischen Vokalreichtum gar nicht entgegenkam. Gerade daß man deswegen nicht verzweifelte, macht die Leistung aus. Man fand nämlich einen Ausweg, indem man überschüssige Zeichen zu Vokalen ‚umfunktionierte‘, was bei Bedarf auch später noch in einzelnen Dialekten geschehen konnte. So sei folgendes Beispiel für dieses Prinzip gegeben: Das Ostionische kannte keine Aspiration. Der Buchstabe H (= *eta*), der in den meisten Lokalalphabeten den Hauch bezeichnete, war bei den Ostionern überflüssig. Sie benutzten ihn deshalb zur Bezeichnung eines wahrscheinlich sehr offenen e-Lautes, den sie statt eines in anderen Dialekten üblichen a-Lautes artikulierten. So wurde das H ein *eta*. Dies fand schließlich, da sich das Ionische als allgemeine Schriftsprache durchsetzte (s. u. 81), Eingang in alle Alphabete beziehungsweise in das griechische Alphabet, das noch heute als solches geläufig ist. Zur Bezeichnung der Aspiration gab es dann eine Ersatzlösung, den *spiritus asper*. Wir dagegen verwenden das H mit seinem ursprünglichen Lautwert, denn dieses war als Zeichen des Hauchlautes mit den griechischen Siedlern nach Unteritalien gewandert und wurde von den Römern als solches übernommen und beibehalten, weil das lateinische Alphabet die folgende Vereinheitlichung im griechischen Bereich nicht mitmachte.

Doch zurück zur ‚Erfindungssituation‘! Außer der Verwendung bestimmter freier Konsonantensymbole für Vokale gab es noch Zusatzbuchstaben für Konsonanten und andere Laute, die im Phönikischen so nicht vorgesehen waren und nur auf Grund besonderen Bedarfs (mithin auch nicht überall in gleicher Form) eingeführt und überwiegend ans Ende des Alphabets gestellt wurden, vor allem Zeichen für die aspirierten Labiale und Gutturale (phi und chi), für ks und ps sowie für das lange o. Die hier jeweils gefundenen Lösungen ließen sich in der modernen Forschung zur Klassifizierung der griechischen Lokalalphabete verwenden (A. Kirchhoff). Generell gab es von Hause aus eine schier unübersehbare Fülle von lokalen Schreibweisen: Man kann bis ins 5., teilweise noch ins 4. Jahrhundert nahezu in jeder etwas bedeutenderen Polis ein eigenes Alphabet finden. Zumindest hatte jede der oben skizzierten Dialektvarianten auch ihre eigene Schrift. Die Alphabete unterschieden sich bald mehr, bald weniger, generell ungefähr so wie das heutige lateinische und griechische Alphabet. Es war mithin nicht übermäßig schwer, ein anderes Alphabet zu lesen beziehungsweise zu lernen. Auch hier finden wir also die spezifisch griechische Dialektik, und wir können sie sogar an Hand einiger Beispiele *ad oculos* demonstrieren. Wir wählen drei relativ wichtige Alphabete, das Korinthische, Attische und Ostionische (in vereinfachter Form und grob auf dem Entwicklungsstand des 5. Jahrhunderts), in Verbindung mit den entsprechenden lateinischen Buchstaben:

Name	Ostionisch	Attisch	Korinthisch	Lateinisch
alpha	A	A	A	A
beta	B	B	⊓⊔	B
gamma	Γ	Λ	C	C
delta	Δ	Δ	Δ	D
epsilon	E	E	Ɛ̌	E
digamma, vau	(–)	(–)	F	F
zeta	Z	I	I	Z
eta	H	(–)	(–)	(–)
Aspiration	(–)	H	⊟	H
iota	I	I	⟨	I
lambda	Λ	L	L	L
xi	Ξ	X ⟩	Ξ	X
sigma, san	Σ	⟩	M	S

Es gab allerdings einen Prozeß der Vereinheitlichung, wie wir ihn auch in der Sprache beobachten konnten, wahrscheinlich sogar in einem Zusammenhang mit diesem. Es setzte sich schließlich ein Alphabet durch, das, wie schon gesagt, bis heute *das* griechische Alphabet geblieben ist, das Ostionische. Dieses wurde in Athen seit 403 die amtliche Schreibweise, und so steht neben dem Siegeszug des Attischen in der Sprache der des Ionischen in der Schrift. Es läßt sich also in beiden Bereichen feststellen, daß sich die spezifische Dialektik durchaus noch entwickelte. Aus erheblicher Vereinzelung bei gleichzeitiger prinzipieller Gemeinsamkeit ergab sich, bedingt durch politische und kulturelle Vorgänge und Prozesse, zunehmende Übereinstimmung, ja Vereinheitlichung, bei reduzierten lokalen Eigenheiten.

b. Religion und Mythos

Grundzüge griechischer Religiosität

Wenn es auch mehr als gewagt ist, auf derart knappem Raum über griechische Religion zu handeln, so ist es nichtsdestoweniger gerade bei unserem Thema unerläßlich; denn das für das antike Griechenland so charakteristische Verhältnis von Individuellem und Gemeinsamem hat in der Religion besonders eindrucksvoll Gestalt gewonnen, und die Religion hatte als wirkungsmächtiger Faktor im griechischen Leben innerhalb der Staaten und als wichtiges verbindendes Element zwischen diesen wie zwischen den Griechen als Individuen besondere Prägekraft. Mit dieser Begründung sind zugleich die beiden Schwerpunkte dieses Abschnittes bezeichnet.

Das Bild, das die Religion der Griechen bietet, ist nicht allein wegen der lokalen Eigenheiten und der mannigfaltigen politisch-sozialen Implikationen ungemein vielgesichtig, sondern wegen der Komplexität dieser Religion selbst sogar außerordentlich verwirrend. Sind doch in ihr verschiedene Elemente unlösbar miteinander verschmolzen, nämlich primitive und urtümliche religiöse Vorstellungen mit Elementen einer entwickelten Religion und teilweise sogar einer besonderen intellektuell und ethisch geprägten Religiosität. So führten recht atavistische Kulte in manchen Gegenden ein zähes Leben, besonders in Arkadien und Thessalien, und fand sich andererseits zum Beispiel in einem wirtschaftlich und politisch keineswegs führenden Gebiet eine hochgradig differenzierte und teilweise ethisierte Religiosität, in Delphi.

Besonders wichtig ist, daß die Götterwelt, erwachsen wohl aus animistischen, dynamistischen und vor allem animatistischen Vorstellungen, sich in letztlich unendlicher und überall präsenter Fülle darbietet. Die Welt wimmelt von göttlichen Wesen, die teilweise – in Bäumen, Flüssen, Höhlen, Quellen, aber auch als heilige Steine – ortsgebunden, teilweise in Gestalt von Mensch oder Tier frei beweglich sind. Sie haben durchaus sehr unterschiedlichen Rang beziehungsweise unterschiedliche Grade von Göttlichkeit; wir finden den Halbgott, den Dämonen, die Nymphe, den ‚richtigen‘ Gott – wobei sich der Rang etwa nach dem Maße der Beweglichkeit und der wahrgenommenen Funktionen bestimmt. Letztlich aber sind sie alle lokalen Ursprungs, und ihre alte Ortsgebundenheit lebt insbesondere in der Verehrung ihrer Kultbilder fort (so kann sich ein Baum zu einer heiligen Säule und von da zu einem weiblichen Kultbild entwickeln), und heilige Stätten waren auf einen bestimmten Platz fixiert – schon lange bevor dies, in Gestalt monumentaler Tempel etwa, weithin sichtbar war. Die lokale Komponente war also auf religiösem Gebiet besonders ausgeprägt.

Jedoch auch hier wölbte sich über dem Partikularen die Decke der Gemeinsamkeit. Schon die religiösen Denkweisen selbst boten dafür Anhaltspunkte. Manche Kulturplätze und ihre Götter galten als besonders mächtig und effektiv und wurden schnell überregionale Zentren der Verehrung, Wallfahrtsorten vergleichbar. Es gab also eine innere Tendenz zur Hierarchisierung von Göttern. Dazu kam im griechischen Kontext, vor allem zunächst wieder in dem von Mobilität bestimmten aristokratischen Milieu mit seinen Sängern und Künstlern, und zumal diese Beweglichkeit gerade auch mit religiösen Kulten zusammenhing, ein ständig zunehmendes Kennenlernen jeweils vergleichbarer Lokalgottheiten oder das Verständnis einer fremden Lokalgottheit als einer eigenen oder bedeutenderen anderen Gottheit – Wurzel der *interpretatio graeca*. So ergab sich eine wachsende Vereinheitlichung: Große, einflußreiche Götter und Göttinnen integrierten nicht nur verschiedene – und verschieden alte – religiöse Vorstellungen, sondern auch diverse lokale Einzelgrößen. Äußerlich wird dies darin sichtbar, daß ein – allgemei-

ner – Name (also eine früh schon bedeutende Gottheit, die sich auch früh
aus ihrem lokalen Kontext lösen konnte) mit einem entsprechenden Beinamen versehen wurde beziehungsweise diesen behielt, mit der sogenannten
Epiklese: So gingen die alten Tiergestalten in Götternamen ein (Poseidon
Hippios, der ‚Pferdische‘; Apollon Lykeios, der ‚Wölfische‘). Weithin lebten
auch Namen älterer Dämonen, zum Beispiel der Titanen (Apollon Karneios,
Apollon Pythios, Artemis Iphigeneia) oder bestimmter Lokalgottheiten und
-heroen weiter, wie etwa die Athena Alea in Arkadien, die Artemis Pheraia in
Thessalien und anderswo, die Dionyse Mesateus, Antheus und Aroeus in Patrai. Für derartige Identifizierungen haben wir unzählige Beispiele, und daneben gab es noch andere Möglichkeiten göttlicher Symbiose: Eine mindere
Gottheit wurde Tempelgenosse *(synnaos)* (Erechtheus und Athena) oder Ge-
fährte beziehungsweise Priester einer bedeutenderen (Iphigenie und Artemis).

So kam man von einer unendlichen Zahl zu einer begrenzten Gruppe von
‚echten‘ Göttern, auch wenn dabei Eigenschaften und Funktionen oft unterschiedlich verteilt wurden, weil sie durchaus jeweils unterschiedlichen Gottheiten zugeordnet werden konnten. Zum Beispiel erschien Aphrodite, durchweg die Göttin der sinnlichen Liebe, auch als Mutter- und Fruchtbarkeitsgöttin (wie Demeter), etwa in Sikyon; und die keusche, jungfräuliche
Jagdgöttin Artemis hatte nicht selten chthonischen Charakter (Artemis Pheraia) und konnte ebenfalls als Fruchtbarkeitsgöttin figurieren, wie die hoch-
berühmte Artemis von Ephesos. Die somit begrenzbare Gesamtheit der Götter ließ sich sogar in ein System bringen, und vor allem: ganz Griechenland
konnte sich auf dieses System beziehen. Es war aber ersichtlich eine spezifische Konstruktion. Diese Kunstschöpfung gehört spätestens in die Zeit nach
den Wanderungen vom Ende des 2. Jahrtausends, denn bei Homer und Hesiod liegt sie bereits in hochentwickelter Form vor, ja diese Namen markieren in gewisser Weise den Abschluß und den literarischen Höhepunkt dieser
Schöpfung. So konnte Herodot – auf seinem Kenntnisstand mit vollem
Recht – sagen: „Es waren Homer und Hesiod, die den Griechen die Götterwelt erschufen, den Göttern ihre Beinamen, ihre Ehren und Fertigkeiten ein-
teilten und ihre Gestalten bezeichneten" (2,53). Die bildende Kunst mit ihren
ziemlich festen Typen in der Götterikonographie tat ein übriges zur Verfesti-
gung und Verbreitung allgemeiner Vorstellungen.

Damit war nun ein Götterkosmos konstituiert, der bezeichnenderweise
stark von künstlerischen Gesichtspunkten geprägt war. Die Götter waren
nicht nur vollständig anthropomorph – mit charakteristischen Ausnahmen
wie dem Hirtengott Pan –, sie waren geradezu ‚humanisiert‘, nichts anderes als
Menschen, mit durch und durch menschlichen Regungen und Gefühlen –
man denke nur an den sprichwörtlichen Neid der Götter. Es gab nur zwei
Unterschiede: Sie waren ungleich mächtiger – wenngleich nicht prinzipiell
allmächtig – und unsterblich, insofern also auch Projektionen elementarer

menschlicher Wünsche. Ihr gegenseitiger Umgang, ihre Gesellschaft, wurde geformt nach dem Bilde der damaligen Gesellschaft. Sie lebten also wie adlige Herren in ihren Oikoi auf dem Olymp, wobei lediglich die herausragende Macht des höchsten Gottes, des Zeus, wohl ein Nachhall der Position der alten mykenischen Herrscher oder der Könige der Wanderungszeit war, welcher auch nach der Seßhaftwerdung nicht mehr verlorenging. So konnten sich auch Geschichten um die Götter bilden, Mythen, die sich aus den ursprünglichen Kultzusammenhängen lösten und zu genuinen Erzählungen wie die von Helden wurden. Und so konnten die Götter auch in einen Zusammenhang gebracht werden, indem ein ganz elementares Schema, nämlich das der verwandtschaftlichen Beziehung, angewandt wurde. Sie wurden in einer Genealogie untergebracht, womit sich zugleich – immerhin handelte es sich ja um Götter, zum Teil sehr urwüchsige – eine Theo-, ja Kosmogonie verbinden ließ. Das System der Götter war im übrigen noch zu erweitern: Adlige Familien konnten mit ihren Genealogien über Heroen, Sprößlinge aus Verbindungen von Göttern mit sterblichen Frauen, an es anknüpfen.

Allerdings bleibt zu berücksichtigen, daß es sich dabei immer um eine Schöpfung von Sängern und Künstlern in einem aristokratischen Umfeld handelte. Viele der homerischen Götter wurden als solche nicht populär. Gerade bei den einfachen Menschen, insbesondere bei der großen Masse der Bauern, sah es anders aus. Hier blieben nicht allein alte Bräuche und atavistische Grundvorstellungen am Leben: Gerade Vegetationsgötter, die von Hause aus nicht in den Olymp gehörten, Dionysos und Demeter vor allem, waren dort Gegenstand besonderer Verehrung. Auch die lokalen Götter blieben generell erhalten. Die allgemeinen Bezeichnungen setzten sich gerade – wie Inschriften zeigen – im Volksmund nicht durch, die Epiklesen waren die gebräuchlichen Namen geblieben: Die Aphaia in ihrem herrlichen Tempel in den Bergen von Aigina wurde nie so recht eine Athena, auch wenn sie ikonographisch, also in der Kunst, so aufgefaßt wurde. Generell hat die lokale Komponente der griechischen Religion durch die Polisbildung eine Verstärkung erfahren, wie sie ihrerseits auch diesen Prozeß, gerade in der Stiftung und Überhöhung von Identität mittels bestimmter Stadtgottheiten, stark gefördert hat.

Zugleich aber blieb durch die Verallgemeinerung in den größeren Systemen auch das Element des Gemeinsam-Verbindenden präsent, ja wurde das Gesamtgriechische im Götterkosmos manchmal sogar noch ausgebaut. So bietet die Religion einen eklatanten Ausdruck der griechischen Dialektik: Jeder Grieche war am Ganzen beteiligt, fühlte sich den hellenischen Göttern verpflichtet. Er hatte aber in seinem Bereich, selbst wenn er mit den allgemein verehrten Göttern umging, seine eigenen Götter, die er durchaus auch als die seinen, die seiner Polis ansah: Hera war die höchste Göttin, überall in der griechischen Welt. Sie war Stadtgöttin vieler Städte, zum Beispiel von Argos und Samos: Und so betete der Samier zu seiner, der Argiver zu der seinen – und beteten doch beide zu derselben Gottheit.

Überhaupt war die Religion – sieht man von den privaten und familialen Kulten einmal ab – auch Sache der Polis. So wie ursprünglich der König der Vertreter der Gemeinde gegenüber der Welt des Göttlichen war, waren später staatliche Funktionäre, gelegentlich noch mit dem alten Königsnamen, für die öffentlichen Kulte verantwortlich. Es gab keine Priesterschaft *sui iuris,* und die Trennung von Staat und Kirche war schon deswegen unbekannt, weil es eine Institution ‚Kirche' nicht gab. Die Kulte selbst waren von hochgradig konservativer Natur. Uralte Riten hielten sich lange Zeit ohne wesentliche Veränderungen, und man konnte sie auch normalerweise später nicht mehr entsprechend erklären, vielmehr erfand man statt dessen aitiologisch-rationalisierende Interpretationen. Die formal korrekte Kultausübung im rituellen Vollzug war von entscheidender Bedeutung und ist ein wesentliches Charakteristikum der Religion in den entwickelten Polisstaaten. Sie rangierte – auch wenn es solche Einstellungen gab, die sogar allmählich an Bedeutung gewannen – vor inniger Frömmigkeit, dogmatischer Korrektheit oder ethisch geprägter Religiosität: So war der Begriff der Sünde den Griechen fremd – und bei den völlig vermenschlichten Göttern war oft auch wenig Vorbildliches in moralischem Sinne zu finden. Und daher waren auch die schlimmsten religiösen Frevel Verletzungen von Kultvorschriften, nicht dogmatische Ketzereien, und sie wurden von staatlichen Gerichten verfolgt.

Die Palette der Kulthandlungen selbst war außerordentlich breit. Nur besonders Charakteristisches kann hier angeführt werden: Es gab auch in diesem Rahmen Phänomene primitiver und elementarer Religiosität. Magische Akte, insbesondere in Form des sogenannten homöopathischen Zaubers, also der Durchführung eines Vorganges analog zum Gewünschten, zum Beispiel zur Herbeiführung von Regen oder zur Herbeiholung einer geliebten Person, standen neben Sakramenten, mit denen man sich die Kraft des Gottes einverleibte, besonders im Kult des Dionysos: Dort wurden die Verehrer ἔνθεοι, ‚gottbegeistert' durch rauschhaften Tanz, Geschrei und Musik. Auch Prozessionen haben einen sehr urtümlichen Hintergrund, meist sind sie aus Feldbegehungen zur Abwehr von Schäden und zum Erbitten von Fruchtbarkeit hervorgegangen. Dazu kamen dann diverse Reinigungsriten und Gebete und ein in verschiedensten Ausprägungen begegnendes System zur Erkundung der Zukunft durch Befragung von besonders gut über die Zukunft orientierten Göttern (Orakel).

Von großer Bedeutung waren Opfer verschiedenster Art, in der Regel vorgestellt als Gabe an die Götter. Dies waren Mahlzeiten, aber auch Dankesgaben als Anteil an einem Gewinn, etwa ein Erstlingsopfer von der Ernte, aber auch als Teile von gewerblichem Einkommen und vom Ertrag von Kriegszügen (Beute). Damit eng verbunden ist das weit verbreitete System der Votive, in dem das *do-ut-des*-Prinzip, das beim Opfer immer mitzudenken ist, besonders sinnfällig wird. Man weiht einer Gottheit einen Gegenstand zwecks Herbeiführung einer positiven Leistung von deren Seite, meistens nach Ablegung eines Gelübdes und nach Eintritt des Erfolges, als Einlösung eines sehr einfachen Versprechens nach dem Muster: „Wenn du mir dazu verhilfst, schenke ich dir etwas." Platon mochte dieses Verfahren verächtlich eine „Krämerkunst" nennen – es war jedoch ungemein verbreitet und für die griechische Religion mehr kennzeichnend als die metaphysisch geprägte Religiosität des Philosophen. Jeder weihte nach Maßgabe seiner finanziellen Möglichkeiten, von der kleinsten Götterstatuette aus Ton bis hin zum großen Kunstwerk aus Bronze und Edelmetall. Die Tempel wurden geradezu zu Schatz-, ja Rumpelkammern, und in großen Heiligtümern wurden eigens Schatzhäuser errichtet. Besonders sprechend für diese Art der Götterverehrung sind die Repliken von geheilten Körperteilen in Kultbezirken von Heilgöttern, zum Beispiel des Asklepios in Epidauros oder Korinth.

Höhepunkte des Kultes waren die großen Götterfeste, bei denen die genannten Elemente – Sakramente, Opfer, Prozessionen – übernommen wurden, dazu aber noch Gesänge und Tänze, aus denen sich (vergleichbar den Passionen und Messen der neuzeitlichen Musikgeschichte) richtige Kunstformen entwickelten. Ausgangspunkt war oft der Nachvollzug von Handlungen, die im Mythos des jeweiligen Gottes verankert und deshalb Bestandteil des Ritus waren (wobei die Mythen nicht selten erst aus diesen Riten ‚herausgedichtet‘ worden waren): Bei den Pythischen Spielen in Delphi etwa hatten die im Wettkampf der Flöten- und Kitharaspieler dargebrachten Lieder den Kampf des Apollon mit dem ehemals am Heiligtum hausenden drachen- oder schlangenartigen Ungeheuer Python zum Gegenstand. Spezifisch war ferner, daß sich, wahrscheinlich aus dem Totenkult, mithin auch aus dem Heroenkult, auch nach unserem Verständnis sportliche Veranstaltungen an die Kulthandlungen anschlossen und daß überhaupt – nicht nur auf diesem Sektor, sondern auch in den musischen Aufführungen – ein ‚agonales Prinzip‘ herrschte: Die Darbietungen wurden zu Ehren der Götter in Form von Wettkämpfen ausgetragen.

So wurden diese Feste zu großen und populären, das Leben der Griechen deutlich bestimmenden Veranstaltungen, bei denen nicht nur religiöses Empfinden, sondern vor allem auch die Sinne auf ihre Kosten kamen: Gutes Essen in fröhlich-feierlicher Runde mit Freunden, Verwandten und Nachbarn, Gesänge und Tänze hübscher Knaben und Mädchen, aufregende und bunte Prozessionen, spannende Wettkämpfe, musikalische Aufführungen und Theaterstücke, an denen man zum Teil selber teilnehmen, die man auf jeden Fall bestaunen konnte – all dies war Zelebration und Genuß zugleich. Solche Feste gab es in großer Vielfalt auf lokaler Ebene. Sie waren in den Poleis von ganz erheblicher Bedeutung für die Integration der Bevölkerung – und zugleich strahlten sie auf das Umland aus und waren damit für das Prestige einer Stadt wichtig. Gerade in loser organisierten Staaten, wie etwa dem Aitolischen Bund, war ein solches Fest, bei dem auch Markt abgehalten und der Austausch von Gütern gepflegt wurde, zugleich politische Versammlungen tagten, nämlich die Thermika am zentralen Heiligtum des Apollon Thermios, von großer Wichtigkeit.

Manche Feste, gerade solche an weithin berühmten Heiligtümern, waren von überregionaler, ja gesamtgriechischer Bedeutung, so besonders die Isthmischen Spiele für den Poseidon „auf Korinthus' Landesenge", die Nemeischen Spiele für den Zeus von Nemea, die Pythischen Spiele zu Ehren des delphischen Apollon und vor allem die Olympischen Spiele. Zum Kult auf Delos, dem Geburtsort des Apollon, trafen sich die „langgewandeten" Ioner, aus Attika und Euboia, von den Inseln der Ägäis und aus Kleinasien. Es wurde schon angedeutet, daß solche polisübergreifenden Kulte auch entsprechend gemeinschaftlich organisiert wurden und daß daraus sogar bestimmte völkerrechtlich relevante Selbstverpflichtungen resultierten. Noch wichtiger war, daß sich gerade hier die polisüberschreitende Integration auf der Ebene der Stammeszugehörigkeit und der generellen nationalen Zuordnung erhärten und entwickeln konnte. Hier war die Einheit der Griechen noch am deutlichsten greifbar – auch in der Abgrenzung von anderen und in ihrer Binnendifferenzierung.

Der Mythos als Spiegel des Bewußtseins

Der Mythos, ein weithin noch heute faszinierendes und Künstler, ja Wissenschaftler inspirierendes Stück griechischer Kreativität, ist ein besonders merkwürdiges, für das Verständnis der Griechen selbst spezifisches Phänomen. Wie auch immer man den Begriff des Mythos definieren mag – die in ihm versammelten Elemente, das heißt ziemlich frei bewegliche märchenhafte Züge und relativ feste Residuen historischer Erinnerung sowie kultisch-religiöse Vorstellungen, diese oft mit archetypischem oder welterklärendem Hintergrund oder auch nur mit der aitiologischen Explikation von Kulthandlungen, geben ihm neben dem ehrwürdig-verbindlichen Charakter eine eigenartige Mischung von Starrheit und Flexibilität. Diese verdichtet sich im griechischen Mythos noch zu einer ganz spezifischen Ambivalenz:

Einerseits wird er als Geschichte behandelt, er gilt also als Realität schlechthin, als geglaubte vergangene Realität, mithin als Fixum. Daraus ergibt sich schon insofern eine starke Verbindlichkeit, als für die Griechen Gegenstände von hohem Alter durchweg besonders wichtig waren. Dazu trug ferner nicht unwesentlich auch die Nähe zur Religion bei, also die ständige Beziehung des Mythos auf einen all-präsenten Lebensbereich. Andererseits aber war der Mythos Gegenstand fiktiver Literatur. Das war in ihm, sofern er Erzählung war, von vornherein angelegt. Die Griechen aber brachten es darüber hinaus im literarischen Umgang mit dem Mythos zu wahrer Meisterschaft, ja der Mythos war zunächst der Stoff ihrer Literatur schlechthin und blieb immer einer ihrer wichtigsten Gegenstände, von der Zeit Homers und Hesiods bis hin zu den ‚Dionysiaka‘ des Nonnos an der Schwelle zum griechischen Mittelalter. Insbesondere in der Hymnik, der Chorlyrik und der Tragödie pflanzte sich das auch in anderen Gattungen als dem Epos fort. Ähnliches gilt auch für den Bereich der bildenden Kunst. Damit aber war der Mythos für die Erweiterung und Veränderung durch Fiktion nicht nur zugänglich, sondern sogar aus dem Geiste künstlerischer Kreativität heraus auf diese geradezu ausgerichtet: Der Künstler folgte den Gesetzen der Originalität, und diese äußerte sich bevorzugt nicht in freien Erfindungen, sondern in der Ausgestaltung neuer Varianten.

Aufschlußreich aber ist, daß dann auch solche der Inspiration entsprungenen Versionen, also auch Verformungen, sogleich in dem zuerst genannten Sinne als bare Realität genommen wurden beziehungsweise werden konnten. Diese Tendenz zu Abwandlung und Variation wurde dadurch noch wesentlich gefördert, daß es angesichts der griechischen Vielfalt unendlich viele lokale Varianten beziehungsweise Eigentraditionen gab, die in Familien, Geschlechtern, Dörfern und Poleis kursierten und ins Leben gerufen werden konnten. Deren weitere Ausgestaltung konnte durchaus in persönlichem, familial-dynastischem, lokalpatriotischem, ja politischem Interesse liegen. Dabei war das Medium in der Regel dasselbe, also Literatur und Bildkunst, der Effekt aber bestand darin, daß die Variante die Weihe des Altehrwürdigen und des Historisch-Realen erhielt. Gelehrte Spekulation – etwa zur ‚Versöhnung‘ von widersprüchlichen Versionen – tat ein übriges.

Aus diesem Grundcharakter des Mythos ergeben sich zwei wichtige Konsequenzen, eine methodisch-heuristische und eine substantiell-konkrete. Die mythische Realität finden wir nicht im Reinzustand, sondern nur im Spiegel eines verformenden oder auch nur variierenden Subjektes, also in dessen Vorstellungswelt. Dieser Sachverhalt erschwert das Auffinden und Rekonstruieren von historischen Kernen ganz erheblich beziehungsweise macht es von oft undurchführbaren Vorüberlegungen abhängig. Aber er erlaubt auf der anderen Seite – und viel eher noch als die genannte Rekonstruktion – wesentliche Aussagen über die Vorstellungswelt auf dem Zeithorizont der Mythenbildung. Die Mythen reflektieren also vornehmlich diese, jeweils durch Varianten- und Schichtenanalyse aufzuzeigende spätere Realität, die lediglich in die mythische Vergangenheit zurückprojiziert wurde: Später geläufige Vorkommnisse, Verbannung durch Blutschuld oder politischen Umsturz und daraus resultierende Ortswechsel, verbunden mit den Mechanismen der Koloniegründungen, wurden so zu Mustern für die Konstruktion von Gründungssagen.

Auf Grund der oben besprochenen Zusammenhänge gewannen die durch eine solche ‚Mythifizierung' erreichten Erzählungen aber eine neue Qualität, sie strahlten als historisch genommene Realität und in der Nähe des Göttlichen angesiedeltes Geschehen Altehrwürdigkeit und eine gewisse Verbindlichkeit aus. Und von daher konnten sie erhebliche Rückwirkungen auf die konkrete Situation, also die historische Realität selbst haben. Dies sei nur beispielhaft verdeutlicht: Die ritterlichen Kämpfer von Chalkis und Eretria erscheinen in der ‚Ilias' als Abanten. Dies zeigt, daß sich die dortigen Aristokraten als Nachfahren des uralten Stammes der Abanten fühlten. Sie hatten ihre besondere, ziemlich exklusive aristokratische Lebensweise in dieser Form gleichsam in den Mythos zurückverlagert (die mythischen Abanten waren schon wie sie), wobei sie an eine lokale Tradition (es gab eine Phyle Abantis) anknüpfen konnten. Damit aber war nun das aristokratische System mit Vorbildern aus dem Mythos versehen und erschien als traditionell verankert. Und das ‚Abantische' wurde – in Auftreten und Kampfesweise – besonders hochgehalten, bis weit ins 6. Jahrhundert hinein.

Wir können nicht genau sagen, wie solche Projektionen konkret zustande kamen, was bewußt (zum Beispiel aus Gefälligkeit seitens eines Rhapsoden) erfunden oder lediglich aus dem Bemühen um Erklärung oder dichterische Gestaltung von Lokaltraditionen heraus – und seien es auch nur Namen gewesen – zusammengebracht wurde. Etwas deutlicher wird das allerdings in anderem Kontext, bei zwischenstaatlichen Verbindungen (und umgekehrt natürlich auch Konflikten): Hier konnte sich die Realität einer außenpolitischen Beziehung als Basis für ein mythologisches Konstrukt auswirken. So wurde die Allianz zwischen Theben und Aigina um 500, die ersichtlich ein politisch leicht erklärliches Zweckbündnis gegen den gemeinsamen Feind Athen war, mythologisch überhöht: Die Nymphe Aigina, die als Tochter des bei Sikyon mündenden Flusses Asopos galt (Reflex einer anderen Beziehung), behält den Namen ihres Vaters, nur wird dieser mit dem gleichnamigen boiotischen Fluß identifiziert. Aigina wird die Schwester der Nymphe Thebe. Und entscheidend ist, daß eine solche Verbindung mit dem Gewicht des Alters den Charakter der traditionellen Freundschaft, ja Verwandtschaft erhielt, also mehr Verbindlichkeit besaß und mehr affektive Elemente mobilisieren konnte als ein reines Zweckbündnis. Immer wieder hat man deshalb in derartigen Fragen in besonderem und für uns oft schwer verständlichem Maße mit dem Mythos operiert und argumentiert.

Darüber hinaus aber bot die eigentümliche Struktur des Mythos in der Spannung von Geschichte und Gegenwart, Realität und Fiktion, Norm und Praxis, Beständigkeit und Flexibilität auch eine extrem günstige Voraussetzung für die spezifisch griechische Dialektik: In ihn konnte die Vielfalt der Griechen eingehen, zugleich aber auch die erlebten und erkannten Gemeinsamkeiten in ihren unterschiedlichen Abstufungen. Man setzte letztere ganz einfach auch in bestehende Verwandtschaften um. Dies geschah sowohl auf gesamtgriechischer Ebene, in dem bereits erwähnten Schema (s. o. 37) von Hellen und den Ahnherren der Stämme, wie auch im regionalen (in Arkadien zum Beispiel mit Lykaon und seinen Söhnen) und lokalen Bereich (in den Traditionen adliger Familien). In den Phylen waren die drei Ebenen zusätzlich miteinander verbunden. Dabei ist auch hier nicht zu vergessen, daß aus solchen Beziehungen Loyalität erwachsen und mobilisiert werden konnte oder auch politische Ansprüche mit dem Argument höheren Alters auftauchen konnten: Aristagoras von Milet versuchte um 500 die Athener unter anderem mit dem Hinweis darauf, daß die kleinasiatischen Ioner Kolonisten aus Athen seien, Athen mithin als deren Mutterstadt Verpflichtungen zur Hilfeleistung hätte, in den Ionischen Aufstand hineinzuziehen. Und relativ harmlos war es noch, wenn die arkadischen Tegeaten vor der Schlacht von Plataiai 479 einen ehrenvollen Platz in der Phalanx für sich beanspruchten, indem sie auf ihre mythischen Verdienste hinwiesen. Wenn aber die Arkader in der Inschrift auf ihrer großen Weihung in Delphi (vgl. o. 51) in ihre Genealogie einen Heros Triphylos aufnehmen, steckt darin der Anspruch auf die zuvor elische Landschaft Triphylien.

Über solche politische Nutzanwendung hinaus gab es aber angesichts der Flexibilität des Mythos bei gleichzeitiger Konstanz ideale Möglichkeiten, lokale Sagen mit den großen und weithin bekannten zentralen Sagen und deren wichtigsten und berühmtesten Helden, Namen wie Herakles, Perseus, Bellerophon, den Argonauten, zu verbinden – zumal diese sehr mobil und zudem unbegrenzt potent waren. Gerade Gründungssagen leben davon: So nahm man einen Gott oder einen der großen, weit herumgekommenen Helden oder eines von deren Kindern als Gründer, oder man konstruierte einen nach der Stadt oder einer geographischen Formation in der Nähe (Berg, Fluß) benannten Gründer, den man in enge freundschaftliche oder verwandtschaftliche Beziehungen zu einem Gott oder Halbgott brachte oder an einem der großen Unternehmen des Mythos teilnehmen ließ. Dies geschah selbst dann, wenn – im Falle von Kolonien – die wirkliche Gründungsgeschichte mindestens noch den Historikern bekannt war. Man gewann nämlich so ehrwürdiges Alter und damit als Stadt und Staat Prestige – und hatte plötzlich auch zu anderen neue Beziehungen, die man völlig ernst nahm. Bezeichnenderweise blühte dieses Verfahren in der Kolonisationszeit, in der ja zahlreiche der alten Mythen entstanden sind; und in den hellenistischen Städtegründungen gab es einen weiteren Schub in dieser Richtung. Dabei kamen oft auch Konstruktionen auf Grund von Namensähnlichkeiten vor (zum Beispiel Tenea als Gründung von Tenedos, die Halbinsel Pallene besiedelt von Achaiern aus Pellene), die im übrigen schon deswegen unseren Verdacht erregen müßten, weil sich eine für den Fall des realen Bezuges sprachhistorisch zu erwartende Veränderung hier gerade nicht findet.

Für die Griechen allerdings galt selbst die durchsichtigste Konstruktion, und nur selten finden wir Kritik *en detail*. Selbst die kritischsten Köpfe stellten die historische Realität des Mythos nicht prinzipiell in Frage. Und auch wenn man bewußt manipulativ mit dem Mythos umgegangen war, verschwand das Bewußtsein hiervon sehr schnell, sonst hätten sich derartige Schöpfungen nicht jahrhundertelang halten können. Das muß uns verwundern, aber wir haben zur Erklärung dieses auffälligen Phänomens vieles zu berücksichtigen: Der Mythos, mit seinem Bezug zum Göttlichen, das einen tagtäglich umgab, in Literatur und Kunst immer und überall präsent, und zwar in vielen, gerade den attraktivsten Veranstaltungen, war von elementarer Selbstverständlichkeit. Er zog auch viel Vertrauen auf sich, zumal den Künstlern und Gelehrten, die mit ihm umgingen, hohe Autorität, ja geradezu – in der dichterischen Inspiration – ein höheres Wissen zugeschrieben wurde. Und natürlich erfüllte der Mythos ganz elementare Bedürfnisse: Er gab den Menschen ihren Rahmen, ja ein wichtiges Stück ihrer Identität, gerade auch in der historischen Dimension, denn er schenkte ihnen eine Vergangenheit von großer Faszination, zugleich aber auch Vertrautheit. Und so zeigt kurioserweise gerade der griechische Mythos, die Fiktion als Geschichte, daß geschichtliche Selbstvergewisserung eine *conditio sine qua non* menschlichen Daseins darstellte.

Jedenfalls war so das gesamte griechische System im Mythos enthalten: Jeder Grieche, jede Familie, jede Polis, jeder Stamm hatte seinen Platz. Auch wenn etwas nicht vorgesehen war, weil es sich zum Beispiel um eine Neugründung handelte, konnte es sich ‚anhängen‘ – und das System trug dies leicht, aus den genannten Gründen. Vor allem: das System war beliebig zu erweitern, seine Kapazität war unbegrenzt. Namensassoziationen waren jederzeit möglich. Und wer zählte die Söhne von Zeus, Poseidon, Apollon, Herakles...? So ist der Mythos der beste und stets lebendig gebliebene Ausdruck der Spannung von Einheit und Vielheit in der griechischen Welt und vor allem auch für deren Verständnis im griechischen Selbstbewußtsein.

c. Literatur, Philosophie und Kunst

Der Platz, den wir der Geistesgeschichte im engeren Sinne, und damit doch dem wohl wichtigsten Stück griechischer Geschichte, einräumen können, ist beschämend klein. Aber jede nähere Erörterung würde den Rahmen sprengen – auch den der Kompetenz des Verfassers. Wir können hier nur zwei Aspekte anschneiden, zum einen die Bedeutung von Kunst und Wissenschaft für unsere Leitfrage nach der Dialektik von Trennendem und Verbindendem, zum anderen die für die allgemeingeschichtliche Sicht besonders wichtigen soziologischen Implikationen künstlerisch-wissenschaftlichen Tuns.

In dem gerade erneut bezeichneten Spannungsfeld tendiert dieses Gebiet am weitesten zum Pol der Einheitlichkeit. Die Leistungen in den Künsten und Wissenschaften haben sogar auf andere Sektoren der Geschichte ausgestrahlt: Von den Vereinheitlichungstendenzen auf sprachlicher Ebene, der systematisch auf die allgemeinen Zusammenhänge führenden Tätigkeit in Religion und Mythos war gerade die Rede. Doch auch an die Politik haben wir zu denken: Die politischen Konzepte in der Epoche der Tyrannen und Nomotheten waren Leistungen von intellektuellem Zuschnitt, von Leuten erbracht, die auch und gerade als Intellektuelle (die Sieben Weisen) berühmt waren. Die Rhetorik war, ausgehend von den Rahmenbedingungen, die die politischen Systeme Griechenlands boten, ein sehr spezifisches Stück griechischer Geistigkeit und hat ihrerseits auf die politische Entwicklung stark zurückgewirkt: Und sie war dann durchweg im Sinne einer gewissen Vereinheitlichung wirksam.

All dies wurde durch den sozialen Bezugsrahmen der hellenischen Geistigkeit erleichtert. Ursprünglich stark verankert im polisübergreifenden Milieu adliger Häuser, hatten Literatur und Kunst sehr früh einen allgemeinen Horizont. Schon in der Tyrannis, in der diese Komponente angesichts des Lebensstils der Herrscher (s. o. 41) gewahrt blieb, erfuhren jene Bereiche jedoch auch in der sozialen Basis eine deutliche Verbreiterung, sie wurden, wie in der Baukunst etwa oder in der Förderung von Literatur im kultischen Kontext besonders deutlich wird, auch auf den Rahmen der Polis bezogen, was sich natürlich fortsetzte, als die Polis sich von der tyrannischen Herrschaft emanzipiert hatte: Das Publikum war denkbar groß geworden. Das 5. Jahrhundert brachte hier einen Höhepunkt: Kunst und Wissenschaft kamen unters Volk; Euripides, der intellektuell anspruchsvolle Dichter, wurde vor einem Massenpublikum gespielt (wenngleich er dort zunächst auch nicht nach Wunsch reüssierte), Sokrates, der bohrende Philosoph, diskutierte auf dem Marktplatz. Dies war zwar in Athen, also außerhalb unseres Bereichs, aber ein ähnliches Bild war überall zu finden. Euripides eroberte sich seit dem 4. Jahrhundert die Bühnen Griechenlands. Die Städter waren stolz darauf, in den Zentren ihres Lebens, den Gymnasien, Theatern und Märkten, kunstvoll formulierte Reden zu hören, aber auch Vorträge über Fragen der Homerphilologie. Im Hellenismus änderte sich das teilweise, durch das starke – und ebenfalls konkurrierende – Hervortreten neuer und größerer monarchischer Hofhaltung, wie etwa in Alexandria oder Pergamon: Dichter als Gelehrte oder Gelehrte als Dichter wurden an den Hof gezogen und dort alimentiert, ihre Literatur wandte sich primär an ein kleines Publikum von Kollegen und Kritikern – was nicht ausschloß, daß manche ihrer Motive auch von einem breiteren Interessenkreis geschätzt wurden. Generell vertiefte sich in diesem Rahmen aber die Trennung von ‚guter‘ Literatur und Massenproduktion, letztere zum Beispiel in Form einer Novellistik im Grenzgebiet von epischer Fiktion und rhetorisch dramatisierter Historiographie.

In bezug auf den Gesichtspunkt der griechischen Identität war und blieb eines wichtig – und allein das Medium der Sprache demonstriert dies: Die Tätigkeit der Künstler war immer auch, meist primär, auf eine Öffentlichkeit bezogen, die durchaus gesamtgriechisch war. Insofern hat sie ihr schon früh vorhandener ‚internationaler‘ Charakter davor bewahrt, an der Verengung der Perspektive teilzunehmen, die die Herausbildung der Polis der Bürger in der politischen Geschichte mit sich gebracht hat (s. o. 45). Zudem waren es immer gerade auch die elementaren Bedingungen künstlerisch-intellektueller Existenz, die eine solche Verengung konterkarierten. Auf deren wesentlichen Punkt, gerade auf den wechselseitigen, weitreichenden und mithin öffentlichen Charakter ihres Wirkens ist nicht zuletzt in jüngster Zeit von philosophischer und soziologischer Seite deutlich hingewiesen worden.

Zwar hatten die verschiedenen Gattungen, erst recht die einzelnen Disziplinen, Kunstrichtungen und Ideen ihren regional-lokalen Ursprung – und das keineswegs zufällig. Doch es bildeten sich für viele Bereiche gemeingriechische Zentren, und wer wirklich ‚dazu gehören‘ wollte, mußte nicht nur geistig, sondern auch im Wortsinne mobil sein, denn der persönliche Austausch bildete einen ganz wesentlichen Faktor, und das allgemeine Publikum war an bestimmte Standards gewöhnt. Hierfür seien nur einige Beispiele gegeben. Bezüglich der Literatur haben wir bereits auf die Rolle bestimmter Dialekte, mithin des regionalen Ursprungs, zugleich deren grundsätzliche und allgemeine Verbreitung als Gattungsdialekte, schließlich auf den Sieg der Koiné, also insgesamt auf die erhebliche Vereinheitlichung hingewiesen.

Noch spannender ist dieser Prozeß in der Philosophie beziehungsweise, wie wir legitimerweise sagen können, der Wissenschaft. Diese wurde auf ionischem Boden geboren, in der Hafenstadt Milet, mit ihren engen Verbindungen zu den orientalischen Hochkulturen im Hinterland und mit ihren weitreichenden maritimen Kontakten, die durch eine bedeutende Siedlungstätigkeit nach vorangegangenen kleiner dimensionierten Handelsfahrten entscheidend gefördert wurden. Hier war Neugier angezeigt, Fragen nach entlegenen Gebieten und ihren Bewohnern, Interesse an anderen Kulturen und deren Leistungen. So erwuchs das Bedürfnis, darüber etwas zu wissen, nach Kunde und Kenntnis (ἱστορίη). Genau dies war das geistige Milieu, in dem in der Verwunderung, dem Sich-Fragen (θαυμάζειν), und in dem Bemühen um methodisch zuverlässig geklärtes Wissen sowie in dem Aufweis von rationalen und verstehbaren Erklärungen anstelle herkömmlicher mythischer Ableitungen die Wissenschaft und ihre grundlegenden Prinzipien entdeckt wurden, eine mindestens ebenso folgenschwere griechische ‚Erfindung‘ wie die einer auf Selbstbestimmung gegründeten politischen Ordnung. Milet blieb im 6. Jahrhundert der strahlende und anerkannte Mittelpunkt griechischen Geisteslebens: Thales war in der Lage, eine Sonnenfinsternis grob zu prognostizieren, sein Schüler Anaximander konstruierte die erste griechische Weltkarte, Hekataios verlieh Ethnographie und Geographie eine historische Dimension. Und nicht nur dies. Von Ionien aus gelangte, mit dem samischen Emigranten Pythagoras, die Philosophie ins unteritalische Griechenland, wo neue geistige Zentren entstanden.

Seit der Mitte des 5. Jahrhunderts wurde dann Athen dank seiner politischen Bedeutung und seiner kulturellen Ausstrahlung, gefördert im Kreise um Perikles und seine aus Milet stammende Frau Aspasia, auch das Zentrum der Philosophie. So gelangte etwa der milesische Naturphilosoph Anaxagoras nach Athen, mit seiner Vorstellung von einer aus unendlichen Teilchen zusammengesetzten Welt Vorläufer der atomistischen Philosophie, und aus der in Thrakien gelegenen Stadt Abdera kam der Sophist Protagoras, Vertreter und Begründer eines erkenntnistheoretischen Skeptizismus. Andere folgten, von überallher, Leute wie Prodikos von der Insel Keos, Hippias aus Elis und Gorgias sogar aus Sizilien, wodurch dann auch die wissenschaftlich-professionell gelehrte Rhetorik in Athen heimisch wurde. Durch die Wirksamkeit der Athener Sokrates und Platon verstärkte sich das noch beträchtlich: Während letzterer noch zu Studienzwecken nach Unteritalien gereist war, wurde zu seiner Zeit Athen geradezu zum Magneten für Philosophen, man denke nur an Aristoteles aus Stageira auf der Chalkidike und an Xenokrates aus dem kleinasiatischen Chalkedon, Platons wichtigste Schüler, oder an Theophrast, den bedeutendsten Schüler des Aristoteles, aus dem kleinen Eresos auf Lesbos, an Diogenes vom Schwarzen Meer und die Begründer der Stoa, Zenon und Chrysipp, von der Levante. Dies alles sprengt sogar schon den Rahmen unseres Themas eines Dritten Griechenland, ist aber als Symptom für den Gedankenaustausch jenseits aller Polisgrenzen illustrativ für den Gesichtspunkt griechischer Einheitlichkeit.

Nicht prinzipiell anders war die Situation in der bildenden Kunst. Hier herrschten ohnehin zum Teil hohe Mobilität und Kontaktdichte, da einerseits Künstler je nach Auftrag in vielen Teilen der griechischen Welt arbeiteten und da man andererseits von verschiedenen Seiten an sie herantrat. Ihre Konkurrenten waren auch nicht vornehmlich andere Lokalgrößen, sondern die anderen griechischen Künstler, denn ihr ,Publikum' bestand beispielsweise aus den Besuchern der großen Heiligtümer, in denen ihre Leistungen zu bewundern waren. Schon von daher hatte sich der Künstler auf einen relativ einheitlich geprägten Rahmen zu beziehen – und dabei herrschte übrigens ein immenser Bedarf und ein entwickeltes Qualitätsbewußtsein: Man muß sich etwa nur einmal klarmachen, daß Skulpturen von Art und Qualität der Figuren, die unlängst beim Kap Riace aus dem Meer gefischt wurden und seitdem die Bewunderung der ganzen Welt gefunden haben, in panhellenischen Heiligtümern wie denen von Delphi und Olympia zu Hunderten standen – bevor sie in den Villen römischer Granden und zuletzt in Schmelzöfen verschwanden.

Bezeichnenderweise wurden bestimmte Standards allgemein festgelegt, konnten geradezu den Anspruch auf Allgemeingültigkeit erheben: Der Bildhauer Polyklet von Argos entwickelte in seinem ‚Kanon‘, wohl einer Musterfigur nebst entsprechender theoretischer Abhandlung, allgemeine Grundzüge der Proportionalität für die Darstellung des menschlichen Körpers. Und schließlich wird dieser ‚Weltbezug‘, das heißt die Orientierung an einer gesamtgriechischen Öffentlichkeit, auch in dem Konzept der Sieben Weltwunder sichtbar, also von schlechthin unübertroffenen Werken von Kunst und Technik: Fünf von diesen – zwei gehören in den Bereich der alten Hochkulturen, nach Ägypten und Babylon – waren über die ganze griechische Welt verstreut. Allein drei befanden sich in Kleinasien: die Heliosstatue von Rhodos, um 300 gebaut (s. u. 127 f.), der Tempel der Artemis von Ephesos und der Grabbau des Maussollos in Halikarnassos – letzterer ein Werk von Architekten und Bildhauern aus verschiedenen griechischen Städten, unter ihnen Skopas von Paros. Eines finden wir auf der Peloponnes, die Kultstatue im Tempel des Zeus von Olympia, geschaffen von Pheidias von Athen, und eines in Nordafrika, den Leuchtturm im ägyptischen Alexandria. Die ganze Welt war der Rahmen – und das war ein Signum griechischer Geistigkeit schlechthin, und übrigens auch eine Voraussetzung für deren Siegeszug, selbst im Gebiet des späteren politischen Herrn, in Rom.

III. Spezieller Teil

Im ersten Teil wurde die Spannbreite, die das wirtschaftliche, soziale, politische und kulturelle Leben in den Staaten des Dritten Griechenland beziehungsweise in der griechischen Welt schlechthin kennzeichnet, von der gesamtheitlichen Perspektive her aufgezeigt. Unsere Arbeit wäre unvollständig, wenn man sich dem Sachverhalt nicht auch von der individuellen Seite her näherte. Dies kann freilich nicht in einer bloßen Summierung von kurzen Abrissen von Polisgeschichten vor sich gehen, über welche man sich im übrigen leicht im Überblick und im Detail etwa in verschiedenen Fachlexika informieren kann. Damit die Verschränkung von Individuellem und Verbindendem auch unter diesem Aspekt im Auge bleibt, soll vielmehr ein typologisches Verfahren gewählt werden. Basis bleibt dabei jeweils die einzelne politische Einheit, aber es werden bestimmte Gruppen gebildet (bei gleichzeitiger Beschränkung auf jeweils wichtige *exempla*), die nach ihren wirtschaftlichen und sozialen Grundvoraussetzungen konstituiert sind. Solche Typisierungen der Poleis sind bisher nur in Ansätzen versucht worden, so daß der Experimentcharakter dieses Buches nicht zuletzt im folgenden Teil besonders deutlich wird. Immerhin ist es, zumal nach den jüngsten Bemerkungen von M.I. Finley über „soziale Modelle zur antiken Geschichte“, durchaus legitim, mit modellartigen Vorstellungen zu arbeiten: Lädt doch ein solches Verfahren noch zu weiterer Verfeinerung und damit Verbesserung ein und verspricht so auf einem derart quellenarmen Gebiet am ehesten einen Erkenntnisfortschritt. Abgesehen davon, ist dem Historiker ohnehin in diesem Bereich, angesichts der großen Vielfalt, die Aufgabe des Ordnens mit Nachdruck gestellt. Schließlich sei noch daran erinnert, daß Aristoteles in seiner Beschreibung der Verfassungen, besonders der Demokratie, unter anderem auch nach sozioökonomischen Kriterien klassifizierte.

Natürlich liegt in der Typik noch ein generelles Problem, weil immer wieder Dinge auf einen Nenner gebracht werden, die sich in mancher Hinsicht doch auch unterscheiden, beziehungsweise weil Elemente herauspräpariert werden, die in der Realität nicht so rein hervortreten. Die Zuweisungen sind deshalb im einzelnen recht schwierig – nicht selten womöglich auch unangebracht. Zudem gibt es Übergänge von einem Typus zum anderen, die durch historische Veränderungen bedingt sind. Und generell ist das gesamte System insofern zu relativieren, als auch die Typologie teilweise auf Feinunterschieden beruht, die alle unter dem Dach prinzipieller und weitgehender Übereinstimmung angesiedelt sind, und als besonders in größeren Staaten alle hier herangezogenen und Unterscheidungen konstituierenden Elemente präsent waren. Dennoch gibt es erkennbare Schwerpunkte, und diese müssen der Ausgangspunkt des typologischen Verfahrens sein. Aus diesen Vorüberlegungen erhellt, daß ganz konkret, angesichts der allgemeinen Zustände (s. o. 18 f.), die jeweilige Agrarstruktur die Grundlage bilden muß. Die Landwirtschaft war immer ein wesentlicher Faktor, auch dort, wo hier andere Elemente differenzierender herausgestellt sind. Doch es gibt schon im agrarischen Bereich erhebliche Unterschiede, allein schon quantitative, in der Fläche des einer Polis verfügbaren Ackerlandes oder in der Verteilung von Acker- und Weideland. Diese graduellen Differenzen können sogar qualitative Unterschiede in Wirtschaftsweise und Sozialsystem bedingen. Auch sonst gibt es qualitative Unterschiede, zum Beispiel in der Güte des Akkerlandes, so daß die Größe schlechthin insofern zu modifizieren ist.

Als zweites wesentliches Kriterium der typologischen Zuweisung ist die Nutzung des Meeres heranzuziehen. Auch das maritime Element generell war weithin vorhanden, und wo es einen nennenswerten Faktor bildet, ist es berücksichtigt. Wo es über einfache Formen, zum Beispiel Fischfang, hinausgeht, der Handel zur See also eine relativ größere Dimension hat, nennen wir diesen maritimen Gesichtspunkt bedeutend. So ergibt sich das im folgenden zugrundegelegte Raster, wobei sich die Typen 1, 2 und 5 im wesentlichen quantitativ (im oben angegebenen Sinne) unterscheiden, desgleichen in anderer Hinsicht 3 und 4, so daß innerhalb der Gruppenkomplexe die Zuweisungen noch am ehesten problematisch sind. In einem 6. Typ sind, relativ willkürlich, die Poleis zusammengefaßt, in denen jeweils ganz spezielle Komponenten von einigem Gewicht zu isolieren sind, die also Sonderfälle bilden.

1. Bedeutende Agrarstaaten

Unser erster Typ wird gebildet aus Staaten, die über große, fruchtbare und gut bewässerte Ebenen sowie landwirtschaftlich gut nutzbares Ackerland verfügten. Sie sind dadurch gekennzeichnet, daß in ihnen die agrarische Struktur in selbst für griechische Verhältnisse exzeptioneller Weise ausgeprägt ist, während die durchaus vorhandene maritime Komponente verglichen damit ganz randständig bleibt. Wichtig ist, daß auf Grund des großen natürlichen Reichtums häufig ausgeprägte und zahlenmäßig relativ große Adelsschichten mit einer betont ritterlichen Lebensweise zu finden sind, Herren größerer Güter, daneben aber auch nicht wenige teilweise recht gutsituierte Mittel- und Kleinbauern. Die Angehörigen anderer Berufsgruppen treten demgegenüber zahlenmäßig sehr deutlich zurück, nicht selten auch in ihrem sozialen Rang.

a. Thessalien

Das Zentrum Thessaliens bildet eine durch zum Teil sehr hohe Bergzüge sowohl vom übrigen Festland wie vom Meer abgeriegelte Binnenebene, geprägt durch zwei bedeutende – perennierende – Flüsse, den Peneios und dessen größten Nebenfluß, den Enipeus. Hier findet sich sehr fruchtbares
Schwemmland in großem Umfang, wobei indes eine gewisse Problematik
darin liegt, daß der Segen des Flußwassers sogar teilweise zu reichlich ist:
Vor allem in den westlichen Gebieten, das heißt westlich der Mittelthessali-
schen Schwelle, an deren Westrand der Enipeus entlangfließt, und besonders
im Raum von Limnaion, wo sich die Zuflüsse des Peneios aus Pindos- und
Othrys-Gebirge sammeln, gab es ausgedehnte Sumpfgebiete, die wohl in der
Regenzeit generell unter Wasser standen und nur teilweise nutzbar waren.
Davon waren die drei westlichen Landschaften Thessaliens beeinträchtigt,
die Phthiotis (mit dem Hauptort Pharsalos) im Süden, die Hestiaiotis (mit
Gomphoi und Trikka) im Norden und vor allem, im Zentrum, die Thessalio-
tis (mit Kierion). Im Osten war die Situation, abgesehen von dem Sumpfgebiet um den Boibeis-See, wesentlich günstiger: So war die Pelasgiotis, in ihrem nördlichen und mittleren Teil vor allem, sehr reich, für Getreideanbau
gut geeignet, mit mehreren bedeutenden Orten, Pherai, Krannon, Skotussa
und der bedeutendsten Stadt Thessaliens, der „optima" Larisa.

Das Klima ist ausgeprägt binnenländisch, zum Teil sogar steppenartig.
Die sehr kalten Winter lassen zum Beispiel den Anbau der Olive in großen
Teilen des Landes nicht zu. Trotz der genannten partiellen Beeinträchtigun-
gen waren die Möglichkeiten Thessaliens von der Größenordnung und der
Bodenqualität her in Relation zu den sonstigen griechischen Zuständen ex-
zeptionell: Getreideanbau war in großem Stil möglich, daneben eine hochbe-
deutende Viehzucht, die auch in den Binnenebenen eifrig gepflegt werden
konnte; neben Schafen hielt man vor allem Rinder und Pferde. Demzufolge
waren auch größere Reichtümer vorhanden, und es bildete sich schon sehr
früh eine glänzende Adelsschicht heraus, die das soziale und politische Leben
lange Zeit bestimmte. Daneben gab es zahlreiche mittlere Bauern von hinrei-
chendem Wohlstand, viele für griechische Verhältnisse, aber ohne daß dies
der Bedeutung der Aristokratie abträglich war, wie schon die Zahlenrelatio-
nen zeigen: Im 4. Jahrhundert konnte ein thessalisches Heer aus 10 000 Hopliten bestehen, aber zugleich aus 6000 Reitern. Die Besitzer größerer Anwe-
sen waren naturgemäß durch die starken klimatischen Schwankungen nicht
so gefährdet wie die kleineren und mittleren Bauern. Der Besitz bestand in
den Landlosen (κλῆροι), die offenkundig im Zuge der Landnahme nach etwa 1000 oder danach zugeteilt worden waren. Deren Spezifikum lag darin,
daß sie von kollektiv versklavten Arbeitern bebaut wurden, den Penesten, allem Anschein nach Angehörigen der ehemaligen Bevölkerung, die mit ihrem

Land in das Eigentum der Kleros-Inhaber übergegangen waren. Über diese verfügten vornehmlich – oder sogar ausschließlich – die adligen Großbesitzer. Sie beackerten das Land, weideten die Rinder und Schafe und pflegten die Pferde, mit denen die thessalischen Ritter in den Kampf zogen oder ihre Gespanne für die sportlichen Agone ausrüsteten. So gab es in Thessalien noch bis weit in den Hellenismus hinein ein ausgesprochen aristokratisch-ritterliches Ambiente, in dem sich ,homerische' Zustände und Mentalitäten hielten – noch bei dem Bukoliker Theokrit fand das im 3. Jahrhundert einen Widerhall:

„Viele Penesten erhielten im Haus des Antiochos und des Herrschers Aleuas die monatliche Ration zugemessen; viele Kälber wurden den Skopaden in die Ställe getrieben und brüllten mit den gehörnten Kühen. Unzählige Hirten ließen in der krannonischen Ebene auserlesene Schafe der gastfreundlichen Kreoniden weiden." Oft waren es bestimmte Familien, die in den Städten und deren Umland, ja über weite Teile von Thessalien hin dominierten beziehungsweise dominieren wollten und die den Ausbau einer entwickelten Polis-Staatlichkeit durch ihr ökonomisches und soziales Gewicht wie ihr aristokratisches Selbstbewußtsein beträchtlich erschwerten. Denn die mittleren oder gar kleineren Bauern, die im Kriege als Fußvolk dienten, traten demgegenüber an Einfluß weit zurück. Bezeichnenderweise hatte Thessalien noch im 4. Jahrhundert eine echte Kavallerie, die sich sogar an Leistungsfähigkeit und Ethos mit der makedonischen messen konnte. Familien wie die Aleuaden von Larisa, die Echekratiden von Pharsalos, die Skopaden von Krannon oder die Daochiden von Pharsalos haben dem Raum über Jahrhunderte hinweg das Gepräge gegeben.

So blieb ein viergeteilter (vgl. o. die Regionen), die alten ethnischen Strukturen der Wanderungszeit beibehaltender aristokratisch dominierter Stamm die Grundlage der recht losen staatlichen Organisation. Um diesen Kern herum gruppierten sich die Stämme in den bergigen Randgebieten als ,Umwohner' (Periöken): Die Magneten im Bergland von Ossa und Pelion, die Perrhaiber im Gebirgsland südwestlich und westlich des Olymp, die phthiotischen Achaier im gebirgig-hügeligen Land um die Othrys und die Ainianen und Malier in der Spercheios-Senke und ihren Randgebieten. Diese Gegenden lebten stark von der Kleinviehzucht, sie waren aber zum Teil dicht bewaldet und gut bewässert, teilweise auch nicht schlecht bebaut, zum Beispiel mit Obst.

Für griechische Verhältnisse die Herren eines riesigen Raumes, versuchten die Thessalier schon im 6. Jahrhundert, eine Hegemonie über Mittelgriechenland zu errichten. Nachdem dies vor allem am energischen Widerstand der Phoker (s. u. 162) gescheitert war, hofften insbesondere die Aleuaden am Anfang des 5. Jahrhunderts, gestützt auf die persische Macht unter Xerxes, auf die Vorherrschaft über ganz Griechenland. Nach dem Rückzug der Per-

ser sank allmählich die Bedeutung Thessaliens: Zu den traditionellen Streitigkeiten zwischen den großen Familien und ihren Zentren kamen Gegensätze zwischen dem Adel und der allmählich aufkommenden Hoplitenschicht
(vor allem in Larisa), dann erhoben sich verschiedentlich Tyrannen, besonders in Pherai mit der Hafenstadt Pagasai, wo die Zusammensetzung der Bevölkerung etwas bunter war als im übrigen Thessalien. So ergab sich schließlich im 4. Jahrhundert eine extreme politische Desintegration: In die ständig
wiederauflebenden Kämpfe zwischen den Aleuaden von Larisa, den Tyrannen von Pherai und der insgesamt schwachen Zentralgewalt des Bundes griffen fremde Mächte ein, die Thebaner und sogar die Phoker, schließlich immer stärker die makedonische Monarchie, bis zuletzt Philipp II. mit seiner
Wahl zum Archon des Thessalischen Bundes (352) und dessen Reorganisation (344) die Landschaft unter seine Herrschaft brachte. Danach blieben die
Thessalier, von Ausnahmen abgesehen, im Dunstkreis der makedonischen
Dominanz.

b. Boiotien/Theben

Boiotien wird hier als Gesamtheit behandelt, das heißt in der Ausdehnung
des Koinón beziehungsweise des zeitweiligen thebanischen Einheitsstaates,
nicht auf der Ebene der einzelnen Poleis, da der größte Ort, Theben, ohnehin
hier zu subsumieren wäre. Die Region ist in mehrfacher Hinsicht mit Thessalien vergleichbar: Das Hauptnutzland liegt im Inneren, es besteht vornehmlich aus dem Alluvium verschiedener Flüsse, besonders des Kephissos im Westen und des Asopos im Osten. Vom Meer ist dieser binnenländische
Komplex durch markante natürliche Grenzen, im Süden Helikon und Kithairon, im Norden besonders durch Ptoon und Messapion, getrennt. Es
gibt nur verhältnismäßig wenige, vom Hinterland in der Regel schwer er-
reichbare Häfen, die zugänglichsten noch im Norden (Anthedon, Aulis). Das
Binnenland hat durchweg schwere, besonders fruchtbare Böden, allerdings
ist es durchaus noch in kleinere Räume untergliedert. Maßgebend dafür ist
das große Poljengebiet des Kopais-Sees, das in seinem Ost- und Nordostteil
unterirdisch (durch sogenannte Katavothren) entwässerte. Es nähert sich im
Norden und Süden teilweise sehr eng den Randgebirgen und ihren Ausläufern, so daß in erster Linie nur in seinem Süden ein schmaler Saum zur landwirtschaftlichen Nutzung und als Verbindungsweg blieb. In mykenischer
Zeit war der See, wie jetzt neuere Forschungen zeigen, zu einem erheblichen
Teil trockengelegt und bildete damals eines der Hauptanbaugebiete Boiotiens, was besonders zur Bedeutung von Orchomenos beitrug. Mit der Katastrophe der Palastkultur endete die notwendige Wartung der Anlagen und
verschwand das technische Wissen um diese. Die Abflüsse verstopften und
die Wassermengen konnten nicht mehr verkraftet werden: In den regenrei-

chen Wintermonaten bildete sich ein See, der auch im Sommer nie mehr völlig austrocknete, sondern ein ausgedehntes Sumpfgebiet bildete. Dies konnte nur zum Teil, etwa für Viehzucht und Jagd, genutzt werden. Ein Versuch zur Trockenlegung unter Alexander dem Großen durch einen Ingenieur aus Chalkis wurde nicht zu Ende gebracht.

So ergab sich eine Zweiteilung des Binnenraums mit einem kleineren Westteil (am Kephissos), mit Chaironeia, Orchomenos und Lebadeia vor allem, der durch den genannten Landstreifen (mit Haliartos als wichtigstem Ort) mit dem größeren Ostteil verbunden war. Dort befand sich zunächst die große, gut bewässerte thebanische Beckenebene. Hier herrschten, abgesehen von dem auch sonst überall möglichen intensiven Anbau von Weizen, Wein, Oliven, Obst und Gemüse, sehr günstige Voraussetzungen für Rinder- und Pferdezucht in größeren Dimensionen. Der dort angebaute Weizen war besonders ergiebig, Gerste wurde in großen Mengen geerntet. Die Nachbargebiete südlich und südwestlich davon, also die Territorien von Plataiai und Thespiai, verfügten über kleinere Ebenen, die teilweise die fruchtbarsten Böden hatten, die sich in Griechenland finden. Auch in ihren hügeligen Teilen, die relativ sanft gewellt sind, boten sie gute Voraussetzungen für Ackerbau. Und die Bergländer (Kithairon und Helikon) erlaubten immerhin eine ausgedehnte Kleinviehzucht. Ganz im Osten findet sich, als eigenständiges Becken am Asopos, das sanft gestaltete Gebiet von Tanagra, in der Antike vor allem als Weinanbaugebiet bekannt.

Generell gab es mithin auch in Boiotien günstige Möglichkeiten für eine aristokratische Lebensweise. Dementsprechend finden wir hier relativ viele Ritter (in der klassischen Zeit rund 1000 Mann im Aufgebot), mit dem Schwerpunkt in Theben, aber auch etwa in Orchomenos. Aber anders als in Thessalien gab es keine größeren Sklavenmassen. So war die Kluft zwischen den Ständen nicht so groß wie dort. Ohnehin gab es neben den adligen Großbesitzern viele gutsituierte Bauern, die als Hopliten dienen konnten. Dazu kamen nicht wenige kleinere Bauern, die ebenfalls frei waren: Im 5. Jahrhundert etwa konnte Boiotien neben den etwa 1000 Reitern 7000 Hopliten, dazu über 10 000 Leichtbewaffnete aufbieten. Der mittlere und kleinere Besitz dominierte zum Beispiel auch im ‚Weinzentrum‘ Tanagra, und überhaupt lebte in vielen Städten praktisch die gesamte Bevölkerung von der Landwirtschaft, wie dies für Plataiai explizit bezeugt ist. Die aristokratisch-agrarische Dominanz kommt auch in der geringen Bedeutung und insbesondere der zeitweise negativen Privilegierung der Handwerker in der politischen Ordnung zum Ausdruck: Diese war über lange Zeit hinweg eine Zensusoligarchie, die die Aktivbürgerrechte auf die Hoplitenschicht als unterem Stratum beschränkte, mithin auf agrarische Leistungsfähigkeit gegründet war (vgl. o. 64).

Seefahrt in größerem Ausmaß wurde erst im 4. Jahrhundert, und bezeichnenderweise auch erst aus politischen Motiven, im Zuge der maritimen Politik des Epameinondas, in Angriff genommen und blieb auch ephemer. So wurden die ohnehin wenigen und kleinen boiotischen Häfen auch nie zu richtigen Emporien. Die Bevölkerung von Anthedon beispielsweise lebte zu einem großen Teil vom Fang von Fischen, Purpurschnecken und Schwämmen (s. u. 137). Als Verkehrsland war Boiotien also vor allem für den Binnenverkehr wichtig, womit angesichts von dessen geringer Bedeutung auch Boiotiens entsprechender Rang zu relativieren ist. Ja, in der Geschichte wirkte sich das eher negativ aus: Verkehr auf dem Lande hieß ja auch und vor allem Durchführung von Feldzügen. So wurde Boiotien dank seiner Mittellage das Schlachtfeld von Griechenland; mit den Namen Plataiai, Haliartos, Leuktra, Chaironeia seien hier nur einige Stichworte genannt.

Die politische Entwicklung war stark durch die Dominationstendenzen des nach dem Zusammenbruch in der Wanderungszeit und der erneuten Überflutung der Kopais wichtigsten Zentrums, Thebens, bestimmt. Dabei gab es einen Dualismus mit Orchomenos, das bewußt an die alten Traditionen der mykenischen Zeit anknüpfte. Ferner entstanden Konflikte mit den kleineren Städten in der Nähe, die Gefahr liefen, nicht allein im Rahmen des Bundes überragt, sondern ganz einverleibt zu werden (Thespiai und Plataiai vor allem). Differenzen zwischen Theben und Plataiai waren schon Ende des 6. Jahrhunderts zu beobachten, und bereits Anfang des 5. Jahrhunderts lehnte sich Plataiai sehr eng an Athen an. In solcher Konstellation wurde der Konflikt Thebens mit Athen zumindest verschärft, der schon im Jahre 506 eine empfindliche Niederlage Thebens gegen das demokratische Athen mit seinen hochmotivierten Hopliten gebracht hatte. Deshalb stand Boiotien unter thebanischer Führung in den Perserkriegen gegen den Hellenenbund und Athen und war es nach der Niederlage von Plataiai (479) mit Thebens Bedeutung vorerst vorbei. Im Verlaufe des Ersten Peloponnesischen Krieges geriet Theben mit Boiotien sogar in die Abhängigkeit von Athen (457).

Die Regeneration stand ganz im Zeichen der Hopliten-Oligarchie und der Anlehnung an Sparta, das Theben wieder als Gegengewicht gegen Athen förderte. In dem neukonstituierten Bund hatte Theben die führende Position, die es, besonders in der Weiterverfolgung seiner Annexionspolitik, zielstrebig ausbaute. Nach der athenischen Niederlage im Peloponnesischen Krieg war es bereits eine regionale Großmacht, die sogar, gestützt auf ein Bündnis mit anderen griechischen Staaten, zur Emanzipation von Sparta zu schreiten versuchte, im Korinthischen Krieg. Nach einem Rückschlag im Königsfrieden, der zur Auflösung des Bundes führte (386), wurde Theben sogar noch zusätzlich durch einen radikal-oligarchischen Putsch und die Aufnahme einer spartanischen Besatzung gedemütigt (382). Aus dem dagegen erwachsenen Widerstand ergab sich der erneute Aufstieg Thebens, nunmehr im Zeichen der Demokratie (379): Sehr schnell wurde aus dem Koinón ein thebanischer Einheitsstaat, der seine Position mit seinem Sieg über die Spartaner bei Leuktra (371) festigte. Ja, in den folgenden Jahren verfolgten die Thebaner eine großangelegte Hegemonialpolitik, die Theben zur griechischen Führungsmacht machen sollte. Dies überschritt schließlich die thebanisch-boiotischen Kräfte, zumal man zunehmend auf Widerstand im äußeren Umfeld stieß. Das Machtvakuum, das diesen Kämpfen folgte, begünstigte, wie schon gezeigt (s. o. 59), den Aufstieg Makedoniens, der Theben besonders hart traf: 338 wurde eine strenge Oligarchie eingesetzt und 335 wurde die Stadt sogar, nach einem Abfall von Alexander und ihrer Eroberung durch ihn, dem Erdboden gleichgemacht. Hinfort war Boiotien überwiegend als Koinón organisiert, an dem auch das wiedererstandene Theben Anteil hatte, ohne seine alte Bedeutung je wiederzuerlangen.

c. Elis

Die natürliche Grenze des westpeloponnesischen Elis bildet, neben dem teilweise schroffen Berg- und Hügelland im Nordosten und Osten (Erymanthos, Akroreia) in großem Umfang das Meer. Dieses ist allerdings wegen der verbreiteten Lagunenbildung sehr arm an Häfen. Nennenswert, aber auch nur für kleinere Flotten, war allenfalls Kyllene. Das Kernland, das sogenannte hohle Elis, bestand aus dem Schwemmland des Flusses Peneios, der bei der Stadt Elis, an deren Gymnasion er vorbeifloß, in die Ebene austrat. Das Land war ausgedehnt und von hervorragender Qualität. Dazu wurden in historischer Zeit die südlich angrenzenden Gebiete angegliedert: Dies war zunächst die Pisatis, das Land am Alpheios mit dem Zeusheiligtum von Olympia nebst dem zwischen Peneios- und Alpheiosebene gelegenen Hügelland, dank dem Wasserreichtum des Alpheios gut bewässert und mit fruchtbarem Hügelland im Westen. Südlich kam Triphylien hinzu, größtenteils erst nach 470 erobert und immer wieder mit separatistischen Tendenzen hervortretend, ein sehr hügeliges und in kleine Kammern gegliedertes Stück Land, das generell guten Ertrag abwarf, unter anderem im Raume von Pylos und besonders von Lepreon im Süden.

So verfügt das gesamte Elis über eine „Dichte und Frische der Vegetationsdecke und Ertragfähigkeit des Bodens ...", wie sie in Süd- und Mittelgriechenland nicht übertroffen werden". Zu diesen günstigen edaphischen Voraussetzungen tritt das markant maritime, feuchte und gleichmäßige Klima. Folglich war Elis ein reiches Land, das großen Ertrag erwirtschaftete, besonders an Getreide und Wein, daneben auch an Flachs, Hanf und sogar Baumwolle, die wegen ihrer Qualität berühmt war.

Auch Rinder- und Pferdezucht waren von einigem Ausmaß. Dabei wurde die agrarische Struktur des Landes auch in der Siedlungsweise besonders deutlich, zumal angesichts der Größe des Territoriums: Man siedelte in Dörfern, ohne allerdings den alten, stammesmäßigen Zusammenhang zu verlieren, so daß es nichtsdestoweniger einen elischen Staat gab und es schließlich nicht zur Entwicklung einzelner Staaten, sondern zu einem späten Synoikismos in einer der Siedlungen kam (um 472).

Die soziale Situation ist ebenfalls der in Thessalien und in Boiotien vergleichbar: Wir finden sehr begüterte Grundbesitzer, reich an Vieh und Sklaven – allerdings ohne das thessalische Penestensystem –, die, besonders im hohlen Elis, einen ritterlichen Adel bildeten und in der archaischen Zeit noch lange (bis ins 6. Jahrhundert hinein) in einer strikten Aristokratie herrschten. Noch im 4. Jahrhundert gab es eine Elitetruppe von 300 Auserlesenen, offenkundig Aristokraten. Daneben lebten zahlreiche mittlere und kleinere Bauern, die ihre Güter selbst zu bearbeiten hatten (αὐτουργοί), wohl in relativ größerer Zahl in den südlichen Gebieten. So war die Oligarchie, die die Aristokratie ablöste, wohl eine der thebanischen vergleichbare Hoplitenverfassung, die Demokratie danach, die wohl im Zusammenhang mit dem Synoikismos eingeführt wurde, eine ausgeprägte Bauerndemokratie.

Neben den Großbesitzern und den Bauern gab es nur wenige Handwerker und Gewerbetreibende. Die Baumwolle zum Beispiel wurde, jedenfalls in römischer Zeit, in Patrai verarbeitet. Überhaupt hatte das Land wenig Außenkontakte, wegen der Problematik der Häfen und der wenig günstigen Verbindungen in das Landesinnere. Zudem wirkte sich die so lange bewahrte lose politische Organisationsform aus. So lebte dieser Staat, in einem erheblichen Mißverhältnis zu seiner physischen Ausstattung, abgesehen im wesentlichen von einer expansiven Phase nach dem Synoikismos, in relativer politischer Bedeutungslosigkeit eher an der Peripherie. Er bedurfte der Olympischen Spiele, um sich vor den Landsleuten als markante Größe darzustellen. Dies allerdings tat er mit großem Erfolg, und das wird auch auf Kontakte und Wirtschaftsleben zurückgewirkt haben. In erster Linie aber war und blieb Elis ein ruhiger Agrarstaat.

d. Chalkis und Eretria

Die beiden größten Stadtstaaten der Insel Euboia lassen sich unter diesem Typus wohl noch am ehesten subsumieren, bilden aber deutlich Sonderformen, vor allem bedingt durch historische Akzentverschiebungen.

Chalkis hatte, vor allem nach seinem Sieg über Eretria im Lelantischen Krieg, ein ziemlich großes, vor allem aber geradezu üppiges Ackerland im Bereich des Mündungsgebietes des Flusses Lelas, die sogenannte Lelantische Ebene, dazu gutes Land im Norden in der heutigen Ebene von Psachná und besonders deren hügeligem Hinterland. Zudem gewann es durch Ausdehnung jenseits der Diakria, des bergigen Landstrichs zwischen Kandili-Gebirge und Dirphys-Massiv, die reichen und gut bewässerten Gebiete im Alluvialgebiet der Budoros-Zuflüsse, bis hin nach Kerinthos, hinzu. In der Stadt dominierte eine Ritter-Aristokratie, die Hippoboten, die gerade die fruchtbarsten Ländereien kontrollierte. Die Lelantische Ebene übrigens, ihr Kernland, war in der Antike offensichtlich ähnlich intensiv genutzt wie heute; ihr Reichtum an Ölbäumen und Wein jedenfalls wird in unseren Zeugnissen betont.

Anders als in den vorangegangenen Fällen aber ergab sich in Chalkis eine Akzentverschiebung: Der wichtigste und sicherste Weg zur See – mithin die wichtigste Fernverbindung – vom südlichen Griechenland nach Thessalien und Makedonien, in die nördliche Ägäis und ins Schwarze Meer, führte durch den Kanal von Euboia. Genau dessen engste Stelle, der Euripos, wo die Insel nur durch wenige Meter vom Festland getrennt und mit ihm seit 411 durch eine Brücke verbunden ist, gehört zu Chalkis. Zudem nötigten die äußerst komplizierten Strömungsverhältnisse in der Meerenge die Schiffe sehr oft zum Warten, wozu die günstigen Hafensituationen in unmittelbarer Nähe die Voraussetzungen boten. In Chalkis selbst gab es offenbar schon recht früh unternehmende Seefahrer, jedenfalls hatte es an der frühen Phase der Kolonisation bereits großen Anteil. Wieweit die Produktion von speziellen Waffen dabei sogar im Vordergrund stand, muß nach heutiger Kenntnis offenbleiben. Jedenfalls wurde Chalkis im Zuge der Kolonisationszeit auch ein bedeutender Handelsplatz: Der Siedlungsschwerpunkt verlagerte sich zum Euripos hin; der städtische Mittelpunkt, die Agora, war jetzt unmittelbar mit dem Emporion, dem Umschlagplatz für Fernwaren, verbunden. Im Zusammenhang mit dem größeren Handelsvolumen, von dem selbstverständlich auch die reicheren Agrarproduzenten profitierten, hat man auch an eine erhöhte Keramikproduktion (für Transportgefäße) zu denken. Außerdem hat es sicher auch einen hohen Anteil an Fischern gegeben. Insgesamt bietet also Chalkis seit der Kolonisationszeit schon ein differenzierteres Bild, das dem unseres Typus 3 (s. u. 116 ff.) entspricht. Man hat allerdings hervorzuheben, daß die agrarische Kapazität und die entsprechende Sozialstruktur auch dann noch in besonderer Weise ausgeprägt waren.

Das ursprüngliche Territorium von Eretria war bedeutend kleiner als das der sonst unter diesem Punkt behandelten Staaten. Es war auch nicht unfruchtbar, allerdings ebenfalls mit den genannten Gebieten kaum zu vergleichen. Dennoch gab es Inhaber beträchtlicher Reichtümer mit einem ritterlichen Lebensstil, ähnlich dem in Chalkis. Und die Ausgrabungen dokumentieren im Westteil der Stadt prächtige Palazzi von fürstlichem Zuschnitt aus dem 4. Jahrhundert. Basis für den Reichtum der Stadt war die bemerkenswerte Expansion von Eretria weit über seine natürlichen Grenzen hinaus, möglicherweise provoziert durch Verluste im Lelantischen Krieg. Damit gehörten zu Eretria vor allem auch die gut bewässerten und ertragreichen Gebiete in der Ebene von Lepura und in der Polje von Dystos, besonders aber auch das Becken von Kyme, ein neogenes Schollenland von exemplarischer Fruchtbarkeit. Dieser Sachverhalt dürfte auch die Voraussetzung für die schnelle Regeneration der Stadt nach der Eroberung durch die Perser 490 gewesen sein. Daneben war Eretria im übrigen wegen seines Fischfangs berühmt, wie überhaupt der Kanal von Euboia eines der fischreichsten Gewässer Griechenlands war. Auch im Handel war Eretria nicht unbedeutend: Die Keramik im Emporion von Zagora auf Andros aus der Zeit des 8. Jahrhunderts hat einen hohen eretrischen Anteil.

Wie sich das spezifisch aristokratische Bewußtsein der Führungsschichten von Chalkis und Eretria auch im Mythos äußerte, ist gesagt worden (s. o. 89). Noch kennzeichnender dafür sind die strengen Regeln, die man sich gegenseitig im Lelantischen Krieg auferlegte: Der – dem ‚gemeinen Mann' zugeordnete – Kampf mit Fernwaffen (Bogen, Schleuder) war untersagt. Man konservierte also bewußt alte Zustände. Und der hohe Anteil der Reiter in alter Zeit wird auch deutlich in der Prozession für die Artemis von Amarynthos, eine der wichtigsten Gottheiten von Eretria: An ihr nahmen traditionell 60 Wagen, 600 Reiter und 3000 Hopliten teil. Beeinträchtigt wurde das aristokratische System in beiden Städten schon im 6. Jahrhundert, als sich verschiedene Tyrannen zu Herrschern aufschwangen. Seine endgültige Katastrophe, und damit auch das Ende der glorreichen Tradition, kam um die Wende vom 6. zum 5. Jahrhundert: Die Chalkidier wurden 506 von Athen besiegt, wonach das Land der Hippoboten an athenische Siedler verteilt wurde. Eretria wurde 490 von den Persern zerstört. Danach standen beide Staaten – Eretria sogar mit einer an Athen orientierten Verfassung – in besonderer Weise im Banne Athens, das zunehmend Euboia als sein landwirtschaftliches Reservoir ansah, die Kontrolle der Seewege in die Hand nahm und immer wieder Siedler nach Euboia schickte. Nachdem die Situation durch einen fehlgeschlagenen Aufstand der Insel (446) noch verschärft worden war, besserte sich die Lage kurzfristig nach dem Peloponnesischen Krieg, in dessen Verlauf Chalkis und Eretria von Athen abgefallen waren (411). Seit 349 wurden beide Städte, zuvor schon im Konfliktfeld zwischen Athen und Theben, in die Auseinandersetzung zwischen Athen und Makedonien verwickelt und gerieten schließlich in makedonische Abhängigkeit.

Weitere Staaten, die unter diesen Typus fallen, sind Messenien und Kolophon, mit der Pamisos-Ebene in der südwestlichen Peloponnes beziehungsweise der Ebene an den Flüssen Astes und Halis in Kleinasien.

2. Mittlere Agrarstaaten

Kennzeichnend auch für diesen Typus ist sein binnenländischer Charakter, das heißt der betreffende Staat hat entweder gar keinen oder auf Grund beschränkter Hafensituationen einen nur verhältnismäßig unbedeutenden Zugang zum Meer. Andererseits ist das Land, das für Anbauzwecke zur Verfügung steht, wesentlich kleiner als in den gerade behandelten Fällen. Allerdings ist auch hier der quantitative Gesichtspunkt zu relativieren: Staaten mit wenig Land, aber von guter Qualität gehören ebenso hierher wie solche mit mehr Land von begrenzter Güte. Damit sind die Grenzen zum gerade behandelten und zum fünften Typ zunächst einmal graduell, das heißt durchaus fließend. Doch kann sich aus solchen Voraussetzungen leicht auch ein qualitativer Unterschied ergeben: Selbst Besitzer größerer Ländereien haben hier oft nur wenig Möglichkeiten zu einer prinzipiell anderen Wirtschafts- und Lebensweise als das mittlere und kleinere Bauerntum. Extreme Vermögensakkumulationen und daraus resultierende erhebliche soziale Diskrepanzen sind mithin nur in geringerem Maße möglich. Die Skala von größeren zu kleineren Bauern ist gleitend und die Homogenität der Bevölkerung relativ groß.

a. Phleius

Es mag verwundern, wenn hier ein unbekannter und ziemlich unbedeutender Staat zuerst behandelt wird. Er ist jedoch für den hier zusammengefaßten Typus besonders charakteristisch. Das Gebiet von Phleius war nur klein: Von seinem Territorium von insgesamt nur rund 135 km² entfielen nur etwa 20 km² auf die besonders fruchtbare Binnenebene am oberen Asopos. Selbst wenn man noch terrassierte Randgebiete hinzurechnet, ist die Nutzfläche relativ begrenzt, allerdings von ganz hervorragender Qualität. Besonders für den Anbau von Wein sind die Voraussetzungen sehr günstig, wie noch heute deutlich wird. Und wegen seines reichlichen und guten Weines war das Gebiet schon in der Antike berühmt: Einer der Argonauten des griechischen Mythos, der Ortsheros Phlias, galt als Sohn des Dionysos, und der Wein war ein typisches phleiasisches Produkt. Allgemein brachte man den Namen der Stadt mit einem Wort für ‚ertragreich sein' (φλύειν) zusammen, und wenn die Etymologie für uns auch problematisch sein mag, so ist doch bezeichnend, daß man sie herstellte.

Das Territorium von Phleius hat einen betont kantonalen Charakter: Es ist ein von teilweise schwer zugänglichen Bergen eingegrenztes reines Binnenland. Die Verbindungen zu Häfen, vor allem nach Sikyon und Korinth, verlaufen durch das Asopos-Tal beziehungsweise an diesem entlang, und dies erlaubt keine einfache Passage. Selbstverständlich hat man den Wein auch ausgeführt, aber kaum in größerem Umfang. Das läßt sich vor allem daraus schließen, daß Phleius durchaus in der Lage war, eine für die Größenverhältnisse zahlenmäßig bedeutende Bevölkerung zu ernähren, so daß wir auch mit einem hohen Anteil von Getreideanbau zu rechnen haben. Zugleich haben wir aus der überlieferten Zahl der bürgerlichen Bevölkerung (mindestens 5000) zu schließen, daß der Anteil der Sklaven relativ gering war. Wir müssen also mit einer sehr homogenen Bevölkerungszusammensetzung rechnen, vor allem mit Bauern, die als *autourgoí* tätig waren, zwar sicherlich mit unterschiedlichen Betriebsgrößen, aber ohne erhebliche soziale Unterschiede. Dabei war, angesichts der Bodenqualität, durchaus einige Wohlhabenheit auch in breiteren Schichten denkbar, und wir finden auch eine kleine, in Kriegszeiten die Reitertruppe stellende Oberschicht: So gab es im 4. Jahrhundert eine Reiterei neben einem Elitekorps von Schwerbewaffneten sowie dem generellen Hoplitenaufgebot.

Aus der politischen Geschichte von Phleius ist wenig bekannt. Bestimmend für seinen politischen Weg, jedenfalls im 5. und 4. Jahrhundert, war wohl der Druck seines östlichen Anrainers: Argos hatte sich allmählich bis in die Nachbarkantone (Nemea, Kleonai) vorgeschoben, zudem von der Seite, von der her Phleius noch am leichtesten zugänglich war. Dadurch war für die Phleiasier eine enge Anlehnung an die spartanische Großmacht geboten. Und seinerseits war es für Sparta aus strategischen Gründen von Bedeutung, da angesichts von dessen häufigen Spannungen mit Argos die kürzeste und sicherste Verbindung von Sparta in die nördliche Peloponnes und nach Mittelgriechenland der Weg durch Phleius war. Konfliktbeladen scheint auch das Verhältnis von Phleius zu Sikyon, am unteren Laufe des Asopos, gewesen zu sein. Dafür spricht jedenfalls die starke Feindseligkeit, die sich nach dem Zusammenbruch der spartanischen Ordnungsmacht in den Kriegen der sechziger Jahre des 4. Jahrhunderts zeigte (s. o. 57 ff.), in denen Phleius ohnehin einen wichtigen Kriegsschauplatz bildete.

Die Verfassung von Phleius unterlag relativ wenig Schwankungen: Aus einigen Angaben läßt sich schließen, daß es allenfalls um die Spannung zwischen einer gemäßigten Zensusverfassung und einer betont bäuerlichen Demokratie ging. Immerhin gab es auch vor diesem Hintergrund erhebliche innere Spannungen im 4. Jahrhundert, die gerade dann ausbrachen, wenn die Position Spartas tangiert war, und die konsequenterweise nach der Schlacht bei Leuktra ihren Höhepunkt hatten: Ein recht großer Teil der Bevölkerung, wahrscheinlich über 20%, emigrierte und kollaborierte, gestützt auf eine Basis im Randgebirge, mit dem alten Feind Argos. Aus der Zeit danach ist nichts Nennenswertes mehr zu berichten.

b. Die bedeutenderen arkadischen Poleis

Mantineia, Tegea und Megalopolis sind hier aus dem – später noch zu be-
handelnden – arkadischen Gesamtverband herausgenommen, da sie auf
Grund ihrer geographischen Lage und ihrer Größendimensionen vom übrigen Arkadien teilweise erheblich abweichen. Das gilt besonders für die beiden Städte, welche die große ostarkadische Binnenebene nahezu vollständig
einnehmen und die auch politisch – etwa durch eine relativ frühe Polisbildung im Zuge eines Synoikismos – in Arkadien eine eigenständige Rolle
spielten, Mantineia und Tegea. Die genannte Ebene, eine ausgeprägte Poljen-
landschaft, ist nach allen Richtungen durch Gebirge stark abgeschieden, was
dadurch noch betont wird, daß sie keinen oberirdischen Abfluß hat. Immerhin waren die Entfernungen nicht so groß und wirkte sich die zentrale Lage
auf der Peloponnes aus, so daß man mit einem beladenen Maultier, überwiegend auf Saumpfaden, von Mantineia nach Argos eine knappe Tagesreise
brauchte, nach Sparta eine, nach dem spartanischen Hafen Gytheion anderthalb und nach Messene, Elis und Achaia jeweils etwa zwei bis drei Tage.

Die Höhenlage der Ebene (über 600 m) bedingt kühlere Temperaturen
und große klimatische Unterschiede zum übrigen Griechenland: Gegenüber
Korinth beispielsweise liegt die Entwicklung der Vegetation vier bis sechs
Wochen zurück. Ferner wachsen weder Oliven noch Feigen in diesem Gebiet.
Außerdem gab es im Zweifelsfalle eher zu viel Wasser: Die Entwässerung erfolgte nämlich, wie schon angedeutet, durch Katavothren, die überwiegend
im Norden lagen. Die Niederschlagsmenge ist groß, und es gibt zahlreiche
Randquellen, die aus den umliegenden Kalkbergen gespeist werden und auf
der wasserundurchlässigen Neogenschicht, auf der die Binnenebene liegt,
heraustreten. Der große Vorteil dieser Ausgangssituation ist der feine und
tonreiche, schwere Alluvialboden. Dieser bietet sehr gute Voraussetzungen
für den Anbau von Getreide, von dem Mantineia sogar im Überschuß produzieren konnte, von Gemüse (berühmt war eine Rübensorte), Obst, auch
Wein. Die ebenfalls mögliche Großviehzucht trat in der Antike weitestgehend zurück: Es gab zum Beispiel so gut wie keine Reiterei. Von dem Gebiet
der gesamten ostarkadischen Binnenebene, die rund 266 km² umfaßt und an
der neben Tegea und Mantineia noch Kaphyai, Orchomenos und Pallantion
Anteil hatten, entfielen auf Tegea etwa 100 km² (bei einer Gesamtfläche von
370 km²), auf Mantineia etwa 90 km² (bei insgesamt 207 km²). Im Falle von
Mantineia läßt sich auf Grund der Quellenlage und vor allem wegen erheblicher, auch richtungsweisender Forschungsaktivität (G. Fougères, St. und
H. Hodkinson) Näheres über die grobe soziale Zusammensetzung der Bevölkerung sagen – wobei die geschätzten Zahlen wegen des von Hodkinson/
Hodkinson zugrundegelegten Berechnungsmodells eher die unterste mögliche Grenze markieren. Für Tegea dürfte *mutatis mutandis* dasselbe gelten.

Mantineia hatte eine zahlenmäßig recht kleine Oberschicht mit etwa 150 Oikoi, daneben aber – als „*backbone of the state*" (Hodkinson/Hodkinson 1978, 271) – ein breites mittleres und kleineres Bauerntum, gerade über, teilweise unter der Hopliten-Grenze, mit relativ wenig Sklaven: Bei schätzungsweise 2900 Haushalten dürfte die freie Bevölkerung etwa 12 000 bis 13 000 Personen, bei vielleicht 3000 bis 4000 Sklaven, betragen haben. Diese Bauern waren, angesichts der physischen Voraussetzungen, stark auf Melioration (Entwässerung, Terrassierung) und auch Diversifizierung (neben Getreide Anbau von Obst, Gemüse, Wein, dazu Kleinviehzucht, wobei neben Schaf- und Ziegenhaltung die Schweinezucht wichtig war) angewiesen, blieben aber ganz wesentlich auf dem Niveau der Subsistenzwirtschaft. Die Zahl der Handwerker war sehr gering, ihre Tätigkeit war vor allem auf die Bedürfnisse der kleinen Oberschicht ausgerichtet. So bot Mantineia ein geradezu ideales Ambiente für eine typische Bauerndemokratie, mit zahlreichen ‚Selbstwirtschaftern' (αὐτουργοί), die sich sogar von ihren Sklaven nicht sonderlich abgrenzten. Den Bauern reichten ihre Möglichkeiten im wesentlichen aus, doch werden manche an der Grenze des Existenzminimums gelebt haben, jedenfalls wissen wir, daß sich zahlreiche Arkader seit dem ausgehenden 5. Jahrhundert als Söldner verdingten.

Zwar gibt es immerhin Indizien dafür, daß wenigstens in der Frühzeit die Pferdezucht eine Rolle gespielt haben könnte und wir vielleicht auch mit einer aristokratischen Struktur zu rechnen haben. Spätestens aber für das 6. Jahrhundert haben wir eine auch die Bauernschichten miteinbeziehende Verfassung anzunehmen. Im übrigen wurde das mantineiische Gebiet, in Dörfern besiedelt und politisch relativ locker organisiert, durch einen Synoikismos Mitte des 6. Jahrhunderts in einen echten Polisstaat verwandelt. Dieser geriet bald unter spartanischen Einfluß, im Rahmen des Peloponnesischen Bundes. In der zweiten Hälfte des 5. Jahrhunderts, wohl in der Anfangsphase des Peloponnesischen Krieges, wurde die Verfassung demokratisiert, allerdings mit gewissen Einschränkungen, durch die Existenz von Wahlmännern. Diese Demokratie entwickelte rasch – Spartas Energien waren durch den Krieg anderweitig gebunden – ein erhebliches außenpolitisches Engagement. Sie gliederte sich die Landschaft Mainalia an und, nach einem Sieg über den Hauptkonkurrenten Tegea, im Jahre 423 auch die Parrhasia. So schuf sich Mantineia sein eigenes Bündnissystem, und die alten Differenzen zu Tegea, bedingt durch die räumliche Nähe (s. o. 50), wurden durch diese innerarkadische Hegemonialpolitik forciert. Sparta unterband diese Aktivitäten nach dem Nikiasfrieden (421) energisch, und das Verhältnis zwischen ihm und Mantineia blieb so gespannt, daß schließlich nach dem Königsfrieden der mantineiische Staat geradezu aufgelöst beziehungsweise auf seine alten dörflichen Strukturen reduziert, ‚dioikisiert' wurde, bei gleichzeitiger Stärkung oligarchischer Elemente.

Doch die alten Energien blieben wirksam, und sie erreichten nach der spartanischen Niederlage von Leuktra einen Höhepunkt: Mantineia reorganisierte sich im Zeichen der Demokratie und bildete zugleich, unter der Führung seines Politikers Lykomedes, die Keimzelle für die Straffung des arkadischen Koinón. In Tegea unterstützte man sogar einen demokratischen Umschwung, der diese Stadt teilweise in Abhängigkeit von Mantineia brachte. Allerdings mündete die Stärkung Mantineias nicht in eine Synoikisierung Arkadiens durch diese Stadt aus, denn man appellierte bewußt an das Arkadertum insgesamt und initiierte sogar die Gründung eines bedeutenden Zentrums, der ‚Großen Stadt' (Megalopolis). Diese war in der Tat bald die wichtigste Stadt Arkadiens (s. u.), und nachdem der Versuch einer gesamtarkadischen Machtpolitik schon vor 362 gescheitert war (s. o. 57 ff.), blieb Mantineia nur noch zweitrangig.

Die Situation Tegeas unterschied sich, wie schon angedeutet, nur geringfügig von der Mantineias, vor allem dadurch, daß Tegeas Ebene unwesentlich größer und auch höher gelegen war. Auch Tegea kam ziemlich früh – für arkadische Verhältnisse – zu einem Synoikismos. Seine Geschichte seit der Mitte des 6. Jahrhunderts ist zunächst aufs engste mit der spartanischen Expansion verbunden. Die Tegeaten leisteten offensichtlich harten Widerstand. Jedenfalls wurden sie nicht, wie die Messenier, versklavt, sondern lediglich von den Spartanern zu Heeresfolge und Loyalität verpflichtet – darin lag die Keimzelle des Peloponnesischen Bundes. Aus den Kämpfen erwuchs eine tiefe, langlebige und ziemlich breite antispartanische Tradition: Die Fußfesseln, mit denen die Spartaner zur Versklavung der Bevölkerung gekommen waren und die man ihnen hatte abtrotzen können, wurden als Weihgeschenk in einem Tempel gezeigt, und Legenden kursierten, nach denen in die erbitterten Kämpfe sogar tegeatische Frauen eingegriffen hätten.

Auch im 5. Jahrhundert kam es noch einmal zu einem bewaffneten Konflikt, in dem sich die Spartaner nur sehr schwer durchsetzen konnten (um 470/465). Die danach in Tegea herrschende Oligarchie war allerdings prospartanisch, und sie wurde immer mehr auf die Seite Spartas getrieben (und offenkundig auch immer populärer), je mehr sich Mantineia um Ausweitung seines Machtgebietes bemühte, was schließlich, im sogenannten Sonderbundskrieg (420–418), als Mantineia mit Athen, Argos und Elis im Bunde war, sogar zu einem Handstreich auf Tegea führte. In dieser Situation schützte Sparta dessen Integrität (und oligarchische Verfassung). Danach blieb Tegea ein loyaler Bundesgenosse Spartas, bis im Jahre 370 im Zuge der arkadischen Unifizierungspolitik durch einen von Mantineia unterstützten bewaffneten und blutigen Umsturz die Verfassung demokratisiert wurde und rund 800 Personen in die Emigration flüchteten. Danach blieb Tegea bezeichnenderweise – man mußte mit zahlreichen extrem spartafreundlichen oligarchischen Exulanten rechnen – besonders aktiv auf antispartanischer

beziehungsweise prothebanischer Seite, bald sogar im Gegensatz zu Mantineia (363). Mit ihm teilte es dann auch das Los relativer Bedeutungslosigkeit.
Megalopolis bildet insofern einen Sonderfall, als es eine späte, künstliche
Neuschöpfung war: Im südwestlichen Arkadien, in enger Nachbarschaft zu
Sparta, wurden nach 370 verschiedene vorher eigenständige politische Einheiten, im wesentlichen keine echten Poleis, aber Dorfverbände, die eine Art
föderative Organisation hatten, ganz oder zu einem guten Teil zu einem neu-
en Polisstaat vereinigt: Dieser wurde auch als städtischer Mittelpunkt angelegt, mit den Möglichkeiten zur Ansiedlung insbesondere für die umwoh-
nende Bevölkerung. Zugleich war diese Stadt mit dem programmatischen
Namen ,Große Stadt' als Hauptstadt des neuen arkadischen Bundes gedacht,
als Versammlungsort der zentralen Bundesorgane, insbesondere der Volksversammlung der Zehntausend. So erhielt ein Raum plötzlich ein bedeutendes politisches Gewicht, der zuvor vollständig im politischen Windschatten
gelegen hatte.

Das für Megalopolis vereinnahmte Territorium war durchaus bedeutend.
Zwar zählten zu ihm verschiedene stark bergige Randgebiete von großer
Ausdehnung, zum Beispiel im Raum von Mainalos und der Kynuria, doch
über 200 km² des Territoriums von etwa 1500 km² entfielen auf das Becken
des Alpheios und seiner wichtigsten zentralpeloponnesischen Nebenflüsse,
ein durch Wasserläufe stark gegliedertes Gebiet mit Mergeln und sandigen
Lehmen, das gut bewässert, aber nicht, wie die ostarkadische Binnenebene,
,überbewässert' ist, ja wegen der starken Versickerung oft relativ trocken
sein kann. Es ist insgesamt nicht so fruchtbar wie jene, doch gibt es in der
zentralen Peloponnes sonst nirgends besseres Land. Besonders geeignet ist es
für den Anbau von Getreide, daneben auch von Wein. Baumkulturen sind
demgegenüber selten. Auch von der Verkehrslage her ist der Raum begünstigt; in nahezu alle Richtungen, abgesehen allenfalls vom Westen und
Nordwesten, gibt es leichte Verbindungen.

Dieses ursprünglich politisch lose organisierte Gebiet war auch ziemlich
locker besiedelt, selbst in der Beckenebene. Neuere Surveys zeigen, daß die
dortige Bevölkerung, die im 5. und 4. Jahrhundert beträchtlich wuchs, überwiegend in Einzelgehöften lebte. Diese blieben auch nach der Gründung der
Stadt noch längere Zeit erhalten; diejenigen, die sich in der Stadt ansiedelten,
dürften also einen Landsitz behalten haben. Die Stadtgründung hatte demnach zunächst gar keinen ökonomischen Effekt, der agrarische Horizont
blieb unverrückt. Wichtig war die Stadt ohnehin primär – sieht man von ihrer politischen Funktion als Zentrum des arkadischen Bundes ab – als
Schutzraum für die Bevölkerung. Denn diese Gründung war natürlich eine
Provokation an die Adresse der benachbarten Spartaner und ein eklatantes
Zeichen der neuen arkadischen Ansprüche.

Die betont antispartanische Position blieb der Stadt gleichsam als Erbe.

Daraus resultierte ihre enge Anlehnung an Makedonien, in der sie die Freiheitsmacht gegen Sparta sah, und schließlich auch ihr Anschluß an den Achaiischen Bund. Nach ihrer schwärzesten Stunde, der Eroberung und Plünderung durch die Spartaner unter Kleomenes III. (223), erlebte die Stadt eine neue Blütezeit. Sie wurde jetzt das Zentrum des Achaiischen Bundes, geradezu dessen ‚heimliche' Hauptstadt: Die führenden Politiker seit dem Ausgang des 3. Jahrhunderts, Philopoimen und Lykortas, der Vater des Historikers Polybios, kamen aus Megalopolis. So wurde ihre Position auch in Mitleidenschaft gezogen, als die Römer nach der Schlacht von Pydna (168) einen Teil der bisherigen Führungsschicht des Bundes deportierten – aber als urbanes Zentrum blieb sie nicht unbedeutend.

c. Argos

Etwa ebensogroß wie Megalopolis war Argos in seiner Ausdehnung um die Mitte des 5. Jahrhunderts, da es mit Bergland und kleineren Talebenen rund 1400 km² zählte. Sein Zentrum waren die Hügel Larisa und Aspis mit der Stadt Argos zu Füßen, die zunächst einen Teil, nach der definitiven Einverleibung von Tiryns und Mykene in der ersten Hälfte des 5. Jahrhunderts die gesamte große Ebene des Flusses Inachos kontrollierte. Diese war allerdings noch nicht so groß wie heute, da die Küste durch die Deltabildung des Flusses noch in historischer Zeit stark nach Süden und Südosten vorgeschoben wurde – wobei gerade die Küstengegend teilweise stark versumpft war. Das Hauptanbaugebiet in der Ebene war aber auch mit solchen Abstrichen für griechische Verhältnisse recht groß, es fehlten nicht viel an 200 km². Die fruchtbarsten Streifen waren die Böden auf den Neogen- und Flyschformationen in den Hügeln um Argos, um Nauplia und im Ostteil, in dem sehr viele Quellen austreten. Der Hauptteil bestand aus den immer weiter zunehmenden sehr tonigen Sedimenten des Inachos und der anderen Bäche und Torrenten, war nicht ganz so fruchtbar, aber für Getreideanbau gut geeignet. Problematisch waren die geringen Niederschlagsmengen. Schon bei Homer heißt Argos ‚vieldürstend' (Ilias 4,171). Allerdings ließ sich hier durch Tiefbrunnen und damit zusammenhängende Bewässerungssysteme dank der günstigen Grundwassersituation vor allem im Südteil ein gewisser Ausgleich schaffen.

Generell aber zeigt sich, daß sich Argos mit den großen Gebieten unseres ersten Typs nicht messen konnte. Die Möglichkeiten zu weitgehender agrarischer Spezialisierung in Öl- und Weinproduktion sowie in Großviehzucht waren vergleichsweise gering. Und so haben wir mit einer eher gleichmäßigen Verteilung der agrarischen Ressourcen zu rechnen. Dazu paßt gut die fehlende Reiterei – bei gleichzeitig sehr großem Hoplitenaufgebot. Es dominierte also der bäuerliche Charakter, und zwar das mittlere und kleine Bauerntum. Das Handwerk war insgesamt von untergeordneter Bedeutung, auch wenn Argos in der Metallverarbeitung wichtig war, in früherer Zeit, besonders der spätgeometrischen (740–700), auch in der Keramikproduktion. Dasselbe gilt, trotz der günstigen Lage mit der Kontrolle wichtiger Wege von der südlichen und mittleren Peloponnes nach Norden, vom Handel. Das Land war ohne echten Kontakt zum Meer, hauptsächlich weil die stark versumpfte beziehungsweise stets von Versumpfung bedrohte Küste nur im Osten (bei Nauplia) einen günstigen Hafenplatz hatte, in einem Gebiet also, das nicht von vornherein und nicht immer von Argos kontrolliert wurde.

Die politische Geschichte von Argos ist dadurch geprägt, daß der Staat schon sehr früh zu den bedeutendsten Mächten gehörte, die die Dorier nach ihrer Einwanderung auf die Peloponnes gebildet hatten. Daraus resultierte, wenn man so will, auch sein Verhängnis: Argos maß sich immer an und mit der anderen bedeutenden dorischen Macht, Sparta, die sich allerdings auf lange Sicht als die stärkere erwies. Diese Konfliktkonstellation warf einen langen Schatten auf die argivische Geschichte. Und daß die Argiver dabei auch noch an die großen Traditionen von Mykene und Tiryns anknüpften, tat ein übriges.

Zunächst hatte Argos eine führende Position in der nördlichen Peloponnes, besonders unter der Herrschaft seines Königs Pheidon. Dessen zeitliche Einordnung ist in der Forschung sehr umstritten, doch scheinen mir die besseren Argumente für einen Zeitraum von etwa 760 bis 730 zu sprechen. Pheidon, der sein Geschlecht auf Herakles zurückführte und die allmählich schwächer werdende Königsmacht noch einmal in echte herrscherliche Gewalt verwandelte, so daß er späteren Zeiten auch als Tyrann galt, verfolgte eine ausgreifende Außenpolitik, mit Einmischungen in Olympia und im verbündeten Korinth. Wohl zu seiner Zeit wurde das wichtigste Heiligtum von Argos, das etwas außerhalb der Stadt gelegene Heraion, in monumentaler Weise ausgebaut. Mit der Macht der Könige allerdings war es in der zweiten Hälfte des 7. Jahrhunderts vorbei. Während des Zweiten Messenischen Krieges, also in dem genannten Zeitraum, war Argos immer noch so bedeutend, daß es in den Konflikt – auf seiten der Messenier – eingriff. Im Norden der Peloponnes hatte es noch bis ins 6. Jahrhundert hinein so viel Einfluß, daß der Tyrann Kleisthenes von Sikyon (s. u. 139 f.) sich dagegen zu sichern suchte und daß Argos wohl auch an der Einrichtung der Nemeischen Spiele durch Kleonai Anteil hatte. Auch nach Süden dehnte es sich aus, wo es im Bereich der Landschaft Thyreatis in direkte Nachbarschaft mit Sparta kam.

So erneuerte sich schnell der Konflikt zwischen beiden Staaten: Argos unterstützte dezidiert die von der spartanischen Expansion bedrohten Arkader (Mitte des 6. Jahrhunderts) – ohne durchschlagenden Erfolg. Um 546 mußte es sich nach einem denkwürdigen Massenduell (s. o. 53) aus der Thyreatis zurückziehen. Diese Zeit der Rückschläge nach außen war auch eine Zeit großer innerer Wirren, in denen es zu tyrannischen Usurpationen kam. Im Verlauf dieser Unruhen setzte sich offenbar das soziale und politische System durch, das wir für den Anfang des 5. Jahrhunderts greifen können: Wir haben eine ziemlich breite und tonangebende Schicht von Hopliten, die eine der spartanischen vergleichbare ökonomische Basis hatte; ihre Felder wurden von einer ‚helotisierten‘ Bevölkerungsgruppe, den Gymneten, bearbeitet. Daneben gab es ärmere Bauern und einige wenige Handwerker und Kleinhändler, die zunehmend dieses System ablehnten. So ergab sich von außen wie von innen die Katastrophe von Argos: Im Zuge eines spartanischen Angriffs unter König Kleomenes verloren in der Schlacht von Sepeia (494) Tausende von argivischen Hopliten ihr Leben. Zwar konnte sich die Stadt selbst halten, aber die Dezimierung der Herrenschicht nutzten die Sklaven, um Argos unter ihre Kontrolle zu bringen (sogenanntes *interregnum servile*). Sehr rasch gelang allerdings die Regeneration: Die Söhne der Hopliten schlossen einen Ausgleich mit den ärmeren Freien und vertrieben die ehemaligen Sklaven; Argos wurde eine Demokratie, mit ausgeprägt bäuerlichem Zuschnitt (um 488).

Die antispartanische Haltung allerdings blieb: Sie gebot Revanche, das hieß zunächst Wiedererstarkung, Zurückhaltung gegenüber der gesamtgriechischen Sache in den Perserkriegen, zielstrebiger Ausbau der Herrschaft in der großen Ebene und in einigen Randgebieten und schließlich Bündnis mit Athen, als dieses einen betont antispartanischen Kurs zu steuern begann (461). Auffällig war schon, daß diese in Athen so begeistert gefeierte Waffenbrüderschaft nur wenig Effekt hatte: Argos schloß zehn Jahre später bereits einen auf dreißig Jahre befristeten Frieden mit Sparta und hielt sich, auch in der ersten Phase des Peloponnesischen Krieges (431–421) neutral, vor allem, um alle Kräfte für einen neuen Waffengang mit Sparta zu regenerieren. So wurde es gleich nach dem Nikiasfrieden (421) zum Kristallisationspunkt für antispartanische Tendenzen auf der Peloponnes und schloß schließlich eine Quadrupelallianz mit Athen, Elis und Mantineia. Aber auch damit gelang es Argos nicht, seine Zielsetzung – Wiedergewinnung der Thyreatis und nachhaltige Schwächung Spartas – durchzusetzen, im Gegenteil: Nach ihrer Niederlage in der Schlacht bei Mantineia gerieten die Argiver sogar in die Abhängigkeit von Sparta, das argivische Oligarchen bei einem Putsch unterstützte (417) und mit der Oligarchie ein Bündnis schloß. Zwar gelangen mit athenischer Hilfe recht bald die Wiederherstellung der Demokratie und die Wiedergewinnung des gesamten Territoriums, aber nur um den Preis weiterer starker Verluste.

Auch im 4. Jahrhundert standen kurzfristige Erfolge neben nachhaltigen Rückschlägen: Die Einverleibung von Korinth (389) wurde im Königsfrieden rückgängig gemacht, und auch die spartanische Niederlage von Leuktra konnte Argos nicht recht nutzen: Es brach sogar ein blutiger Bürgerkrieg

aus, der in ganz Griechenland berüchtigt wurde, und selbst an der Seite Thebens konnte Argos außer einem winzigen Streifen Landes in Phleius – und
das auch nur zeitweise – nichts gewinnen. In der Zeit der makedonischen
Vorherrschaft schließlich herrschten etliche Tyrannen in Argos, das in dem
Spannungsfeld zwischen Makedonien und Achaiischem Bund immerhin
noch ein wichtiger Faktor war.

Weitere Staaten, die sich diesem Typus zurechnen lassen, sind die mittleren
und größeren boiotischen Poleis (außer Theben), wenn man sie für sich
nimmt, also Orchomenos, Lebadeia, Chaironeia, Thespiai, Tanagra und Plataiai. Dazu käme vor allem noch das nordeuboiische Histiaia, zwar mit einem langen Küstenverlauf, doch primär geprägt durch sein relativ ausgedehntes und teilweise recht fruchtbares Ackerland.

3. Mittlere Agrarstaaten mit bedeutender maritimer Komponente

Wir erfassen hier den unter den griechischen Staaten mittlerer Bedeutung
am weitesten verbreiteten Typ. Die Eigenheit des morphologischen Reliefs
und der Inselreichtum haben es ja gefügt, daß zahlreiche griechische Staaten
auf das Meer bezogen sind. Für diesen Typus allerdings gilt, daß dieser Bezug, anders als etwa im Falle von Elis und Argos, eine ganz spezifische Ausprägung hat. Zunächst ist auch hier die Bedeutung der Landwirtschaft als
Basis des Wirtschaftslebens zu unterstreichen. Nun können wir allerdings
beobachten, daß in einigen der hier behandelten Gebiete das Land gerade für
den Anbau der wichtigsten Nährfrüchte weniger gut geeignet oder weniger
ausgedehnt ist beziehungsweise generell, daß das Land mehr Personen ernähren muß, als seine eigenen agrarischen Ressourcen zulassen würden. Das
bedeutet, daß die Wirtschaft in diesen Staaten zum einen auf besondere Me-
liorationsanstrengungen angewiesen war und daß zum anderen eine Konzentration auf den Anbau bestimmter Produkte erfolgte, für die die Landesnatur noch die günstigsten Voraussetzungen bot. Das ergab also eine
besondere Anbauorientierung beziehungsweise eine relative, das heißt noch
stark mit Subsistenzwirtschaft durchsetzte oder auf dieser aufsitzende Spezialisierung – mit einer entsprechenden sozialen Weiterdifferenzierung, teilweise vergleichbar mit der, die sich in den größeren Agrarstaaten nachweisen
ließ. All dies ist an eine ganz entscheidende Voraussetzung geknüpft, nämlich
an die Möglichkeit, die sich dabei ergebenden Überschüsse auch jenseits der
kleinen Lokalmärkte abzusetzen, letztlich also an eine verkehrsgünstige Situation, besonders mit Blick auf das Meer, das wichtigste ‚Medium‘ des
Fernhandels. Somit ist die hier bezeichnete maritime Komponente, die selbstverständlich das Vorhandensein mindestens eines von der Natur begünstig-

ten Hafens einschließt, ein wesentlicher Bestandteil der Existenz solcher Staaten. Zugleich sind Landwirtschaft und See- beziehungsweise Fernverkehr durchaus eng aufeinander bezogen, und zwar besonders bei der Schicht der reichen Grundbesitzer, die sich am ehesten eine solche Spezialisierung erlauben konnten. Das läßt sich modellartig am Beispiel der neuzeitlichen Entwicklung des Dorfes Fourni in der südwestlichen Argolis illustrieren, wie es von Gavrielides untersucht wurde: Das Territorium des Dorfes bietet sehr gute Möglichkeiten für den Anbau von Oliven, der zunehmend entwickelt wurde. Man lernte sehr schnell, daß durch Export die Akkumulation größerer Reichtümer möglich wurde, und die dörfliche Elite profilierte sich zunehmend, schließlich entscheidend auf diesem Gebiet. So ergab sich eine markante Außenorientierung und ein durchaus auffälliger maritimer Blickwinkel; Söhne von Großbesitzern unternahmen selbst Handelsfahrten – ohne andererseits ihre Bodenständigkeit je zu verlieren. Die Elite war und blieb eine Schicht von Großbauern. Ähnlich dürfen wir uns auch die Struktur und Entwicklung in den hier zusammengefaßten Poleis vorstellen. Wir greifen damit zugleich den Unterschied zu den ‚reinen‘ Handelsstaaten, die unter dem sechsten Typus erfaßt sind und in denen der Handel vornehmlich gar nicht mit eigenen, sondern jeweils fremden Produkten durchgeführt wurde.

Diese ökonomische Grundsituation schuf in den Städten dieser Kategorie eine erhebliche soziale Differenzierung. Schon im genuin agrarischen Bereich haben wir mit ausgeprägt großagrarisch-aristokratischen Wirtschafts- und Lebensweisen zu rechnen, bei relativem Zurücktreten einer bäuerlichen Mittelschicht und mit zahlreichen, gerade auf Subsistenz-Niveau arbeitenden Kleinbauern. Andere Gruppen traten zwar immer noch zahlenmäßig zurück, waren aber breit aufgefächert: Selbstverständlich muß der Anteil der Händler relativ groß gewesen sein, obwohl man hier insofern vorsichtig sein muß, als gerade der Fernhandel von überlokal orientierten Spezialisten, zum Beispiel von Angehörigen anderer Staaten, ausgeübt wurde. Aber natürlich rekrutierten sich diese auch aus jenen Gebieten. Ein differenziertes Handwerk war nötig, etwa zur Herstellung der Transportgefäße oder zum Schiffsbau und zur Verfertigung der verschiedenen Gerätschaften für die Schiffe. Dazu kamen spezifisch nautische Berufe, neben den schon erwähnten Schiffszimmerleuten Matrosen und auch Fährleute, für kürzere Verbindungen, und natürlich Fischer, mit denen wir immer zu rechnen haben, die aber hier besonders gute Voraussetzungen von der Infrastruktur her fanden. Man hat ferner zu denken an Zwischenhändler (zwischen Fernhandel und lokalem Markt) und an verschiedene Dienstleistungsberufe – bis hin zum ältesten Gewerbe der Welt, sowie an die Pächter der verschiedenen Hafen- und Marktzölle, deren Tätigkeit nach Art freier Unternehmer auch für die öffentliche Hand von besonderer Bedeutung war. Inschriften aus Kos geben gerade in dieser

Hinsicht ein buntes Bild. Die Differenzierung war naturgemäß in den im folgenden beschriebenen Staaten jeweils ganz unterschiedlich ausgeprägt, ist aber für alle in den Grundzügen konstitutiv. Wir beginnen auch hier mit einem besonders klaren Fall.

a. Samos

Auf der Insel Samos, die nur durch einen schmalen Sund vom kleinasiatischen Festland getrennt ist, sind die natürlichen Voraussetzungen für den Ackerbau relativ ungünstig: Die erdgeschichtlich alten Formationen, die auf der Insel vorherrschen, ergeben keine gute Ackerkrume; zudem ist die Insel recht bergig. In den tiefer gelegenen Gebieten gab es nur an relativ begrenzten Plätzen wirklich ertragreiche Böden. Deshalb waren die Samier in besonderem Maße auf die Humusgewinnung und -bewahrung durch Terrassierung an den Berghängen angewiesen. Diese wurde immerhin durch den Wald- und partiellen Wasserreichtum der Insel begünstigt. Offensichtlich aber war das Getreide von Hause aus ziemlich knapp, denn schon früh hatte Samos Besitz auf dem Festland (im Raum des Vorgebirges von Mykale) und hat dortige Ansprüche jahrhundertelang nicht preisgegeben. Andererseits ergab sich spätestens im 5. Jahrhundert, wahrscheinlich aber schon früher, eine starke und wohl stetig zunehmende Konzentration auf Wein- und Olivenanbau. Schon in den ‚Persern‘ des Aischylos heißt Samos (neben Chios und Lesbos) ‚olivenbepflanzt‘, und das helle samische Öl war berühmt. In hellenistisch-römischer Zeit hatte diese Spezialisierung ihren Höhepunkt erreicht: Eine Partie bei dem römischen Rhetor Apuleius (2. Jahrhundert n. Chr.) besagt – freilich rhetorisch zugespitzt –, daß Wein- und Olivenanbau die Landwirtschaft beherrschen (*„ruratio omnis in sarculo et surculo"*) und daß der Gewinnreichtum der Insel dem agrarischen Ertrag als solchem überlegen ist (*„magis fructuosa insula est quam frugifera"*). Dazu paßt das alte – angeblich noch heute gebräuchliche – Sprichwort, daß auf Samos selbst die Vögel Milch geben: Der Ertragreichtum der Insel war ihr also gerade nicht von der Natur gegeben, sondern gleichsam gegen die Natur – mithin durch menschliche Kulturleistung – abgewonnen.

Zu diesen Gegebenheiten kam die günstige Lage von Samos für den Seeverkehr, direkt an der wichtigen Nord-Süd-Verbindung von der Levante, Zypern und Ägypten in das Schwarze Meer, zugleich aber auch nach Westen durch die Ägäis, in der Samos allen anderen ionischen Städten überlegen war. Das gefürchtete offene Meer zwischen Delos und den ostägäischen Inseln hatten die Samier früh zu ‚überspringen‘ gelernt. Handelsbeziehungen und Seefahrt waren hoch entwickelt. Samier unternahmen weite und kühne Seefahrten – und waren gelegentlich auch gefürchtete Seeräuber. Zunehmend wurden seit dem ausgehenden 7. Jahrhundert die Handelsstrukturen

‚regulärer', verloren den Charakter von Abenteuerfahrten und singulären Unternehmungen. Handelsbeziehungen bestanden mit Kyrene; und in dem griechischen Emporion von Naukratis, einem Handelsplatz im Sinne von K. Polanyi, in dem der Warenaustausch zwischen Griechen und Ägyptern unter der Kontrolle des Pharao erfolgte, verkehrten auch Samier. Hier tauschte man vor allem Getreide ein.

So wundert es auch nicht, wenn die ersten ‚modernen' Kriegsschiffe, vier Trieren, von dem Korinther Ameinokles für Samos gebaut worden sein sollen, nach Thukydides bereits um 700. Im 6. Jahrhundert entwickelten die Samier einen eigenen Schiffstyp, die ‚Samaina', ein breitbauchiges und schnelles Frachtschiff, das mehr Ladekapazität und Geschwindigkeit hatte, mithin das Handelsvolumen vergrößerte. Und zu dieser Struktur paßt nicht minder, daß in Samos das erste Bordell Griechenlands eingerichtet worden sein soll, in einem gemütlichen Gäßchen der Stadt.

Kennzeichnend aber ist, daß auch bei dieser betonten Orientierung auf die See und den Handel die führende Schicht, die samische Aristokratie, eine Schicht agrarischer Großbesitzer blieb, die ‚Landinhaber' (Geomoren). Sie ließen ja in erster Linie die samischen Überschußprodukte anbauen, sie profitierten also vor allem von der gerade skizzierten Entwicklung. Andererseits hat diese die besondere Blütezeit von Samos unter dem Tyrannen Polykrates ermöglicht, der seinerseits den Handel stark gefördert hat: Die bezeichneten Frachtschiffe wurden unter ihm erfunden, die Beziehungen zu Ägypten waren erstklassig, der Hafen wurde ausgebaut, ja in der Ägäis suchte der Tyrann ein maritimes Imperium, eine Thalassokratie, zu errichten. Samos erlebte auch eine kulturelle Hochblüte, und noch Herodots Beschreibung, nahezu hundert Jahre später verfaßt, spiegelt diese: Der große Tempel der Hera, das Hauptheiligtum, kurz zuvor in monumentalen Maßen erbaut, wurde nach einer Brandkatastrophe rasch und in denselben Dimensionen wiedererrichtet, eine große Wasserleitung künstlich angelegt. Schriftsteller wie Ibykos und Anakreon verkehrten am Hofe des Tyrannen. Und schließlich war Samos die Heimat des Pythagoras, dessen Aufgeschlossenheit für Anregungen aus dem orientalisch-ägyptischen Bereich wohl nicht zuletzt durch die Weltoffenheit seiner Umgebung bedingt war.

Allerdings mußte er wegen der Tyrannis emigrieren – und damit fassen wir die Kehrseite der samischen Blüte. Schon kurz nach 600 hatte es eine Revolte gegen die Geomoren gegeben. Dieser Aufstand ging von der Flotte aus, das heißt von den Ruderern der Schiffe, die – nach der damaligen Seekriegstaktik – zugleich auch Fußkämpfer waren, also von Angehörigen der mittleren und ärmeren Schichten. Zu diesen gehörten naturgemäß Mittel- und Kleinbauern, dazu die verschiedenen Handwerker und Gewerbetreibenden, die sich durch die wachsende maritime Entwicklung ausbreiteten, Fischer und Hirten, deren Zahl nicht gering gewesen sein dürfte: Samos war Fanggebiet von Thunfischen, und den Hirten boten insbesondere die Berge Weideland. Der Aufstand war erfolgreich, er brachte, nach unserem Gewährsmann Plutarch, die ‚Freiheit' – also wohl eine partielle politische Entmachtung der Geomoren, deren Position insgesamt allerdings wenig erschüttert war. Und Spannungen blieben an der Tagesordnung, denn nur mit einer lange herrschenden brisanten Situation, mit Spannungen zwischen reichem Adel und armem Demos, bei zugleich starker Desintegration innerhalb der Geomoren, erklärt sich die relativ leichte Machtergreifung der Tyrannen, und diese zielte deutlich gegen die Adligen. Nach der persönlichen Katastrophe des Polykrates sicherten sich schließlich die Perser, gestützt auf Tyrannen, die Herrschaft: Deren Gegner kamen, Anfang des 5. Jahrhunderts, vor allem aus den Reihen der Besitzenden (οἱ ἔχοντες τι). Zahlreiche von diesen wanderten nach dem Scheitern des Ionischen Aufstandes (494) aus. Doch es blieben genug:

Nach wie vor blieben die Geomoren ein wichtiger Faktor, und nach den Perserkriegen bestand in Samos eine ihnen genehme oligarchische Verfassung, die auch im Attischen Seebund, dem sich die Samier engagiert angeschlossen hatten, so lange in Kraft blieb, bis die Athener nach der Niederschlagung eines Aufstandes dort eine Demokratie einrichteten (440). Immer noch blieben die Geomoren eine einflußreiche Gruppe, und erst mit der Radikalisierung der Demokratie im Jahre 412 wurden sie enteignet und sogar politisch und zivilrechtlich zu Bürgern zweiter Klasse.

In dieser Situation ergab sich eine enge Verbindung zwischen den samischen und den athenischen Demokraten, zumal als diese gleichzeitig von einem oligarchischen Putsch bedroht waren (411), ja von Samos und der dort stationierten attischen Flotte ging die Wiederherstellung der athenischen Demokratie aus. Dies wurde auf keiner Seite vergessen: Noch nach Aigospotamoi blieb Samos loyal gegenüber Athen – und alle Samier erhielten als Dank und Ausdruck des engen Bündnisses das athenische Bürgerrecht. Im 4. Jahrhundert war man weniger freundlich: Samos, Mitglied auch im Zweiten Attischen Seebund, wurde 365 von Athen besetzt, ja annektiert, denn das Land wurde an athenische Siedler vergeben. Die Samier emigrierten in Massen, und die Rückkehr gelang ihnen erst durch das Machtwort makedonischer Herrscher (321).

b. Chios

Die Insel Chios erhält ihr morphologisches Profil vor allem durch recht hohe Kalkberge (die höchste Erhebung, Pelinaion, hat immerhin nahezu 1300 m). Diese sind recht schroff und bieten ziemlich wenig Nutzfläche. Die Insel ist aber reich an Wasser und war in der Antike gut bewaldet, war also insgesamt nicht unfruchtbar. Ihre Hauptanbaugebiete hatte sie insbesondere im

Osten: in der Küstenebene um den Hauptort Chios in der Mitte, in dem südlich anschließenden hügeligen Tafelland, dem Bereich der sogenannten Mastix-Dörfer, und schließlich, vom Zentrum allerdings nur schwer zugänglich, im Norden in der Ebene von Kardámyla (in deren Nähe sich auch Marmorsteinbrüche befanden). So war die natürliche Ausgangsposition keineswegs schlecht, aber die Insel gewann bald eine selbst dafür ungewöhnliche Position. Auf ihr sollen zum erstenmal Kaufsklaven benutzt worden sein, und noch zur Zeit des Thukydides konnten die Chier als die Reichsten unter den Griechen bezeichnet werden. Beide Phänomene sind nur zu verstehen, wenn man unterstellt, daß die Chier bereits in der archaischen Zeit, wohl spätestens seit dem ausgehenden 7. Jahrhundert, sich in der agrarischen Tätigkeit zunehmend spezialisierten, das heißt, Reichtum durch Ausfuhr akkumulierten. Dazu waren Sklaven in größerer Zahl nötig. Das Produkt, welches beim Handel im Vordergrund stand, war der Wein, der neben dem lesbischen und dem koïschen zu den besten griechischen Weinen gehörte und auch in den schrofferen Teilen der Insel gut gedieh. Daneben wird auch die Pflege der Mastix-Bäume einen wichtigen Faktor dargestellt haben: Deren Produkt, das Mastix-Öl, diente als Kaumittel, Arznei und Kosmetikum und ist geradezu – und das schon in der Antike – ein spezifisch chiisches Produkt. Anderes, so Olivenöl, dürfte dazugekommen sein. Für die Bedeutung des chiischen Handels spricht auch die Beteiligung am Emporion in Naukratis; und generell war die Lage von Chios für Handelsfahrten kaum weniger günstig als die von Samos.

Es unterliegt keinem Zweifel, daß es vor allem die Produzenten der genannten Güter waren, die in erster Linie bedeutendere Reichtümer erwerben konnten. Folglich hat es in Chios eine ausgeprägt reiche Oberschicht gegeben, einen Adel von Großbesitzern, die sich auf die Arbeit zahlreicher Sklaven auf ihren Gütern stützen konnten. Daß sie daneben auch als Geldverleiher hervortraten, mag man einem chiischen Gesetz entnehmen, das die Publizierung aller Kredite vorsah, eine ersichtlich eher im Interesse der Geldgeber liegende Maßnahme.

Chios konnte eine beträchtliche Kriegsflotte stellen, wenn auch Herodots Angabe, in der Seeschlacht bei Lade 494 seien 100 chiische Trieren ausgefahren, sicher übertrieben ist. Man muß annehmen, daß als Ruderer wohl auch viele Sklaven eingesetzt wurden. Das Hoplitenaufgebot war demgegenüber sehr klein, ja unbedeutend. Das hängt natürlich mit der Insellage und der starken maritimen Position zusammen, kann aber durchaus auch als Indiz dafür gewertet werden, daß das mittlere Bauerntum in Chios ziemlich wenig in Erscheinung trat. Die Kluft in der Gesellschaft von Chios wird also relativ groß gewesen sein: Neben den tonangebenden Aristokraten gab es zahlreiche ‚kleine Leute', unter diesen neben den Kleinbauern und Hirten nicht wenige Handwerker; denn die Herstellung von Amphoren hatte ein beträchtliches Volumen, ferner war Chios die Heimat berühmter Trinkgefäße und Möbelstücke. Dazu kamen Händler, die angesichts der generellen Bedeutung ihres Metiers auch nicht ganz unwichtig gewesen sein dürften.

Auf die unteren Schichten hat die politische Ordnung allerdings durchaus Rücksicht genommen, wie das schon besprochene Gesetz (s. o. 45) zeigt, aus dem eine bedeutende Position des Volksrates, die Existenz von Volksbeschlüssen und die Kontrolle der Beamten bezeugt ist. Durch diese über die Adelskreise hinausgehende Partizipation konnten die Chier offensichtlich die sozialen und ökonomischen Differenzen entlasten. Jedenfalls ist der chiische Staat im 6. und 5. Jahrhundert durch eine hohe Stabilität gekennzeichnet. Unter der persischen Herrschaft finden wir zwar einen Tyrannen (Strattis), aber dieser fand im Ionischen Aufstand den energischen Widerstand aller, und bezeichnenderweise bemühten sich die Chier nach der Schlacht von Salamis nachdrücklich um Anschluß an den Hellenenbund und waren schließlich im Ersten Attischen Seebund ein wichtiges, von athenischen Eingriffen verschontes und mit eigener Flotte agierendes Mitglied.

Erst im Peloponnesischen Krieg, angesichts der Chance eines Abfalls von Athen nach dessen Desaster in Sizilien (413) und in der schwierigen Situation, die Chios plötzlich zu einem unmittelbaren Kriegsschauplatz machte, zerbrach der offenbare Konsens. Chios wurde Opfer von Intervention und Umsturz, und die politischen Gegensätze zwischen Oligarchen und Demokraten erfaßten auch Chios. Es gab vielfach Unruhen noch im Peloponnesischen Krieg, aber auch weiterhin im 4. Jahrhundert, wo Chios noch einmal ein bedeutender Staat im Zweiten Attischen Seebund war, aber schließlich unter den Einfluß des karischen Dynasten Maussollos geriet und eine oligarchische Verfassung erhielt, die erst nach den Erfolgen Alexanders des Großen wieder durch eine Demokratie ersetzt wurde.

c. Mytilene

Wohl gut die Hälfte des Territoriums der wasserreichen und fruchtbaren, teilweise geradezu ‚grünen‘ Insel Lesbos, und zwar vorwiegend deren ertragreichster Teil, der Südosten, dazu auch Gebiete auf dem gegenüberliegenden kleinasiatischen Festland, nahm der Staat Mytilene ein, in der Antike durch die Jahrhunderte hinweg seit der archaischen Zeit bedeutend und reich. Wir kennen die Struktur seiner Landwirtschaft in groben Zügen relativ gut, durch einige – allerdings vom Ende des 3. nachchristlichen Jahrhunderts stammende – Inschriften über Erhebungen zum Zwecke von Besteuerungen und einen – stark ‚idyllisierenden‘ – Hirtenroman wohl aus dem 2. Jahrhundert n. Chr. Danach sieht es so aus, daß über die Hälfte des anbaufähigen Landes dem Getreideanbau diente, große Areale auch für Viehhaltung, besonders von Schaf und Ziege, genutzt wurden. Auch Oliven und Wein wurden in großen Mengen angebaut. In der früheren Zeit wird der Anteil an Großbesitz und Viehzucht in großem Stil entsprechend der allgemeinen Tendenz (s. o. 25) der wirtschaftlichen Entwicklung allerdings kleiner gewesen sein.

Auch die Voraussetzungen für den Handel waren günstig: Die geographische Lage erlaubte den Seeverkehr insbesondere in der Nord-Süd-Richtung, der Festlandsbesitz erleichterte die Kontakte mit Kleinasien. Sehr gute Häfen standen in der gut ausgebauten Stadt zur Verfügung. Belegt sind weitgespannte Handelsbeziehungen schon für die archaische Zeit, etwa mit Ägypten (in Naukratis), aber auch mit dem Schwarzmeer- und dem Adriagebiet. Das wichtigste Exportgut, noch vor den Oliven und dem Olivenöl, war der Wein, der in der antiken Welt besonders berühmt war und von einem antiken Gourmet als Ambrosia bezeichnet wurde. Bei den importierten Gütern wird es sich vor allem um Luxusgegenstände und Getreide gehandelt haben. Was die Organisation des Handels betrifft, hat es, etwa wenn wir von aus dem Pontos kommenden Kaufleuten hören, die mit lesbischen Waren handelten, den Anschein, als wären die Mytilenaier selbst weniger als die Händler ihrer Produkte hervorgetreten. Der Bruder der Dichterin Sappho, Charaxos, ein Angehöriger der mytilenaiischen Oberschicht, wäre mit seiner Ägyptenfahrt dann eher eine Ausnahme gewesen. In der Tat deutet manches, was über ihn berichtet wird, auf eher punktuelle Unternehmen denn auf regelmäßige Handelsfahrten. Aber insgesamt zeigen seine Aktivitäten die auch maritime Orientierung der Großbesitzer – eine Bestätigung für das eingangs erwähnte (s. o. 117) Modell.

Überhaupt hat es offensichtlich neben einer gut situierten Aristokratie ein starkes mittleres Bauerntum auf dem Niveau der Hoplitenfähigkeit gegeben. Dies zeigen besonders die Vorgänge um den Abfall von Athen 428/427, und das paßt auch gut zur Landesnatur und der zu hypostasierenden Wirtschaftsstruktur. Generell war der Charakter von Lesbos ,agrarischer' als etwa auf der Nachbarinsel Chios, der Anteil der *autourgoí* war größer, die Sklavenzahl entsprechend geringer.

Vor diesem Hintergrund ergaben sich in der archaischen Zeit erbitterte Kämpfe verschiedener Adelsgruppen, sogenannter Hetairien, gegeneinander: Nach der Beseitigung des alten Königtums (es lebte offenbar nur noch in seinen Kultfunktionen weiter) beziehungsweise der alten Königsdynastie der Penthiliden, die vielleicht zuletzt, nach Art der Bakchiaden von Korinth (s. u. 130), eine kollektive Herrschaft ausgeübt hatten, fanden die dominierenden Aristokraten zunächst zu keinem dauerhaften Konsens. Es gab vielmehr, gegen Ende des 7. und am Anfang des 6. Jahrhunderts, langjährige Auseinandersetzungen, mit wechselnden Bündnissen und einzelnen Tyrannen aus vornehmen Familien, so dem Kleanaktiden Myrsilos. Mord und Verbannung waren an der Tagesordnung, wie die Gedichte eines der Beteiligten, des Al-

kaios, bezeugen. Schließlich wurden weitere Teile der Bevölkerung miteinbezogen, und ein vom ‚Volk' gewählter Tyrann, ein Aisymnet namens Pittakos,
gelangte zuletzt zu einer Lösung der Krise, welche den Unwillen von Aristokraten wie Alkaios erregte und in einigen wichtigen Punkten, etwa in den
Luxusgesetzen (s. o. 44), den elementaren Bedürfnissen des Demos, also offenbar vorwiegend der bäuerlichen Hoplitenschicht, entgegenkam.

Jedenfalls kehrten danach stabilere Zustände ein, offensichtlich im System einer Hoplitenpoliteia, in dem die adlige Oberschicht und das mittlere
Bauerntum zusammengingen (auch das machen die Vorgänge von 428/427
deutlich), während die politisch einflußlosen unteren Schichten vor allem
Kleinbauern und Stadtsässige, also Handwerker und Händler, ‚nautisches'
Volk unter anderem, umfaßten. So brachte es die Stadt zu einiger Blüte und
trieb, soweit wir sehen können, eine aktive Außenpolitik: Schon früher hatten die Mytilenaier mit den Athenern um Sigeion auf dem kleinasiatischen
Festland gekämpft, jetzt, das heißt zwischen 530 und 520, unterstützten sie
die Milesier gegen Polykrates von Samos. Zwar erlebte die Stadt unter der
persischen Herrschaft noch einmal eine Tyrannis (um 512–500), doch nach
der Befreiung im Gefolge der Perserkriege und dem Anschluß an den Ersten
Attischen Seebund (478/477) gehörte sie zu den wenigen Alliierten Athens,
die eigene Truppen und Schiffe stellten, folglich keinen Beitrag *(phoros)* zu
zahlen hatten und als autonom galten.

Zu Beginn des Peloponnesischen Krieges, angesichts der ‚Bindung' der
Athener durch die kriegerischen Ereignisse, gingen die Mytilenaier sogar
daran, in Verfolgung eigener Machtpolitik und in einer gut vorbereiteten
Aktion die ganze Insel Lesbos durch einen Synoikismos zu einen (429/428)
und vom Seebund abzufallen. Dies hätte – Lesbos ist die drittgrößte griechische Insel nach Kreta und Euboia – einen neuen Machtschwerpunkt in der
nördlichen Ägäis geschaffen. Entsprechend energisch schritten die Athener
ein, als der Plan von einigen Mytilenaiern selber sowie von Nachbarn, die
sich unmittelbar bedroht fühlten (Methymna auf Lesbos und die Insel Tenedos), verraten worden war. Nach erbitterten Kämpfen verhängten sie eine
exemplarische Strafe: Rund 1000 Männer wurden hingerichtet, viele andere
mußten in die Verbannung gehen; das Land wurde an 2700 athenische Siedler vergeben, das heißt konkret, die ehemaligen Eigentümer hatten an die
ausgelosten neuen athenischen Eigentümer eine Rente zu zahlen, in einiger
Höhe. Zwar erhielt die Stadt später ihre Unabhängigkeit wieder und blieb
auch hinfort nicht unbedeutend, aber eine derart angelegte Machtpolitik
war ihr nicht mehr möglich.

d. Rhodos

Rhodos ist ein gutes Beispiel dafür, daß die hier vorgenommene Typisierung auch eine zeitliche Dimension hat, das heißt, daß aus Gründen historischer Entwicklung Übergänge vom einen zum anderen Typus erfolgen können. Die Insel hatte von jeher im allgemeinen hinreichenden agrarischen Ertrag. Zwar waren einige Gegenden (besonders im Territorium von Lindos im Südosten der Insel) für den Getreideanbau wenig geeignet und gab es generell wenig größere Ebenen, aber insgesamt ist Rhodos nicht unfruchtbar: Das bergig-hügelige Land, in dem neben Kalken sehr viel Flysch und Neogen anstehen, gibt, wo es nutzbar ist, erstklassige Böden. Zudem herrscht ein mildes Seeklima mit relativ reichen Niederschlägen. Deshalb waren die Berge sehr waldreich und fand sich eine teilweise geradezu üppige Vegetation. So galt die Insel schon in der archaischen Zeit als reich, wie unter anderem die Mythen zeigen: Zeus soll sie anläßlich seiner ,Entbindung' von Athene mit goldenem Regen überschüttet haben; und schon bevor sie aus dem Meer auftauchte, hatte der Sonnengott Helios, ihr späterer Hauptgott, sie als submarines Juwel erspäht.

Besonders gut und bekannt, auch recht vielseitig, waren der Wein und die Feigen, während das Olivenöl sich etwa mit dem samischen oder attischen nicht messen konnte, doch auch in einiger Quantität erzeugt wurde. Die Gewässer waren bekannt für ihre delikaten Fischarten, Schwämme und Purpurschnecken. Die Insel trat aber politisch zunächst wenig hervor; die drei Städte, die auf ihr lagen, Lindos auf der Südostseite, Kameiros im Norden und Nordwesten und Ialysos im Norden, von Doriern besiedelt und eigenständige Polisstaaten bildend, lebten vorwiegend auf sich zurückgezogen, partizipierten allerdings schon im 6. Jahrhundert am Handel in Naukratis.

Tonangebend waren also wohl auf agrarischen Reichtum gestützte Adelsfamilien. Von diesen waren später die Diagoreer aus Ialysos, die sich auf den Gründungsheros Tlepolemos, einen Herakliden, zurückführten, besonders auf Grund ihrer Erfolge als Athleten in Griechenland weithin berühmt. Im 5. Jahrhundert wurden allerdings nach athenischem Vorbild demokratische Verfassungen eingerichtet, nachdem es womöglich schon unter dem Tyrannen Kleobulos von Lindos, einem der Sieben Weisen, Anfang des 6. Jahrhunderts Reformen gegeben hatte. Die erste entscheidende Wende in dieser Existenz ergab sich aus rein politischen Gründen: Zur Stärkung des militärisch-politischen Potentials der gesamten Insel schlossen sich – unter spartanischem Einfluß und unter Führung der diagoreischen Aristokraten – die Städte zu einem rhodischen Einheitsstaat zusammen (Synoikismos von 411–408), der oligarchisch verfaßt war. An der Nordspitze der Insel, in sehr günstiger Hafensituation und zugleich mit der Kontrolle der Passage zwischen Insel und Festland, an der wichtigsten Nord-Süd-Verbindung in der östlichen Ägäis, wurde eine neue Stadt mit dem Namen der Insel angelegt, auf Zuwachs gebaut – als antiathenisches Bollwerk in der Südägäis.

Im 4. Jahrhundert erreichte die Insel im Spannungsfeld zwischen Athen und Sparta, dann zwischen Athen und Persien beziehungsweise den Dynasten des nahen Karien sowie zwischen Demokraten und Oligarchen – durch manche innere Auseinandersetzung heimgesucht – immer noch keine führende, aber doch eine recht bedeutende Position: Demosthenes stellte sie auf eine Stufe mit Korkyra und Chios. Dies änderte sich von Grund auf mit der Eroberung und partiellen Gräzisierung des Orients unter beziehungsweise nach Alexander dem Großen. Rhodos erhielt nun endgültig eine demokratische Verfassung. Vor allem aber rückte die Insel durch die radikale Erweiterung des griechischen Horizonts von einer Randlage ins Zentrum: Je mehr der Orient und Ägypten sich der Tätigkeit griechischer Händler und Kleinunternehmer öffneten, je mehr sich vor allem der ägyptische König als überdimensionaler Getreideexporteur entpuppte und seine Hauptstadt Alexandria zum Umschlagplatz ägyptischer Reichtümer machte, desto größer wurde die Bedeutung von Rhodos. Sehr bald schon war die Insel eine Art Drehscheibe für den damaligen Welthandel, mit Beziehungen zur Levante, nach Kleinasien und in den Bereich des Schwarzen Meers hinein, aber auch nach Sizilien und Unteritalien, besonders aber zu Ägypten, mit dem es geradezu in einer ökonomischen Symbiose lebte: Das ägyptische Getreide wurde hier weiter umgeschlagen, rhodischer Wein dominierte auf dem ägyptischen Markt; von den dort gefundenen gestempelten Amphorenhenkeln sind über 85% rhodischer Herkunft. Daß es Rhodos schon zu Beginn der hellenistischen Epoche gelungen war, einer mit modernsten technischen Mitteln und erheblicher Energie vorgetragenen Belagerung durch den Diadochen Demetrios, deswegen mit dem Namen Poliorketes, Städtebelagerer, bedacht, zu trotzen (306/305), hatte diese Entwicklung stark begünstigt und zugleich Selbstbewußtsein wie ‚internationales‘ Ansehen des Inselstaates beträchtlich gestärkt.

So hatte Rhodos, ausgehend von einem relativ normalen griechischen Agrarstaat mit maritimer Komponente, teilweise die Züge eines Handelsplatzes, einer *commercial city* angenommen. Man konnte die Landwirtschaft teilweise vernachlässigen, denn vieles konnte man viel günstiger einführen, zum Beispiel ägyptisches oder pontisches Getreide – wobei die Insel zunehmend von solchen Importen abhängig wurde, vergleichbar dem Athen des 5. und 4. Jahrhunderts. Andererseits exportierten die Rhodier noch vieles vom Eigenen, bei zunehmender Spezialisierung, besonders auf Wein, wie die erwähnten Amphorenfragmente beweisen, und Feigen, Fisch und so weiter. Vor allem aber schufen sie auch für den sich immer weiter entfaltenden Handel die Rahmenbedingungen: Der Schiffsbau blühte, insbesondere die Konstruktion besonderer Schiffstypen für den Handel wie für die Überwachung der Meere. Fremde Händler, die keine Schiffe besaßen, konnten diese samt der Besatzung chartern. Die bei jedem Winde anzulaufenden Häfen boten ideale Stapel- und Umschlagplätze. Und besonders: die Rhodier bekämpften, höchst effektvoll, die Piraterie im gesamten Ägäisbereich, fungierten also als weithin anerkannte Seepolizei. Und sie erarbeiteten rechtliche Bestimmungen, Gesetze, die für die geordnete Abwicklung des Handels hilfreich waren: Rhodisches Seerecht hatte auch noch bei den Römern einen guten Namen und weiterhin Geltung, zum Beispiel in der Frage der Entschädigung bei Verlusten. Abgesehen davon, daß auch das Handwerk sich, vor allem in Amphorenherstellung und Schiffsbau, gut entwickelte, erreichte der Staat jetzt einen betont nautischen Charakter: Die rhodischen Seeleute – Offiziere wie Mannschaften – galten als unübertrefflich. Sie haben darüber hinaus auch ein entsprechendes Selbstbewußtsein ausgebildet: So wie sich ein homerischer Held durch den Gegner und dessen Prahlen reizen ließ, so stellte für den rhodischen Kapitän der Anblick einer scheinbar überlegenen feindlichen Flotte eine Provokation dar, die ihn zum Handeln anregte. Die rhodischen Adligen generell waren weniger Krämer und ‚Pfeffersäcke‘ als Ritter der Meere.

Der Staat mußte also zwangsläufig, schon durch das riesige Aufkommen an Zöllen, reich werden. Auch individueller Reichtum wuchs, besonders bei den Großbesitzern, die ihren Wein gewinnbringend verkaufen und ihr Geld in Seedarlehen lukrativ anlegen konnten. Diese Schicht stellte nicht nur die zahlreichen Seeoffiziere, sondern die gesamte politische Führung, die im übrigen von einer für griechische Verhältnisse ungewöhnlichen Konsensfähigkeit gewesen sein muß. Formell blieb Rhodos eine Demokratie, aber in der Praxis unterstand alles der Kontrolle der neuen Aristokratie. Dank des großen Reichtums konnte sie ein nahezu perfektes Wohlfahrtssystem mit den Leistungen von Individuen, also Leiturgien, realisieren (Euergetismus), besonders auch zur Versorgung der Bevölkerung mit Lebensmitteln, die ja ohnehin dank der kommerziellen Bedeutung der Stadt im Überfluß eingingen.

In der äußeren Politik mangelte es nicht an Erfolgen: Rhodos war ja für die großen Potentaten, die hellenistischen Monarchen, später auch für Rom, wegen seiner Funktion für den internationalen Handel geradezu unentbehrlich. Es betrieb aber auch eine dieser Position angemessene Neutralitäts- und Gleichgewichtspolitik, unter Verzicht auf jede extrem ausgreifende, mit Großmächten kollidierende Expansion, doch mit einer konsequent eingehaltenen und von Selbstbewußtsein getragenen Zielsetzung: Besonders die Peraia, das gegenüberliegende Festland, wollte man in größerem Umfang direkt beherrschen, und den östlichen Mittelmeerraum versuchte man unter Kontrolle zu halten. So blieb die Inselrepublik auch im Hellenismus ein wirklicher griechischer Freistaat, mit realer Souveränität. Der Koloß von

Rhodos, eines der Sieben Weltwunder, eine riesige bronzene Heliosstatue unmittelbar neben der Hafeneinfahrt, war sichtbarer Ausdruck dieser Position
– auch wenn er seit dem Erdbeben von 227 von den Knien aufwärts zusam-
mengestürzt war und wegen religiöser Bedenken nicht wiederaufgerichtet
wurde. Mit ihm lebte lange auch das Bewußtsein des Polisstaates, welches in
der Betonung seiner dorischen Identität kultiviert wurde und damit die Assoziation zu Sparta nahelegte, dessen anerkannt führende Position, die Pro-
stasie, zusätzlich aufs Meer übertragen war, zu den rhodischen Meerkämp-
fern. Das Credo *„Rhodos rules the waves"* äußerte sich in der selbstbewußten
Betonung von Freiheit und Dominanz, wie es das Verständnis der Poleis seit
jeher geprägt hatte. So lautete das Epigramm auf der Statue des Helios, in
dorisierender Sprache:

„Dir selber, Helios, verlängerten bis zum Olymp diesen Koloß
    die Bewohner des dorischen Rhodos,
den bronzenen, als sie die Woge des Krieges besänftigt
    und das Vaterland mit der Beute von den Feinden bekränzt hatten.
Nicht nur über dem Meer führten sie ihn auf, sondern auch auf der Erde
    als herrliches Licht ungeknechteter Freiheit.
Denn den aus Herakles' Geschlecht Gewachsenen
    ist eigen zu Meer und zu Lande die Herrschaft" (Anth.Pal.6,171).

Wie sehr insgesamt Rhodos' Geltung auf seiner Bedeutung für den Handel
beruhte, zeigt sich auch sozusagen in der Gegenprobe. Als die Römer, zur
Vergeltung für Rhodos' nun auch ihnen gegenüber an den Tag gelegten Neutralität im Perseuskrieg (171–168), die Insel Delos zum Freihafen machten,
verschoben sich die Gewichte deutlich: Das rhodische Handelsvolumen sank
beträchtlich. Die Republik blieb zwar noch lange Zeit nicht unbedeutend –
ihre Flotte war auch noch zu Caesars Zeit hervorragend. Und vor allem als
geistiges Zentrum in Philosophie, Rhetorik und bildender Kunst erlebte sie
im 2. und 1. Jahrhundert noch eine Blütezeit. Ihre Weltgeltung aber hatte sie
verloren – nichts demonstriert dies deutlicher als das Aufblühen der Piraterie seit dem ausgehenden 2. Jahrhundert. Und im 2. nachchristlichen Jahrhundert war auch der Handel kaum noch der Rede wert.

e. Korinth

Die ökistische und überhaupt agrarische Situation von Korinth ist auf
Grund von neueren Forschungen recht gut bekannt. Das beste Anbaugebiet
war der Küstenstreifen mit alluvialem Land im Westen, angrenzend an das
Gebiet von Sikyon. Recht günstige Möglichkeiten gab es auch auf den abgestuften Terrassen, die sich nördlich des markanten Kalkberges von Akrokorinth hinziehen, ferner auf dem Isthmos selbst, südlich der Geraneia. Dazu

kamen kleinere Siedlungskammern in den Tälern des Gebirgslandes im Süden (nach Argos und Epidauros hin). Bezogen auf die Gesamtgröße aber war das für Ackerbau gut geeignete Gebiet nicht eben groß, jedoch war das Territorium insgesamt für griechische Verhältnisse nicht unfruchtbar, gerade der Streifen im Westen sogar sprichwörtlich reich.

Seine besondere Bedeutung – und darin liegt das Spezifikum der geographischen Basis der korinthischen Existenz – gewann Korinth jedoch durch seine extrem verkehrsgünstige Lage: Alle Landwege von der Peloponnes nach Mittelgriechenland müssen nördlich (von und nach Sikyon und Achaia), westlich und nördlich (zentrale und südliche Peloponnes, Argolis) oder östlich (Argolis, Epidauros) Akrokorinth passieren und sich auf dem Isthmos bündeln. Mit der zunehmenden Entwicklung des Seeverkehrs seit dem 8. Jahrhundert, besonders durch die Erschließung neuer Siedlungsräume im Westen, der ‚*Magna Graecia*‘, geriet Korinth in den Mittelpunkt der Handelswege vom Osten, das heißt der Ägäis, nach Italien und Sizilien sowie in die Adria; denn seine Lage an der engsten Stelle zwischen den östlichen und den westlichen Gewässern bot die Möglichkeit, die gefürchtete Passage um das Kap Maleas im Süden der Peloponnes, eine Art Kap Horn der griechischen Seefahrt, zu vermeiden: Die Güter konnten über das schmalste Stück des Isthmos, etwa auf Höhe der Trasse des heutigen Kanals, über Land transportiert werden. Bezeichnenderweise wurde dort unter dem Tyrannen Periander eine Art Schiene in den Fels gehauen, auf der sogar Schiffe vom Saronischen in den Korinthischen Golf gezogen werden konnten. Vor allem aber bot Korinth mit seinen guten Häfen Kenchreai (am Saronischen Golf) und Lechaion (am Korinthischen Golf) beste Gelegenheiten für den Ost- wie den Westhandel, und zugleich auch hier für den Transfer. Es sammelte damit wie in einem Brennpunkt die wichtigsten Handelsgüter zunächst bei sich und hatte von daher auch alle Voraussetzungen für einen echten Handelsplatz, ja es bildete, unter Berücksichtigung seiner Bedeutung für den Nord-Süd-Verkehr, einen richtigen Knotenpunkt.

Dies hatte erhebliche Konsequenzen: Neben die eigene – nicht unbedeutende – agrarische Produktion, die durch die günstigen Verkehrsmöglichkeiten zunehmend gefördert wurde, traten Einnahmen aus den Zöllen für Einfuhr und Ausfuhr, neue Möglichkeiten ökonomischer Existenz in Dienstleistungen, aktiver Teilhabe am Handel (auch im Kleinhandel, zum Beispiel von einem Hafen zum anderen), im Schiffsbau (Korinther galten bezeichnenderweise als dessen Erfinder) und im Handwerk, insbesondere in der Keramikproduktion, in der Korinth lange Zeit führend war. Auch im Bewußtsein wirkte sich das aus: Die in Griechenland verbreitete Verachtung des Handwerks war dort keineswegs selbstverständlich. Außerdem war die Bevölkerung gegenüber fremden Einflüssen, besonders aus dem kulturell weiter entwickelten Osten, aufgeschlossen und leitete diese weiter ins griechische

Mutterland und in die westlichen Gebiete. Generell war die Bevölkerung entsprechend deutlich differenziert und geistig beweglich.

Wichtig ist, daß Korinth die hier skizzierte Struktur und Bedeutung erst ganz allmählich erhielt, eben in Abhängigkeit von der Entwicklung größerer Fernverbindungen. Ursprünglich wurde das Gebiet nach der Einwanderung dorischer Siedler, die das Land unter sich aufgeteilt hatten, nahezu ausschließlich agrarisch genutzt und war auch in den ergiebigen Gebieten nur lose besiedelt. Politisch wurde es von Königen beherrscht, stand aber offensichtlich wie der gesamte Raum unter argivischer Präponderanz, verfügte auch noch nicht über die großen Gebiete auf dem Isthmos, die megarisch waren. Ein erstes Indiz für eine einschneidende Entwicklung liefert die Kolonisierung von Korkyra und Syrakus, etwa 730. Da diese Gebiete in erster Linie wegen ihres agrarischen Reichtums gewählt waren und der Handel noch recht unterentwickelt war, dürfen wir schließen, daß in Korinth die Bevölkerung so stark angewachsen war, daß das verfügbare Gebiet zu ihrer Versorgung nicht mehr ausreichend war. Mit der Kolonisation – auch der anderer Staaten zur selben Zeit – begann sich zugleich sehr langsam die eingangs erwähnte Bedeutung Korinths für die Ost-West-Verbindung herauszukristallisieren.

Auch sonst war diese Zeit, die zweite Hälfte des 8. Jahrhunderts, eine Epoche einschneidender Veränderungen: Erst jetzt wurde Korinth – und dabei mochten auch die planerischen Leistungen bei der Gründung der Kolonien ihre Wirkung nicht verfehlt haben – zu einer ‚echten' Polis. Die recht lose politische Organisation unter den Königen wurde abgelöst, die Herrschaft ging über auf das königliche Geschlecht *in toto,* die Familie der Bakchiaden, die kollektiv regierten, indem sie die königliche Gewalt in ihren Reihen zirkulieren ließen: Das höchste Amt, die Prytanie, bekleidete einer der ihren für jeweils nur ein Jahr (Annuitätsprinzip), und auch sonst hatten sie alle wesentlichen politischen Rechte. Neben dieser *stirps regia* gab es andere Aristokraten, zum Teil vielleicht sogar noch vor-dorischer Herkunft, zum Teil mit lokalem Schwerpunkt in den Randgebieten. Diese wurden teilweise mit der Führungssippe durch Einheirat verbunden. Und die freien Bürger, die Politen, waren die Inhaber der Landlose, Dorier, in die drei dorischen Phylen gegliedert, und Angehörige der älteren Bevölkerung, die nicht vertrieben waren, wohl meist in den Hochtälern im Süden siedelnd, in einer eigenen Phyle zusammengefaßt.

Sehr umstritten in der Forschung ist die Frage der Datierung dieser bakchiadischen Umwälzung. Sie ist nämlich mit dem Problem der Dauer ihrer Herrschaft und damit mit der schwierigen Frage der Kypselidenchronologie verbunden. Hier wird davon ausgegangen, daß die Bakchiaden sich 90 Jahre an der Macht hielten und daß der ‚niedrigeren' Chronologie der Kypseliden, entgegen einigen teilweise recht gekünstelten neueren Auffassungen, aus guten Gründen der Vorzug zu geben ist, ihre Herrschaft also in die Jahre von etwa 615 bis 540 fällt. Die einschneidenden Veränderungen der Bakchiadenherrschaft sind also um 705 anzusetzen.

Es fällt auf, daß etwa in demselben Zeitraum das Territorium von Korinth beträchtlich ausgedehnt wurde: In langwierigen Kämpfen mit Megara, die sich über die zweite Hälfte des 8. Jahrhunderts erstreckten und bis in das folgende hineinreichten sowie einen noch bis tief ins 5. Jahrhundert wirksamen Gegensatz zwischen beiden Staaten hinterließen, brachten die Korinther das gesamte Territorium auf dem Isthmos südlich der Geraneia in ihren Besitz, einschließlich des überregional bedeutenden Heraheiligtums von Perachora und der fruchtbaren Gebiete vor allem im Osten des Isthmos. Man mag also die Konstituierung der Bakchiadenherrschaft auch mit diesen Kämpfen verbinden, und der definitive Erfolg wurde schließlich unter ihnen erzielt.

Ihre Herrschaft wurde jedoch bald durch neue krisenhafte Entwicklungen bedroht. Der demographische Druck könnte – wie man den späteren Koloniegründungen entnehmen mag – angehalten beziehungsweise wieder zugenommen haben. Durch den wachsenden Handel hatten sich ökonomische Strukturveränderungen ergeben: Größere Grundbesitzer konnten sich durch den Anbau bestimmter Produkte, die jetzt Absatzchancen auswärts hatten, zum Beispiel Öl, größere Reichtümer erwerben und ökonomischen Druck auf die kleineren Besitzer ausüben. Angesichts der allmählichen Ablösung der korinthischen Keramik durch jeweils einheimische beziehungsweise attische Waren könnte es auch Schwierigkeiten für das Töpferhandwerk gegeben haben. Besonders wichtig war, daß es neben der exklusiven Herrschergruppe reiche und mächtige Adlige gab, die von den politischen Entscheidungsprozessen ‚ausgesperrt‘, also durch das System in ihrem Ehrgeiz eingeschränkt waren, und daß sich seit der ersten Hälfte des 7. Jahrhunderts, vielleicht schon bei der Entscheidung im Kampf mit Megara, die neue Kampftaktik der Hopliten auch in Korinth durchsetzte. Dazu kamen außenpolitische Schwierigkeiten: Die Kolonie Korkyra steuerte einen eigenen Kurs und besiegte Korinth sogar in einer Seeschlacht, etwa Mitte des 7. Jahrhunderts. Durch diesen Gegensatz aber waren Korinths Westverbindungen aufs höchste gefährdet.

Eine Reform durch einen gewissen Pheidon, die wohl in erster Linie der Existenzsicherung des Bauerntums galt, brachte keine dauerhafte Entspannung, und so nutzte ein Adliger namens Kypselos, mütterlicherseits mit der Herrschersippe verbunden, die zugespitzte Situation, um sich persönlich an die Macht zu bringen (um 615), die seine Familie, die Kypseliden, als Tyrannis bis etwa 540 innehatte, wobei sich sein Sohn Periander (um 585–545) einen großen Namen machte. Wesentlich an der Herrschaft der Kypseliden war zunächst ihre energische Außenpolitik, die darauf ausgerichtet war, die

Westseite Griechenlands mit einem Kranz korinthischer Kolonien zu versehen, die von Verwandten des Herrscherhauses regiert wurden, mithin nicht allein die Westverbindungen sicherten, sondern ein echtes Imperium bildeten. Die Krönung dieser Politik war die Eingliederung von Korkyra in dieses Herrschaftssystem, ferner das Ausgreifen sogar in die nördliche Ägäis mit der Gründung von Poteidaia, beides unter Periander. Die Tyrannis fand anfangs durchaus Sympathie beim Volk: Wahrscheinlich gab es – so eine ingeniöse Vermutung von E. Will – größere Landverteilungen aus dem konfiszierten Besitz der Bakchiaden, und die großen kolonialen Unternehmungen setzten die Anwendung von Hopliten voraus, die sich also mit den Zielen der Kypseliden durchaus identifizieren konnten. Zudem gab es eine Reihe von Gesetzen, die die Position der Aristokraten schwächten.

À *la longue* aber ist diese – die Herrscherposition der Dynastie auch in monarchischer Repräsentation widerspiegelnde – auf die Monopolisierung der Macht gerichtete Politik gescheitert. Schon Periander sah sich zur Rekrutierung einer Leibwache veranlaßt, und sein Nachfolger Psammetichos, in dessen Namen sich die Beziehungen seines Hauses bis nach Ägypten hin ausdrücken, wurde bald nach dem Herrschaftsantritt gestürzt (um 540). Die danach neuerrichtete Ordnung, auf regionalen Phylen basierend, mit einem starken Rat, in dem diese repräsentiert waren, legt nahe, daß es offenbar der Konsens der von jeher oppositionellen Aristokratie und der zu eigenem politischem Selbstverständnis erwachten Hoplitenschicht war, der der Tyrannis ein Ende machte und das neue System prägte. Dieses war jedenfalls ungewöhnlich stabil, es hielt sich rund 150 Jahre und trug sehr dazu bei, daß Korinth auch hinfort eine der ersten Mächte Griechenlands – gleich nach den jeweiligen Großmächten – blieb. Das wurde auch durch die Anlehnung an Sparta gefördert, in dessen Peloponnesischem Bund Korinth gelegentlich sogar eine bestimmende Rolle spielte.

Im 5. Jahrhundert erwuchsen hieraus sogar die bedeutendsten Konflikte der griechischen Staatenwelt, als Korinth in einen Gegensatz zu Athen geriet, dem es von Hause aus, wegen der beiden gemeinsamen Differenzen mit Megara und Aigina, alten korinthischen Gegnern beziehungsweise Konkurrenten, durchaus gewogen war: So führte Athens Unterstützung von megarischen Ansprüchen gegen Korinth zum Ersten Peloponnesischen Krieg, der zunächst vornehmlich ein korinthisch-athenischer Krieg im Saronischen Golf war, schließlich aber die Athener sogar in den Kalydonischen und Korinthischen Golf, also in unmittelbares Herrschaftsgebiet von Korinth, brachte. Und ebenso ergab sich der Peloponnesische Krieg aus der athenischen Unterstützung von Korkyra gegen Korinth und Athens Vorgehen gegen die korinthische Kolonie Poteidaia. Entsprechend groß waren Engagement und Verluste der Korinther in diesem Krieg, und nur konsequent schien ihr Verlangen nach dem Sieg, Athen müsse zerstört werden.

Allerdings wurden die Korinther des Sieges nicht froh, da sie nun die wachsende spartanische Macht als drückend empfanden. So schloß sich auch Korinth der Allianz an, die im Korinthischen Krieg (395–386) gegen Sparta stand. Dieser hatte allerdings für die Stadt, deren Territorium als Hauptkriegsschauplatz furchtbar in Mitleidenschaft gezogen wurde, verheerende Konsequenzen: 392 schon wurde, in einem blutigen Umsturz, die alte Ordnung durch eine Demokratie ersetzt, und 389 wurde Korinth sogar mit Argos zwangsvereinigt, hatte also seine politische Identität verloren. Mit dem Königsfrieden wurde zwar beides revidiert, doch brauchte Korinth lange, um sich auch nur einigermaßen von diesem Krieg zu erholen. Mit der alten Geltung war es jedenfalls vorbei, und man hielt sich in den folgenden Jahren politisch auch sehr zurück, besonders auffällig in den Kriegen der sechziger Jahre des 4. Jahrhunderts, und man leistete auch der makedonischen Herrschaft keinen echten Widerstand. So wurde Akrokorinth sogar zu einer der makedonischen Zwingburgen in Griechenland. Eine wichtige Rolle spielte die Stadt noch einmal im Rahmen des Achaiischen Bundes, nachdem durch einen berühmten Handstreich unter dessen Führer Aratos von Sikyon die makedonische Besatzung vertrieben worden war (243). Die Stadt war jetzt wieder eine der reichsten Griechenlands und wurde ein Zentrum des Achaiischen Koinón. Deshalb brachte dessen Niederlage im Krieg gegen die Römer die endgültige Katastrophe Korinths, an dem die Römer ein Exempel statuieren wollten: Es wurde im Jahre 146 geplündert, dem Erdboden gleichgemacht; die Bevölkerung wurde, soweit sie nicht massakriert worden war, in die Sklaverei verkauft.

Gut 100 Jahre später lebte die Stadt wieder auf, durch eine von Caesar initiierte Neugründung, in Verbindung mit der Ansiedlung römischer Veteranen. Die Stadt wurde prächtig ausgestattet, war Sitz eines römischen Statthalters und bald wieder einer der reichsten und wichtigsten Orte Griechenlands, wie nicht zuletzt auch die dortige Missionstätigkeit des Apostels Paulus unterstreicht. Aber sie war eben eine römische Stadt, sie hieß nicht mehr Korinthos, sondern Colonia Laus Iulia Corinthus.

f. Milet

Das Gebiet von Milet, im westlichen Kleinasien an einer breiten Bucht gegenüber der Mündung des Maiander gelegen, bietet relativ wenig gutes Akkerland und ist vor allem ziemlich trocken. Aber die Stadt hatte eine vorzügliche Lage: Die Verbindungen ins Innere von Anatolien waren recht gut, die vorgelagerte Inselwelt ist geradezu mit Händen greifbar, und der Platz selbst bot natürliche Hafensituationen (Milet hatte allein vier Häfen). So sahen sich seine Bewohner schon früh aufs Meer verwiesen. Auf zahlreichen Seefahrten wurden sie dort heimisch. Im 7. Jahrhundert erlebte Milet offenbar

einen exorbitanten Aufschwung: Auf Grund der genauen Kenntnis der Seewege ins Schwarze Meer und gestützt auf sein Apollon-Heiligtum in Didyma leitete es im Pontos-Raum die Gründung sehr vieler (angeblich 90, richtig wahrscheinlich an die 40) Kolonien. Diese zeichnen sich regelmäßig
durch eine verkehrsgeographisch extrem günstige Situation, oft auch durch
ein besonders fruchtbares Gebiet, reiche Fischgründe und ähnliches aus:
Abydos, Kyzikos, Sinope und Olbia, allesamt in ihrer Region bedeutende
Plätze, seien hier nur beispielshalber genannt. Sie waren also nicht allein –
wohl aber ursprünglich – Stützpunkte für Handelsfahrten, sondern in erster
Linie Siedlungskolonien. Selbstverständlich begünstigte ihr weiterer Ausbau
auch den Handel. Die Handelsfahrten konnten nunmehr regelmäßiger
durchgeführt werden und gewannen an Sicherheit. Und so wurde das
Schwarze Meer im 6. Jahrhundert schließlich zum ,Gastlichen Meer' *(Pontos
Euxeinos)* der Griechen.

Von alledem hatte Milet ganz erheblichen Nutzen. Nicht allein, daß es
überschüssige Bevölkerung an die Siedlungen abgeben konnte und daß es
sich im näheren und weiteren Umfeld durch seine Kolonisierungs-, mithin
auch Organisationsleistung politisches *Know-how* und Prestige erwarb. Es
war auch – trotz seiner eigenen wenig günstigen Ausgangssituation – be-
stens versorgt. Sein wichtigstes Überschußprodukt war neben Olivenöl vor
allem Wolle, die sich für beste Gewänder eignete, welche bis nach Italien gehandelt wurden, und die auch durch die verbreiteten Purpurschnecken am
Ort eingefärbt werden konnte. Dazu kamen viele Güter aus den reichen
Hochkulturen in Kleinasien, die in Milet, einer Kopfstation wichtiger Land-
verbindungen, umgeschlagen wurden. Aus dem Schwarzmeergebiet, wohl
vor allem aus den ukrainischen Anbaugebieten, aber auch aus Ägypten, wo
die Milesier spätestens Anfang des 6. Jahrhunderts Fuß gefaßt und einen
Handelsplatz eingerichtet hatten, bezogen sie vor allem Getreide und Fisch.

Die bedeutende Position der Stadt zeigte sich deutlich in einem elfjährigen
Krieg (613–602) mit den lydischen Königen Sadyattes und Alyattes, also mit
einem orientalischen Großreich: Obwohl die Lyder kontinuierlich das Territorium von Milet verwüsteten und die Ernten vernichteten, hielt Milet
stand. Es konnte sich, nicht anders als 200 Jahre später Athen im Krieg gegen Sparta, dank seiner maritimen Überlegenheit von außen her versorgen.
Und daß dies über einen längeren Zeitraum hinweg geschah, läßt auf einen
entwickelten Getreidehandel schließen, andererseits bei den milesischen Ex-
portgütern auf einen relativ hohen Anteil gewerblicher Produkte (bekannt
waren, neben den schon erwähnten Textilien, vor allem verschiedene Möbel).

Deshalb sah sich die Großmacht Lydien schließlich veranlaßt, mit den Mi-
lesiern einen Freundschafts- und Bündnisvertrag zu schließen, der ersichtlich
auf der Respektierung der milesischen Unabhängigkeit beruhte. In der Zeit

danach erlebte Milet seinen kulturellen Höhepunkt: Die ständigen Seefahrten mit ihren reichen Entdeckungen, dazu die Kontakte mit den andersgearteten Hochkulturen Asiens und deren geistig-kulturellen Leistungen hatten ein geistiges Klima geschaffen, in dem man darauf kommen konnte, neue Fragen zu stellen, insbesondere die natürlichen Gegebenheiten nicht mehr ohne weiteres hinzunehmen beziehungsweise wie selbstverständlich als göttliche Phänomene zu deuten. So ist Milet keineswegs zufällig, wie schon ausgeführt (s. o. 93 f.), zum Geburtsort wissenschaftlichen Denkens geworden.

Dabei fällt besonders auf, daß die Stadt in dem genannten Zeitraum mit erheblichen inneren Schwierigkeiten zu kämpfen hatte. Während des elfjährigen Krieges mit Lydien regierte bereits der Tyrann Thrasybulos, der sich, wahrscheinlich gestützt auf das bedeutende Amt des Prytanis (dieses war sicherlich nach der Vertreibung des Königsgeschlechtes der Neleiden im 8. oder frühen 7. Jahrhundert eingerichtet worden) und möglicherweise begünstigt durch die extreme Bedrohung seitens der Lyder, zum Tyrannen aufgeworfen hatte. Nach zwei weiteren Tyrannen kam es, Herodot zufolge, zwei Generationen lang, wohl zwischen 580/570 und 540/530, zu einer Kette von internen Kriegen. Diese wurden mit einer selbst für griechische Zustände ungewöhnlichen Brutalität geführt: Beispielsweise wurden bei einem Massaker Menschen mit Pech überzogen und als lebende Fackeln verbrannt. Wahrscheinlich entsprangen diese Kämpfe aus Gegensätzen zwischen den durch den Handel mit ihren Produkten (Wolle, Textilien, Öl) zu besonderem Reichtum gekommenen Großagrariern und ärmeren Schichten, wohl vor allem den Kleinbauern, die zum Beispiel wegen der Getreideeinfuhr nicht mehr konkurrieren konnten und durch ökonomischen Druck seitens der Großbesitzer gefährdet waren. Jedenfalls hießen jene ,der Reichtum‘ (fast also ,das Kapital‘) *(Plutis),* diese ,der Handkampf‘ *(Cheiromacha).* Das deutet darauf hin, daß es sich um Leute handelte, die nicht mit kompletter Rüstung kämpfen konnten, also Personen unterhalb des Hoplitenzensus. Einen Ausgleich erreichte man erst durch Vermittlung von Pariern, die, wie es heißt, die Herrschaft denen übertrugen, deren Äcker sie gut bestellt fanden. Wahrscheinlich wurde also in Milet ein politisches System eingerichtet, das dem mittleren Bauerntum ein besonderes Gewicht gab, demnach eine Art von Hoplitenpoliteia. Wieweit dies allerdings angesichts der skizzierten Ausgangslage ohne flankierende wirtschaftliche Maßnahmen möglich war, muß dahingestellt bleiben.

Die Versöhnung jedenfalls brachte der Stadt rasche Erholung, so daß sie am Ende des 6. Jahrhunderts eine neue Blüte erlebte. Allerdings war sie nicht mehr völlig unabhängig. Im Krieg der neuen persischen Monarchie unter Kyros gegen Kroisos von Lydien hatte sie sich den Persern angeschlossen und erhielt deswegen nach dem persischen Sieg einen günstigen Vertrag, vergleichbar dem alten Bund mit Alyattes. Aber mindestens *de facto* waren

„Freundschaft und Bündnis" mit dem persischen Weltreich von anderer Qualität als mit einem Staat, dem man gerade im Kriege getrotzt hatte. Jedenfalls war die persische Suprematie bald fühlbar. Besonders einschneidend war, daß die Perser wieder Tyrannen installierten (Histiaios, Aristagoras). Diese stießen ganz offenkundig auf zunehmenden Widerwillen; denn als der Tyrann Aristagoras nach einem gescheiterten Unternehmen gegen Naxos (500) am persischen Hof in Ungnade zu fallen drohte und deshalb den Abfall Milets und seiner Nachbarstädte von den Persern in die Wege leitete, legte er demonstrativ seine Herrschaft nieder und proklamierte in Milet eine freiheitliche Ordnung, die ‚Isonomia', vielleicht eine Demokratie nach Art der kleisthenischen in Athen, die unter demselben Namen firmierte. Damit wurden in der Tat viele Energien freigesetzt, die Milesier wurden die Seele des Widerstandes im Ionischen Aufstand (499–494). Entsprechend hart und exemplarisch wurden sie nach dessen Scheitern bestraft: Die Stadt wurde weitgehend zerstört, viele Einwohner umgebracht, noch mehr ins Innere des Persischen Reiches deportiert. Die Vernichtung der glänzendsten griechischen Stadt rief weithin größte Erschütterung hervor. Allerdings war Milet sehr bald wieder besiedelt, auch als selbständige politische Einheit, aber seinen alten Rang hat es nie wieder erreicht. Über die Rolle eines Satelliten im Ersten Attischen Seebund, im spartanischen Imperium und in der persischen Monarchie kam es nicht mehr hinaus. Im Hellenismus war es, nicht zuletzt dank seiner kommerziellen Bedeutung, jedoch noch eine durchaus reiche Stadt, bis in die Kaiserzeit hinein – davon legen noch heute die imposanten Reste Zeugnis ab: Nach der Befreiung durch Alexander den Großen 334 nahmen die Milesier sogar den Wiederaufbau des Apollon-Tempels von Didyma in gewaltigen Dimensionen in Angriff – vollendet indes wurde er nie.

Weitere hier zu rubrizierende Staaten sind die Inseln Naxos, berühmt durch Weinanbau und geradezu *die* Insel des Dionysos, und Kos, in vieler Hinsicht ein Rhodos im kleinen, sowie die kleinasiatischen Küstenstädte Erythrai, Klazomenai, Teos und wohl auch Knidos.

4. Mittlere und kleinere Agrarstaaten mit maritimer Komponente

Bisher hat sich von der griechischen Situation unter wirtschaftlichem Aspekt ein eher günstiges Bild ergeben, und mancher Leser wird sich fragen, wie sich die etwa im ersten Teil unterstrichene ökonomische Problematik mit den hier gegebenen Hinweisen auf Wohlstand, Fruchtbarkeit und Reichtum verträgt. Und hat nicht Herodot (7,102,1) treffend die Armut als vertraute Begleiterin Griechenlands bezeichnet? In der Tat ist der bisher vermittelte Eindruck, auch wenn man das jeweilige soziale Gefälle in den einzelnen Staaten in Rechnung stellt, nicht repräsentativ. Wir haben ja mit den jeweils bedeutenderen Komplexen begonnen und sie auch einigermaßen vollständig erfaßt. Im folgenden sind nun die kleineren, nicht selten auch generell ärmeren Gebiete an der Reihe, und diese können wir nur betont exemplarisch behandeln. Ihre Zahl ist wesentlich höher, auch wenn ihnen hier (vor allem wegen unserer Informationslage) nicht mehr Platz eingeräumt wurde als den bedeutenderen Staaten.

Kennzeichen des zunächst vorgestellten 4. Typus ist die Begrenztheit des ackerbaufähigen Landes in Ausdehnung oder Ertrag oder beidem. Die hier zusammengefaßten Poleis erreichten allenfalls (dann aber schon als Grenzfall) das Niveau der unter 2 und 3 erfaßten Staaten, waren in der Regel aber kleiner, teilweise beträchtlich. Außerdem war die Ausrichtung aufs Meer von einiger, allerdings durchweg in Relation zu den Staaten des 3. Typs geringerer Bedeutung (auch hier mit einer Ausnahme, die ebenfalls einen Grenzfall darstellt). Der Fernhandel trat nämlich trotz der maritimen Komponente zurück, die Orientierung ging meist auf eine nahegelegene Küste, die Hafen- und Verkehrssituationen waren weniger gut, und so waren von allen nautischen Tätigkeiten vor allem Fischfang und Fährbetrieb von Belang. Im Extremfall, das heißt unter besonders ungünstigen landwirtschaftlichen Verhältnissen, konnten diese sogar stark in den Vordergrund rücken, wie uns etwa für das boiotische Anthedon für das 3. Jahrhundert überliefert ist: „Die Stadt ist reich an Wein und Meerprodukten, an Getreide jedoch arm, weil das Land unfruchtbar ist. Die Bewohner sind fast alle Fischer, die ihren Lebensunterhalt aus Angelhaken und Fischen, außerdem auch der Purpurschnecke und aus Schwämmen gewinnen, am Strand, in Tang und Hütten alt geworden ... Das Land bearbeiten sie nicht nur nicht, sie haben nicht einmal welches" (Herakl. Cret. I,23 f.).

Generell aber finden wir Städte, in denen das Ackerland durchaus noch von einiger Bedeutung war und die agrarische Lebensweise einen dementsprechend hohen Stellenwert hatte. Die innere, besonders soziale Differenzierung war geringer als beim 3. Typ, aber größer als beim 2., insofern es maritime und gewerbliche Elemente und teilweise auch eine agrarische Spezialisierung gab. Allenfalls waren die Möglichkeiten zur Gewinnung extremer Reichtümer durch solche Konzentrationen wegen der Größenverhältnisse und der Bodenqualitäten in der Regel begrenzt. Wir haben also im allgemeinen mit einer größeren Schicht kleinerer, mit weniger mittleren Bauern, daneben mit Fischern, Schiffszimmerleuten und anderen ‚nautischen‘ Berufen zu rechnen, neben denen eine kleine und verhältnismäßig wenig herausragende Oberschicht stand.

a. Sikyon

Hier haben wir bereits einen der angedeuteten Grenzfälle; denn Sikyon verfügte keineswegs über schlechte agrarische Grundlagen. Es kam aber über ein mittleres Niveau nicht hinaus, und auch seine maritimen Aktivitäten waren weniger auf Fernverbindungen ausgerichtet. Für die hier vorgenommene Einstufung spricht auch, daß die Stadt in der Gruppierung der Teilstaaten des Achaiischen Bundes neben Aigion und Dyme der 2. Größenordnung zugeschlagen wurde, nicht der 1. Kategorie mit Argos und Megalopolis.

Das sikyonische Territorium ist höchst reich an Kontrasten: Das Hinterland, neogenes Schollenland mit Mergeln und Konglomeraten, ist extrem stark zergliedert und hat nur wenige und teilweise schwer begehbare Nord-Süd-Verbindungen. Wo es weiter im Inneren fruchtbare Ebenen gibt, gehörten sie bereits einem anderen Staat an (Phleius!). Der Küstensaum aber, bestehend aus den unteren Mergelschichten oder Alluvialland, ist besonders im Bereich des Flusses Asopos (heute Longopotamos) eines der fruchtbarsten Gebiete der Peloponnes, insbesondere auch dank seiner guten Bewässerung: Die hohen Berge im Inneren, aber in großer Nähe zum Meer, fördern die Kondensierung der heißen Luft und bringen Regenfälle auch im Sommer, die zudem den Mergel herunterspülen, also gutes Bodenmaterial liefern. Jedoch ist dieser fruchtbare Streifen insgesamt nicht groß. Bei Sikyon selbst – also ziemlich an der breitesten Stelle – war er etwa 4 km breit. Da sich für Sikyon eine relativ hohe Bevölkerungszahl (Schätzungen der freien Gesamtbevölkerung reichen von gut 20 000 bis rund 35 000) ermitteln läßt, haben wir eine intensive Bodennutzung anzunehmen. Generell ist an verbreiteten Getreideanbau zu denken, belegt sind daneben (jedenfalls in späterer Zeit) sehr reicher Olivenanbau, dazu ordentlicher Wein und Gartennutzung. In den bergigen Regionen hat es sicher viel Wald gegeben, in den mittleren Gegenden müssen wir neben kleineren Anbauflächen (zum Beispiel auf natürlichen Terrassen wie der des hellenistischen Sikyon selbst) mit Weideland rechnen.

Es hat überdies ein entwickeltes Gewerbe gegeben, insbesondere die Produktion von Gebrauchs- und Schmuckgeräten aus Metallen und die Herstellung eines bestimmten Typs von Schuhen. Die Art und den Grad der Keramikerzeugung zu ermitteln, bleibt insgesamt ein Problem. Daneben war Sikyon, was zahlenmäßig wohl wenig ins Gewicht fällt, berühmt in der Kunst des Bronzegusses. Schließlich haben wir, wegen der Küstenausdehnung, Fischfang in nicht geringen Dimensionen anzunehmen. Belegt sind die sehr beliebten Meeraale. Es gab außerdem einen eigenen Hafenplatz, der allerdings nicht besonders günstig und als Emporion nicht gerade geeignet war – und zudem im Schatten des nahen korinthischen Hafens Lechaion stand. Mithin ist auch wenig eigenständiger Fernhandel zu vermuten.

Die soziale Schichtung läßt sich danach in groben Zügen rekonstruieren. Sie wies allerdings zunächst eine Besonderheit auf, insofern als nach der Einwanderung der Dorier, nicht anders als in Argos und Sparta, die Vorbevölkerung teilweise versklavt wurde und auf den Gütern der dorischen Herrenschicht zu arbeiten hatte. Das System änderte sich jedoch mit der Tyrannis (s. u.). Danach haben wir von einer breiten Schicht von Bauern auszugehen, die auf dem Niveau der Subsistenz, zu geringeren Teilen auch in größerem Stil wirtschafteten. Daneben war die Bevölkerung relativ deutlich differenziert: Der Anteil von Fischern, Fährleuten, Handwerkern, Köhlern und Hirten dürfte recht groß gewesen sein. Auch eine reichere agrarische Oberschicht, die sich teilweise auf Oliven- und Weinanbau und -ausfuhr ausgerichtet hatte, läßt sich annehmen.

Greifbar wird die sikyonische Geschichte erst mit der Tyrannis der Orthagoriden. Wenn auch hier manches unklar bleiben muß, lassen sich doch die Grundzüge herausarbeiten; insbesondere der Tyrann Kleisthenes (um 600–570) erhält vor allem durch seine Verschwägerung mit der attischen Adelsfamilie der Alkmeoniden und durch daran anknüpfende Äußerungen Herodots einiges Relief. Generell bedeutsam an dieser Tyrannis insgesamt war ihre deutlich ‚populäre‘ Ausrichtung, die sich nicht so sehr aus den ganz im Tyrannentopos aufgehenden Notizen aus dem 4. Jahrhundert ergibt, sondern weil man aus den Reformen des Kleisthenes schließen kann, daß die ‚Heloten‘ emanzipiert wurden: Auf Kosten der dorischen Oberschicht wurden sie zu freien Bauern, Hirten und so weiter. Die Tyrannis war infolgedessen sehr gut verankert und stabil – die am längsten an der Macht gebliebene in der griechischen Geschichte –, und in ihrem Verlauf waren die alten Differenzen so vollständig verschwunden, daß nach der Vertreibung des letzten Herrschers durch die Spartaner eine offenkundig auf Kompromiß gegründete Ordnung möglich war. Einen Höhepunkt hatten die Tendenzen der Orthagoridentyrannis unter Kleisthenes: Dieser diskriminierte die dorischen Phylen sogar durch entehrende Umbenennungen (s. o. 42) und verlieh seiner eigenen Phyle, die aus der Vorbevölkerung und damit dem wichtigsten Anhang des Tyrannen zusammengesetzt war, den Namen ‚Volksführer‘ *(Archelaoi)*, womit er auch nominell zu erkennen gab, daß er die Macht für sich monopolisiert hatte. Seine Herrschaft zeigte auch in der Außenpolitik klare Konturen, in der Abgrenzung von dem dorischen und im nordpeloponnesischen Raum durchaus noch dominierenden Argos und in der führenden Beteiligung am Ersten Heiligen Krieg (um 595–585, s. u. 167), in dem er die Amphiktyonie unterstützte. Daß es ihm dabei mindestens auch um die Herausstreichung seiner eigenen Person ging, macht auch sein sonstiges Bemühen um Delphi deutlich: Bei den Pythischen Spielen nahm er erfolgreich am Wagenrennen teil und wahrscheinlich ließ er dort auch Bauten errichten. Der deutliche Zug zu herrscherlicher Selbstdarstellung vor den Augen des griechischen Publikums zeigte sich besonders in der Verheiratung seiner Tochter: Nach seinem Sieg im Wagenrennen bei den Olympischen Spielen, wahrscheinlich im Jahre 576, rief er Bewerber aus ganz Griechenland auf. Dies war eine bewußte Erinnerung an die Verheiratung der Helena im griechischen Mythos, also eine gezielte Selbstheroisierung des Herrschers und seiner Familie.

Nach dem Ende der Tyrannis, die sich nach Kleisthenes' Tod noch 60 Jahre hatte halten können, fand man, wie schon angedeutet, zu einer gemäßigten Ordnung, also zu einer Verfassung, die von den Hopliten und dem Adel getragen wurde. Diese war, bei allen internen Differenzierungen, relativ lange stabil, wozu sicher auch die Zugehörigkeit zum spartanischen Machtbereich beitrug. Erst im Verlauf des Peloponnesischen Krieges wurde sie im Jahre 417 durch eine spartanische Intervention radikalisiert, höchstwahrscheinlich aus Sorge vor den demokratischen und antispartanischen Tendenzen, die sich gerade in der Zeit zuvor im sogenannten Sonderbundskrieg (420–418) bemerkbar gemacht hatten.

Dieses System überstand auch einen Umsturzversuch nach der Schlacht von Leuktra und geriet erst ins Wanken, als Spartas schützende Hand wegen der Eroberung Sikyons durch Theben nicht mehr fühlbar war (369): Wenig später wurde, unter Euphron, die Verfassung in eine Demokratie umgewandelt, in der schließlich Euphron selbst, als ein Tyrann, die führende Rolle spielte (366) – allerdings durchaus populär blieb. Nachdem er einem Attentat zum Opfer gefallen war, wurde er auf der Agora wie ein Gründerheros verehrt – womit in Sikyon eine Tradition begründet war, die dann im Aratos-Kult kulminierte. Überhaupt kamen in der Folgezeit immer wieder Tyrannen vor, zumeist im Zusammenhang mit der makedonischen Herrschaft. Besonders einschneidend war die Eroberung durch Demetrios Poliorketes (303), die zwar als ‚Befreiung' tituliert wurde, aber – wie die göttliche Verehrung des Demetrios demonstrierte – zugleich die Eingliederung von Sikyon in dessen Machtbereich bedeutete.

In dieser Zeit wurde Sikyon sogar verlegt, und zwar auf eine höher gelegene Terrasse, die vorher zum Teil die alte Akropolis getragen hatte. Dort gab es gute Verteidigungsmöglichkeiten in alle Richtungen. Danach fanden sich noch mehrfach Tyrannen, bis schließlich im Jahre 251 Aratos die Stadt in den Achaiischen Bund führte.

b. Megara

Auch Megara bildet einen Grenzfall, ja für die archaische Zeit könnte man es sogar eher dem 3. Typus zurechnen. Das Land selbst, auf dem Isthmos gelegen, war außerordentlich bergig: Der dominierende Gebirgszug, die Geraneia, ist zwar nicht besonders hoch, aber schwer zugänglich und kaum

‚durchlässig', ein echter Riegel quer über die Landenge. Der für Ackerbau geeignete Boden war recht begrenzt, etwa ein Fünftel des Gesamtgebietes, und zwar die Hauptebene beim Ort Megara selbst (etwa 70 km²), zudem kleinere Ebenen bei Pagai und Aigosthena und das hügelige Land nordöstlich der Geraneia. Außerdem war der Boden sehr leicht und steinig, also insgesamt nicht besonders fruchtbar. Für den Landverkehr war das Gebiet naturgemäß sehr wichtig, mit zwei Hauptwegen im Zentrum und Süden und einem Pfad im Norden der Geraneia, die angesichts ihrer schwierigen Begehbarkeit leicht eine Kontrolle erlaubten. Im Seeverkehr wurde Megara bei den an sich möglichen Verbindungen zum Westen von Korinth ausgestochen, und im Saronischen Golf war seine Position nur unter der Voraussetzung günstig, daß es die vorgelagerte Insel Salamis kontrollierte; zudem gab es auch hier Konkurrenten, Aigina und den korinthischen Hafen Kenchreai, später vor allem Athen.

Das Land wurde von Doriern besiedelt, in fünf Zentren (Heraeis, Piraeis, Megareis, Kynosureis, Tripodiskioi hießen die Bewohner), die teilweise auch südlich der Geraneia lagen, wo es besonders gutes Land gab. Mit dem etwa Anfang des 8. Jahrhunderts erfolgten Synoikismos wurden diese zu Dörfern des Gesamtstaates, der Hauptort lag in Megara. Möglicherweise war mit dem Synoikismos auch schon die Ablösung der zuvor herrschenden Könige durch die Adelsherrschaft verbunden. Das Königtum wurde ein Amt, das im Jahresrhythmus von den Adligen bekleidet wurde, deren Familienoberhäupter in einem Rat versammelt waren.

Seit etwa 750 und bis ins 7. Jahrhundert hinein war Megara in langwierige Grenzstreitigkeiten mit Korinth verwickelt, die im Endeffekt erhebliche Territorialverluste (von 700 auf 470 km² Gesamtfläche) brachten: Das fruchtbarste Land des Staates südlich der Geraneia und das bedeutende Heraheiligtum von Perachora gingen verloren. Die ohnehin nicht günstige ökonomische Situation wurde dadurch erst recht problematisch. Man fing dies zunächst durch Auswanderungen auf, die in zwei großen Schüben erfolgten, um 750 oder wenig später nach Sizilien (Megara Hyblaia), zwischen 675 und 655 in den Propontis-Schwarzmeer-Raum (Chalkedon, Selymbria, Byzantion). Dabei stand das Interesse am primären Sektor durchaus im Vordergrund, wie Lage und Gründungsreihenfolge der Siedlungen zeigen. Das Bemühen um gutes Ackerland und Fischgründe rangierte vor dem um günstige Verkehrsverbindungen und Hafensituationen. Generell war ja der Schwarzmeerhandel zu dieser Zeit für das Mutterland noch nicht so bedeutend wie später.

Das war aber nicht alles: Die geringe agrarische Basis im Lande selbst wurde – im Zusammenhang mit der zunehmenden, durch die Kolonisierung mehr und mehr geförderten maritimen Orientierung – gemäß den sich bietenden Möglichkeiten optimal genutzt. Zunehmend spezialisierte man sich auf Ziegen- und vor allem Schafzucht in den bergigen Regionen, während man in den Ebenen den Gartenbau intensivierte (Knoblauch, Gemüse, Kürbis, Feigen, Äpfel, Granatäpfel). Daneben waren die Gewinnung von Salz und der Fischfang, besonders von Thunfischen, von großer Relevanz. So kam man in zunehmendem Maße teilweise von der Subsistenzwirtschaft ab und war angewiesen auf den Absatz der besonderen Produkte, vor allem der Wolle, die in verarbeiteter Form, also als Textilien, ausgeführt wurde. Der damit verbundene Rückgang der Getreideproduktion wurde mehr und mehr durch Einfuhren aus dem Schwarzmeergebiet beziehungsweise durch Ankauf von Getreide, das etwa aiginetische Händler aus Ägypten brachten, ausgeglichen. Dies alles war ein lange dauernder Prozeß, der bis tief ins 6. Jahrhundert hinein währte. Dann aber waren die Veränderungen deutlich spürbar. Es wurden nicht nur die Handelsverbindungen intensiviert, besonders durch die Kontrolle von Salamis und die Gründung der Kolonie Herakleia am Schwarzen Meer (zweite Hälfte des 6. Jahrhunderts), sondern es ergab sich auch im Inneren eine starke soziale Ausdifferenzierung. Wer nach dem skizzierten System als Besitzer größerer Herden oder als Bauer im Gartenbau in größerem Maße auch für überlokale Märkte produzieren konnte, war in der Lage, Reichtümer zu erwerben, konnte ökonomisch neben, ja vor den alten Adel treten. So bildete der Adel, der sich auf diesen Sektoren natürlich auch betätigen konnte, allmählich mit diesen ‚Neureichen‘ eine neue Elite.

Damit verband man noch weitere ökonomische Tätigkeiten: Wir wissen, daß jedenfalls im ausgehenden 5. Jahrhundert die Verarbeitung der Wolle zu Textilien in größeren, mit ziemlich viel Sklaven arbeitenden Werkstätten erfolgte, die sich auf ein bestimmtes Kleidungsstück, ein Arbeitsgewand *(exomís)*, spezialisiert hatten. So konnten zu der Schicht der Reichen auch die Inhaber solcher Großwerkstätten treten. Insgesamt ergab sich eine wachsende Kluft zwischen der Oberschicht und den ärmeren Schichten, die ihrerseits recht inhomogen zusammengesetzt waren (Hirten von kleineren Herden mit Kleinbauern, Handwerkern, Fischern und Kleinhändlern). Diese waren teilweise verschuldet, das heißt von dem Versuch der reichen Agrarier bedroht, durch Ausnutzung der Schuldknechtschaft billige Arbeitskräfte zu gewinnen.

Jedenfalls herrschten lange Zeit mehr oder weniger starke Spannungen. Diese nutzte schon um 640/630 ein gewisser Theagenes aus: Populär geworden durch ein Massaker unter den Herden der verhaßten reichen Schafzüchter, konnte er sich eine Leibwache zulegen und eine Tyrannis errichten, die er eine Zeitlang aufrecht erhalten konnte. Nach seinem Sturz wurde wohl die alte Aristokratie restituiert, doch die Spannungen blieben, zunehmend gab es Verschuldungen, offenbar auch Rechtsbeugungen seitens der ‚plutokratischen‘ Elite. Auch die erfolglosen Kämpfe gegen Athen um Salamis (s. u.)

mögen sich ausgewirkt haben. So wurde um 570/560 eine neue Verfassung eingerichtet, die später noch als Demokratie bezeichnet werden konnte. Den ärmeren Gruppen kam diese Ordnung auch ökonomisch zugute: Die Zinsen wurden zurückerstattet (παλιντοκία), das bedeutet aber auch, daß es Befreiungen gab, soweit Verschuldung und Zinspflicht persönliche Abhängigkeit begründet hatten. Auch in dieser Verfassung hatte die neue Elite noch viel Gewicht, doch im Volke herrschte Ruhe – beides ist von Theognis bezeugt –, dank der genannten Konzessionen; vielleicht hatte es sogar Verteilungen gegeben.

Generell wurde allerdings Megaras Position dadurch besonders beeinträchtigt, daß die Insel Salamis nach langen Kämpfen um 560 nach einem spartanischen Schiedsspruch endgültig an Athen gefallen war. Damit geriet Megara ökonomisch *à la longue* immer mehr in den Dunstkreis Athens, was im 5. Jahrhundert kulminierte. Schon immer war Athen für die agrarischen und gewerblichen Produkte Megaras ein wichtiger Markt gewesen. Nun wurde Megara zunehmend von dem athenischen Umschlagplatz im Piräus, also etwa dem dort angelieferten Getreide, abhängig. Andererseits hatten sich die Megarer schon im 6. Jahrhundert politisch den Spartanern angeschlossen. Deswegen nahmen sie auch an den Perserkriegen teil. Das gespannte Verhältnis mit Korinth war allerdings auch im Rahmen des Peloponnesischen Bundes geblieben. So schloß Megara ein Bündnis mit Athen (um 460), das sofort die wirtschaftliche durch eine politische Abhängigkeit ergänzte: Die Langen Mauern, die den megarischen Hafen Nisaia nach athenischem Vorbild mit der Stadt verbanden, zeigen das deutlich, und Athen kontrollierte auch den nach Nisaia zweitwichtigsten Hafen, Pagai am Korinthischen Golf. Mit dem Dreißigjährigen Frieden von 446 wurde der *status quo ante* wiederhergestellt, aber Megara blieb ein vorrangiges Ziel athenischer Außenpolitik und von Athen ökonomisch abhängig: Deshalb konnte sogar die Aussperrung Megaras von den Märkten im athenischen Reich, von Perikles im sogenannten ‚Megarischen Psephisma‘ als politisches Mittel eingesetzt, den endgültigen Ausbruch des Peloponnesischen Krieges provozieren. Dieser bedeutete konsequenterweise für Megara eine besondere Belastung und brachte schließlich einen Putsch von Emigranten, die eine exklusive Oligarchie einrichteten (424).

Im 4. Jahrhundert ergab sich, wegen Athens schneller Erholung von der Niederlage und nach dem wahrscheinlich mit der Restauration der Demokratie verbundenen Anschluß Megaras an die antispartanische Koalition von 395, bald wieder die alte ökonomische ‚Arbeitsteilung‘ mit Athen, bei überwiegend freundlichen politischen Beziehungen. Generell wirkte sich die nun konsequent verfolgte außenpolitische Zurückhaltung Megaras günstig für seine wirtschaftliche Wohlfahrt aus. Brisant wurde die innere Situation – wenn man von einem Putschversuch im Jahre 370 absieht – erst wieder, als angesichts des makedonischen Machtzuwachses Oligarchen die Chance für einen auf die neue Großmacht gestützten Umsturz witterten. Hier aber intervenierte Athen energisch und rasch zugunsten der demokratischen Verfassung – und der guten Beziehungen zu Athen (343). Schließlich aber geriet auch Megara unter makedonische Herrschaft, und als Passageland war es von den Diadochenkämpfen und den späteren griechisch-makedonischen Auseinandersetzungen stark betroffen. Die Bevölkerung nahm ab. Schon 307 hatte der Verlust der Sklaven nach der Eroberung durch Demetrios Poliorketes das ökonomische System stark in Mitleidenschaft gezogen. Der Bedeutungsrückgang Athens tat ein übriges. So setzte sich auf lange Sicht wieder die Subsistenzwirtschaft durch.

c. Achaia

Für den hier behandelten Typus ziemlich charakteristisch sind die Städte Achaias, die für sich genommen recht kleine Einheiten bildeten. Sie waren spätestens seit dem 5. Jahrhundert in einem Bundesstaat zusammengefaßt, der in seiner 281/280 reorganisierten Form nach dem Anschluß von Sikyon und Korinth unter Aratos und durch die Aufnahme weiterer Städte der Peloponnes zu einer der bedeutendsten Mächte Griechenlands wurde. Das eigentliche Achaia, entlang der Nordküste und an der Nordwestecke der Peloponnes gelegen, wird noch mehr als Sikyon durch seinen Kontrastreichtum bestimmt. Eine Hochgebirgslandschaft mit Bergen von über 2000 m Höhe, deren Gipfel den überwiegenden Teil des Jahres mit Schnee bedeckt sind, sehr waldreich und dank den Klimaunterschieden fast immer bewölkt und entsprechend regenreich, fällt mit einer sehr markant zerklüfteten neogenen Randzone mit Mergeln und Konglomeraten sehr scharf in Richtung Norden zum Meer ab. Dort bleibt nur wenig Raum für einen schmalen Küstensaum in den niedrigeren Mergelstufen und den von zahlreichen Torrenten angeschwemmten Küstenhöfen. Selbst dieser Saum ist an vielen Stellen unterbrochen, so daß an der Küste nur in den Gebieten der Städte Pellene, Aigeira, Aigion, Patrai und Dyme nennenswerte Ebenen von hoher Fruchtbarkeit, vergleichbar dem entsprechenden Land im östlich angrenzenden Sikyon, zu finden sind. Allerdings gibt es auch im Landesinneren, in langgestreckten Tälern nebst ihren Terrassen und in Binnenebenen zahlreiche kleinere und kleinste Anbaugebiete. Dazu kamen in den waldreichen Gebirgen Holzabbau und -verarbeitung sowie Jagd und natürlich gerade in den mittleren und höheren Lagen auch Schaf- und Ziegenhaltung.

Auf Grund dieser Voraussetzungen und gestützt auf vereinzelte Bemerkungen in unseren Quellen dürfen wir also eine recht differenzierte Bewirtschaftung des Landes annehmen, mit Schwerpunkt in Getreide- und Weinanbau – dies bestätigen auch die Kulte – sowie mit nicht wenigen

Olivenbäumen in den Tälern und auf den Küstenstreifen und mit einem sehr hohen Anteil an Weidewirtschaft im Hinterland, wo in den einzelnen Betrieben die Viehhaltung mehr Gewicht hatte als der Ackerbau. Diese breite Palette in den jeweiligen Staaten, vom subtropischen Küstensaum bis zur alpinen Gebirgsregion, erlaubte allerdings keine ausgedehnten und besonders ertragreichen Spezialisierungen. Demzufolge betrieb die Masse der Bevölkerung Subsistenzwirtschaft, gab es also neben kleineren und mittleren Bauern nur relativ wenig Großagrarier.

Die Gewerbetätigkeit war wenig entwickelt. Die Küstengestaltung bot sehr geringe Möglichkeiten für Schiffahrt in größerem Stil: Die den Nordwinden ausgesetzten Häfen waren nicht sehr sicher, sie wurden in ihrer Bedeutung zudem sehr früh von Korinth überlagert, und überhaupt lief die wichtigste Seeroute im Korinthisch-Kalydonischen Golf entlang der Nordküste mit ihren geschützteren Hafenplätzen und den korinthischen Kolonien. So bestand die maritime Komponente vor allem im Fischfang, der durchaus von Bedeutung war, und im Fährbetrieb, über den Golf, zum Beispiel nach Delphi, aber auch am Golf entlang, da der Landweg in West-Ost-Richtung durch die Zergliederung und die zahlreichen Bachbetten streckenweise sehr schwierig war. Handel gab es also nur in eingeschränktem Maße. Größeres Volumen erhielt er erst, als nach dem Ausbau von Patrai zu einer römischen Kolonie in der frühen Kaiserzeit ein neues Zentrum für den Verkehr mit dem Westen entstand, wo jetzt die Zentrale eines Reiches war, von der die Gebiete im Osten auch wirtschaftlich stark abhängig waren.

Bei der betont agrarischen Orientierung gab es also wenig zusätzliche Einnahmequellen für die an sich nicht reiche Landschaft, die allerdings nicht dünn besiedelt war. Das demographische Problem ist also mit Händen zu greifen. Dies war auch die Voraussetzung für die ausgedehnte achaiische Kolonisierungstätigkeit in Unteritalien, wo man sich gerade in Gebieten mit gutem Ackerland festsetzte (Ende des 8., Anfang des 7. Jahrhunderts, Kroton und Sybaris), und zugleich dafür, daß sich seit dem Peloponnesischen Krieg sehr viele Achaier als Söldner betätigten.

Die Verfassungen in den Städten wie auch auf der Ebene des Bundes waren aller Wahrscheinlichkeit nach stark bäuerlich geprägte Demokratien. Sie wurden im Jahre 417 von Sparta oligarchisiert, derart daß offenbar nur noch die zum Hoplitendienst befähigten Bauern die maßgebenden politischen Rechte genossen – sie waren allerdings durchaus nicht wenige. Diese Veränderung hing letztlich damit zusammen, daß Achaia, bis in die Mitte des 5. Jahrhunderts ziemlich im ‚Windschatten‘ der großen griechischen Politik, im Zuge der athenischen Westorientierung im Golf von Korinth plötzlich eine Region von besonderer strategischer Bedeutung geworden war. So waren die Achaier, nach einer erneuten Phase der Neutralität seit dem Dreißigjährigen Frieden von 446, auch in den Peloponnesischen Krieg hineingezogen worden, mit einigen kleinen, zwischen Athenern und Peloponnesiern, besonders Korinthern, umkämpften Marinebasen, vor allem im Raum von Patrai. Und als schließlich diese Stadt selbst kurzfristig unter athenischen Einfluß geraten war (419/418), unternahmen die Spartaner, wie auch in Tegea, Mantineia, Sikyon und Argos, die erwähnte Intervention in ihrem Sinne. Die Oligarchisierung, zurückhaltend wie sie war, brachte die gewünschte Stabilisierung: Das kurze Zwischenspiel einer Demokratie unter thebanischem Einfluß (Winter 367/366) beendeten die Achaier aus eigener Kraft, nur Pellene, ganz im Osten, machte eine Ausnahme, allerdings nur kurzzeitig. Und Achaia blieb im wesentlichen loyal bei Sparta, noch bis hin zum Agis-Aufstand (331). Größere innere Probleme gab es erst unter der makedonischen Herrschaft: Teilweise wurden Tyrannen eingesetzt, und vor allem wurde das Koinón aufgelöst. Deswegen stand die Reorganisation des Bundes im Jahre 281/280 gleich unter antimakedonischem Vorzeichen und bildete der Bund einen Kristallisationspunkt für antityrannische und antimakedonische Politik auf der Peloponnes. Über die Verfassung und die Geschichte des Bundes in der Zeit danach ist das Nötige schon gesagt worden (s.o. 68).

Von den einzelnen Städten war Aigeira, im östlichen Teil, besonders typisch. Es lag ein wenig landeinwärts, an einer Landenge, die die West-Ost-Verbindung kontrollierte, und verfügte an der Küste über einen kleinen Hafenplatz. Sein Hauptanbaugebiet war ein sehr schmaler und langgestreckter (etwa 300 m × 6 km), besonders fruchtbarer Küstenstreifen westlich der Stadt. Im Hinterland gab es teilweise auch noch Gebiete mit guten Böden, wo viel Wein angebaut wurde. Das Bergland dort war zudem bewaldet, reich an Tieren und Wasser. Es gab auch, vor allem auf Hochplateaus, viel Platz für Schaf- und Ziegenhaltung.

Aigion, im Zentrum der Küstenregion gelegen, war mit dem Heiligtum des Zeus Homarios der kultische Mittelpunkt des Bundes, nachdem die benachbarte Stadt Helike 373 während eines Erdbebens durch eine Flutwelle vernichtet worden war, und gehörte immer zu den wichtigsten Städten Achaias. Seine Küstenebene, beiderseits der Stadt, war recht ausgedehnt. Es hatte in einer halbkreisförmigen Bucht einen der besten Häfen der Region, der mit der Stadt unmittelbar verbunden war. Fährleute und Fischer, deren Tätigkeit uns ausdrücklich bezeugt ist, werden daher relativ zahlreich gewesen sein, und wir haben hier – wie ansonsten in Patrai – noch am ehesten einen kleinen Handelsplatz anzunehmen. Aus dem 1. Jahrhundert jedenfalls sind sogar italische Kaufleute dort bezeugt.

Das östlich von Aigeira gelegene, an Sikyon angrenzende Pellene lag dagegen weit im Landesinneren, hatte im Raum seines kleinen Hafens Aeinautai eine sehr fruchtbare Küstenebene und ansonsten im Inneren einige Talgebiete und Hügelregionen, die für Getreide- und Weinanbau gut geeignet waren. Daraus, daß die bei ihnen als Siegespreise verliehenen Wollbinden berühmt

waren, schließt man auf eine bedeutende Schafzucht. Ähnlich wie Pellene hat
es eine Reihe, allerdings kleinerer, Städte gegeben, die einigermaßen weit im
Binnenland lagen, aber wohl Zugang zum Meer und damit zu einigen Bereichen der Küstenebene hatten (Karyneia und Bura südöstlich, Rhypes südwestlich von Aigion, Pharai südlich von Patrai).

Die westachaiischen Städte Patrai und Dyme hatten relativ viel Land in
der fruchtbaren Küstenebene. In Dyme, mit übrigens sehr schlechten Landemöglichkeiten – Strabon nennt es „hafenlos" –, konnte Pompeius nach dem
Seeräuberkrieg von 67 über 10 000 der besiegten Piraten als Bauern ansie-
deln. Bei Patrai kam hinzu, daß es eine recht gute – wenn auch gegen den
Westwind ungeschützte – Reede und in der Nähe, vor allem im Osten, noch
kleinere Landeplätze auf seinem Territorium hatte, die zudem an der engsten
Stelle des Golfes (Enge von Rhion und Molykreion, die sogenannten Kleinen
Dardanellen) lagen. So hatte es zur gegenüberliegenden Küste besonders ausgeprägte Beziehungen, was in der römischen Zeit, als die Stadt römische Kolonie geworden war, zur Umsiedlung des wichtigen Kultes der Artemis
Laphria von Kalydon nach Patrai und überhaupt zu territorialem Zugewinn
im aitolischen Raum führte. Es bildete schließlich einen wichtigen Hafen für
den Westverkehr, und zahlreiche Frauen verarbeiteten in größeren Betrieben
die aus Elis stammende Baumwolle zu Kopftüchern und Kleidern, für den
Export. Das aber war in der Kaiserzeit. Von Hause aus war Patrai, wie alle
anderen achaiischen Städte, sehr stark durch seine Landwirtschaft geprägt,
wie besonders sein Gründungsmythos deutlich macht.

d. Karystos

Das Gebiet von Karystos ist vom restlichen Euboia durch ein extrem stark
gegliedertes Bergland im Nordwesten abgetrennt, so daß es geradezu eine
Insel für sich bildet. Seine Küstenebene ist von begrenzter Ausdehnung, beherrscht vom Berg Oche, und die hier anstehenden metamorphen und kri-
stallinen Gesteine bilden keine guten Böden aus. Also waren die agrarischen
Möglichkeiten recht bescheiden: Immerhin jedoch konnten die Karystier
300 Hopliten zur Unterstützung des athenischen Staatsstreiches von 411
schicken, es muß also doch eine Anzahl auch besser situierter Bauern gegeben haben. Doch ob deren Oikoi die Zahl von 300 weit überstiegen, kann
mit einigem Recht bezweifelt werden. Natürlich wird es in den Bergen etliche Hirten und Kleinbauern gegeben haben. Bedeutend war allerdings der
Fischfang, nicht nur wegen der teilweise hohen Qualität der Fische, sondern
weil diese hier auch in großen Massen gefangen wurden, besonders der
Thunfisch und eine bestimmte, eingepökelt verzehrte Fischart, μαινίδες genannt. Dieser Fisch, Luxus- wie Massenware, wurde sicher auch anderweitig
verkauft, besonders Athen war ein guter Markt für Fisch aus Karystos. Da-

neben ist die Produktion eines speziellen, nach Karystos benannten pfannen-
artigen Töpfergefäßes ausdrücklich belegt. Ansonsten war Karystos als Hafenplatz für den Nord-Süd-Verkehr in der westlichen Ägäis wichtig, gerade
auch angesichts der Nähe einer der schwierigsten Passagen der Direktverbin-
dung, der Enge zwischen Andros und Euboia. Bezeichnenderweise lag im
Osten des Gebietes, an Euboias Ostspitze überhaupt, ein bedeutendes Posei-
donheiligtum (Geraistos).

490 wurde Karystos von den Persern erobert, weil sich die Karystier mit
der edlen Weigerung, gegen benachbarte Städte zu Felde zu ziehen, dem Vorgehen gegen Eretria und Athen nicht anschlossen. Die Perser brachten offenbar ihnen genehme Personen an die Macht, so daß sich Karystos zehn Jahre
später beim Xerxeszug auf ihrer Seite beteiligte, wofür es dann wenig später,
wegen ‚Medismos‘ von den im Hellenenbund vereinigten Griechen bestraft
wurde. Und konsequenterweise stand es dann, nach einer Eroberung im Jahre 470/469 (?) und schließlich nach der Ansiedlung von Kleruchen (450) unter direkter athenischer Kontrolle. Im 4. und 3. Jahrhundert ging es im wesentlichen mit den anderen euboiischen Staaten zusammen.

Eine erhebliche Veränderung erlebte die Stadt in der römischen Kaiserzeit,
als der vor allem auf ihrem Gebiet anstehende grünlich gemaserte Marmor
(der sogenannte Cipollino) ein beliebtes Baumaterial für öffentliche Gebäude und reiche Privathäuser in Rom und im gesamten Reich wurde. Karystos
sorgte mit seinen Steinbrüchen und Hafenanlagen für den schwierigen
Transport der bereits *in situ* verarbeiteten Blöcke. Wegen des Transportpro-
blems wurde sogar noch ein zusätzlicher Hafen mit dem bezeichnenden Namen Marmara eingerichtet.

e. Halieis

Über diesen weitgehend unbekannten und in den Quellen nur recht spärlich
belegten Ort können wir uns dank intensiver interdisziplinärer neuerer Forschungen ein teilweise recht klares Bild machen. Im Grunde liegt auch dieser
Ort in der südlichen Argolis, von der Halbinsel selbst und insbesondere von
deren größtem Ort, Argos, durch etliche Gebirgszüge getrennt, faktisch in
Insellage. Auch sonst ist er mit Karystos gut vergleichbar: In dem extrem
kleinen Land, von dessen Gesamtausdehnung von lediglich 62 km² nur rund
30 km², Alluvialland und terrassierte Gebiete, agrikulturell nutzbar waren,
wurde Landwirtschaft in kleinstem Stil betrieben, erschwert zudem durch
die große Trockenheit, die zur Wasserversorgung mit Tiefbrunnen nötigte.
Hauptanbauprodukt war natürlich Getreide, aber im Tal von Fourni mit seinen Terrassen ist der Anbau von Oliven, der später hier stark dominierte,
schon für die Antike nachgewiesen. Es gab auch relativ gut gestellte Bauern,
denn Halieis konnte auch einige Hopliten stellen. Daneben wurde das Land

als Weidegrund genutzt, ob allerdings, wie noch bis in unsere Zeit, durch nomadisierende Hirten, im Wechsel von Winterweide in der Argolis und Sommerweide in Arkadien, ist mehr als fraglich.

Von großer Bedeutung war darüber hinaus die maritime Tätigkeit, und bezeichnenderweise konnte Halieis auch eine kleine Flotte unterhalten. Dieser Punkt läßt sich sogar noch präzisieren: Besonders wichtig war der Fang von Seetieren, vor allem der für die Rotfärbung wichtigen Purpurschnecke (dafür war die gesamte Gegend berühmt). Dazu kam die Salzgewinnung überwiegend in den Lagunenstreifen an der Küste. Ferner haben wir mit Handwerkern für die Purpurherstellung zu rechnen. Positiv fällt ins Gewicht, daß wir die Situation auch zahlenmäßig grob abschätzen können: Etwa 2000 Menschen von einer Gesamtbevölkerung von 3000 Personen lebten von der Landwirtschaft beziehungsweise konnten von dem verfügbaren Territorium ernährt werden. Es blieben also rund 1000 Leute, die überwiegend vom Seewesen lebten. Dies verdeutlicht übrigens noch einmal den hohen Stellenwert der Landwirtschaft als Hauptquelle der Existenz selbst in einem so pronociert maritim orientierten Platz.

Die Stadt wurde nach 488 von den Tirynthiern besiedelt, die von den Argivern vertrieben worden waren. Sie war im 5. und frühen 4. Jahrhundert ein zuverlässiges Mitglied im Peloponnesischen Bund, wohl vor allem aus Sorge vor argivischem und athenischem Druck. Seit dem Hellenismus war sie weitgehend verlassen.

f. Kleinere Ägäisinseln und weiteres

Das Spektrum, das gerade bei Halieis so deutlich wird, haben wir zunächst auch für die anderen Städte der argolischen Küste (Hermione, Troizen, Methana, teilweise auch Epidauros), vor allem aber auch für sehr viele der kleineren Ägäisinseln anzunehmen beziehungsweise für die kleineren Poleis auf größeren Inseln, wie die vier Städte auf der Insel Keos oder die lesbischen Städte außer Mytilene, also Antissa, Eresos, Pyrrha und Methymna (das sich allerdings schon stark dem 3. Typus nähert), nicht weniger aber auch für kleinere Städte, die von dem Hinterland, dem sie politisch zugehören oder nahestehen, ziemlich getrennt waren, wie zum Beispiel die Küstengebiete der Staaten, die im folgenden Abschnitt behandelt werden, besonders in Aitolien und Westlokris. Hier finden wir ebenfalls agrarische und maritime Komponenten, wobei jeweils die Tendenz zu der einen oder anderen Seite mehr oder weniger stark ausgeprägt ist und sich im Extremfalle deutliche Spezialisierungen ergeben. So gibt es, vergleichbar dem schon erwähnten Anthedon in Boiotien, Orte, in denen Fischfang eindeutig im Vordergrund steht. Beispielsweise heißt es über das Städtchen Bulis, das östlich von Antikyra schon ziemlich im Inneren des Korinthischen Golfs liegt: „Die Menschen dort sind zu mehr als der Hälfte Fischer von Purpurschnecken" (Paus.10,37,3). Und die Kykladeninsel Gyaros, zwischen Keos, Andros und Tenos gelegen, ganze 17 km² groß, war wohl ausschließlich von Fischern bewohnt und sehr arm: Zu Zeiten Strabons (Beginn des Prinzipats) war ihnen die Zahlung von 150 Drachmen Tribut ein Problem. Das sagt einiges, wenn man bedenkt, daß eine Drachme, grob gesagt, der Tageslohn eines gelernten Arbeiters war.

Nicht anders verhielt es sich auch dort, wo man sich vornehmlich auf landwirtschaftliche Nutzung stützte: Louis Roberts ingeniöse Interpretation einer Inschrift von der Insel mit dem stolzen Namen Herakleia, einem Eiland von 18 km² zwischen Naxos und Ios, liefert uns ein instruktives Beispiel: Die Bewohner, die in einer Gemeinde (κοινόν) zusammengeschlossen waren, leisteten einander einen Eid, das Weiden und die Zucht von Schafen nicht zu dulden und gegebenenfalls gewaltsame Übergriffe von Hirten gemeinsam ahnden zu lassen. So angespannt war demzufolge ihre ökonomische Lage, so sehr waren sie auf jeden Quadratmeter nutzbaren Landes angewiesen, daß sie ihre minimalen Ressourcen engagiert zusammenhielten. Und auch auf den meisten anderen kleineren und mittelgroßen Inseln der Ägäis wird es – wenn auch nicht auf so krasse Weise – ähnliche Probleme gegeben haben, auf Thera oder Kalymnos, Astypalaia oder Melos. So gehört letztlich nahezu die gesamte Inselwelt, abgesehen von den unter dem 3. Typ behandelten Einheiten, in diese Kategorie.

5. Ärmere Agrarstaaten (ohne oder mit geringfügiger maritimer Komponente)

Hier sind Gebiete zusammengefaßt, deren Anbaufläche begrenzt ist und die zusätzlich durch physische Benachteiligung in Klima und Relief gekennzeichnet sind. Sie haben keinen oder in der Regel nur beschränkten Zugang zum Meer, also auch keine oder nur wenige Möglichkeiten, für den agrarischen Mangel Ausgleich zu schaffen. Angesichts dieser Ausgangssituation war in diesen Gegenden der Anteil der Hirten, auch der wandernden, sehr groß. Darüber hinaus waren viele Männer genötigt, sich als Söldner im Ausland zu verdingen. Ferner war die Siedlungsstruktur sehr lose, größere städtische Zentren waren selten beziehungsweise entwickelten sich erst spät, was dadurch bedingt wurde, daß schon wesentliche Voraussetzungen für deren Existenz, räumliche Struktur und ökonomische Chance, fehlten. Deshalb sind gerade hier auch oft ältere Stammesorganisationen lebendig geblieben und ist auch die Binnengliederung durch landsmannschaftlichen Zusammenhalt bestimmt. Die im folgenden behandelten Gesamtstaaten sind insgesamt gerade auch deswegen durchaus nicht klein, aber auf der Ebene der sie konstituierenden politischen Einheiten finden wir teilweise extrem kleine

Gebilde. Generell ist die harte Mangelsituation über große Gebiete hinweg hier als so verbindend anzusehen, daß sich ein unverwechselbarer Typus herauskristallisiert.

a. Arkadien

Wir konzentrieren uns hier auf den Teil Arkadiens, den wir im 2. Typus ausgespart hatten. Wir klammern also insbesondere die ostarkadischen Städte aus, neben Tegea und Mantineia auch Orchomenos, das in seiner Struktur wie seiner historischen Entwicklung mit diesen vieles gemeinsam hat, allerdings auf einem generell bescheideneren Niveau: Es beherrschte außer größerem Bergland nur eine sehr kleine Binnenebene ohne oberirdische Abflüsse und deswegen teilweise versumpft, versuchte aber zeitweise auch – prinzipiell nicht anders als Mantineia – einen kleinen symmachialen Herrschaftskomplex aufzubauen.

Das Gebiet von Megalopolis wird demgegenüber hier noch einmal mitberücksichtigt, da es ja erst relativ spät durch den Synoikismos eine Neugestaltung erfuhr (s. o. 112), in den Jahrhunderten vorher aber in wirtschaftlichem Leben und politischer Ordnung genau den anderen arkadischen Gebieten entsprach. Und was kultische Vorstellungen und politische Organisationsformen auf gesamtarkadischer Ebene betrifft, so werden auch die ostarkadischen Gebiete noch einmal miteinbezogen. Im wesentlichen aber geht es um den westlichen Teil Arkadiens, genauer gesagt, das Gebiet im Westen der Mainalia, des großen Gebirgszuges, der – zugleich als Wasserscheide – Arkadien in zwei sehr markant geschiedene Teile trennt. Der Westen ist wegen der hohen Berge, an denen sich die Wolken abregnen, für griechische Verhältnisse extrem regenreich und recht kühl: Es herrschen nicht selten geradezu mitteleuropäische Zustände, und noch heute vermitteln manche Gegenden denselben Eindruck wie etwa eine deutsche Mittelgebirgslandschaft oder eine alpine Region. Wir finden durchweg perennierende Flüsse und Gebirgsbäche. Das Gebiet war in der Antike weithin reich bewaldet, und am Ende der türkischen Herrschaft sollen 48% der Fläche Arkadiens mit Wald bedeckt gewesen sein. Noch am Ende des letzten Jahrhunderts beschrieb der Geograph A. Philippson (1892, 110) das mittlere Arkadien als „echtes Waldland, in welchem sich quadratmeilengroße, zum Teil noch im urwaldähnlichen Zustande befindliche Tannenwaldungen . . . ausdehnen". Für die Antike sind zudem ausgedehnte Eichenwälder anzunehmen.

Wegen dieser Situation konnte sich an und für sich leicht guter Ackerboden bilden, zumal das Ausgangsmaterial vor allem aus Flysch und dem ebenfalls nicht schlechte Verwitterungsprodukte ergebenden Tripolitza-Kalk besteht. Dennoch stellen sich der agrikulturellen Nutzung auch erhebliche Schwierigkeiten entgegen. Die Rodung war in den Waldgebieten alles andere als einfach, und vor allem ist das Land besonders bergig: Das Gebirgsland allein umfaßt 1486 km², und es ist sehr schroff und zerklüftet, teilweise unzugänglich. Ackerbau war deshalb vornehmlich, abgesehen von den niedrigeren Gebieten, besonders im Alpheios-Becken, also dem Zentrum des späteren Megalopolis, nur in den verschiedenen recht kleinen Talebenen möglich, Terrassen mußten angelegt werden, und oft ergaben sich auf kleinstem Raum nur winzige Äckerchen. Außerdem wuchs in nennenswertem Umfang lediglich Getreide, dazu Obstbäume, wie sie auch in unseren Breiten vorkommen; Wein und Olivenkulturen waren demgegenüber selten.

Die landwirtschaftliche Nutzung war deswegen vor allem durch eine expansive Viehhaltung, besonders von Schaf und Ziege, aber auch von Schwein und Rind bestimmt, für die das Land hervorragende Voraussetzungen bietet. Dabei hatte man wahrscheinlich durchaus feste Siedlungszentren, in denen auch das Allernötigste angebaut wurde, betrieb also eine Form von Almwirtschaft; denn im Winter mußten die höhergelegenen Gebiete verlassen werden. Es gab genügend tieferliegende Gegenden, in die man sich begeben konnte (man kannte ja keine Bevorratung mit Heu, konnte also das Vieh nicht im Stall halten). Wie weit die Herden geführt wurden – ob etwa gar in die verschiedenen Küstenregionen, wie es für die Neuzeit bezeugt ist –, ist unbekannt: Wahrscheinlich beschränkte man sich jedoch auf das arkadische Gebiet selbst.

Arkadien war also durchaus Hirtenland – und dies hat ja seit der antiken Bukolik in der europäischen Literatur und Kunst einen großen Widerhall gefunden. Nur so idyllisch, wie dort sehr oft, ging es im historischen Arkadien selbst nicht zu, im Gegenteil: das Leben der Hirten war äußerst schwierig und sehr hart. Sie waren oft extremen Witterungen ausgesetzt; die meiste Zeit des Jahres mit den Herden wandernd und deswegen ohne feste Behausung, hatten sie ihre Herden gegen zahlreiche Raubtiere (Bären, Wölfe), aber auch gegen andere Hirten, die auf Raub aus waren, zu verteidigen. So neigten sie nicht selten zur Gewalttätigkeit, man rechnete jedenfalls gerade bei ihnen damit. Auch die große Bedeutung der Jagd für die Existenz der Arkader begründete eine entsprechende Lebensweise.

Deshalb galten die Arkader ihren Landsleuten, besonders in den ‚meinungsbildenden‘ Gebieten der fortgeschrittenen Polisentwicklung, als besondere Sorte von Griechen, ja als *exempla* einer gewissermaßen rückständigen, anderswo durch höhere Lebenskultur überwundenen Existenz. Dies hatte sogar einen historischen Hintergrund: Aus dem arkadischen Dialekt, der seinen nächsten Verwandten auf Zypern findet, läßt sich nämlich durchaus der Schluß ziehen, daß Arkadien während der Einwanderung der Dorier ein Refugium für die Vorbevölkerung wurde (von der Teile bis nach Zypern auswanderten) – nicht anders als die Berge des Balkan während der slawischen Landnahme für die Romanen.

Die Indizien für diese Struktur sind deutlich zu greifen, und zwar nicht nur in der Fremdeinschätzung, sondern sogar im arkadischen Selbstverständnis, das daraus sogar ein besonderes Selbstbewußtsein zog: Schon der Name (Arkadien als Bärenland von ἄρκτος = Bär) weist auf den Reichtum an Raubtieren. Alte Stufen von Religiosität, mit einem starken Fortleben theriomorpher Elemente und der Betonung von Jagd- und Naturgottheiten, haben sich lange gehalten: Ein Wolfsgott (Lykaon, Zeus Lykaios) und eine Bärengöttin (Kallisto) spielten eine große Rolle, die gemeinsame Verehrung der Artemis war alt und von großer Bedeutung (zum Beispiel Artemis Hymnia), und natürlich genoß auch der Hirtengott Pan besondere Beachtung. Noch auf Münzen von Megalopolis finden wir sein Bild. Die spezifisch ländliche, durch Kleinbauern- und Hirtenleben geprägte einfache Frömmigkeit spiegeln auch die arkadischen Votivstatuetten mit ihren reichen rustikalen Motiven.

Besonders deutlich wird die strukturelle Rückständigkeit in der Königsgenealogie des arkadischen Mythos, also der fiktiven Geschichte, mit der sich die Arkader selbst identifizierten. Aus dieser ließ sich allerdings ein spezifisches Selbstbewußtsein entwickeln und konnte man sogar politische Ansprüche ableiten, da die Arkader als autochthon galten – daraus ergab sich *eo ipso* – im Falle von Athen können wir das noch deutlicher fassen – ein großes Prestige. Der erste Herrscher, Pelasgos, erscheint bei dem samischen Epiker Asios (wohl 7. Jahrhundert) sogar als der erste Mensch, von der Erde selbst hervorgebracht. Der unter ihm eingerichtete Kulturzustand hatte auch im arkadischen Mythos Züge eindeutiger Primitivität: Die Menschen lebten nur in Hütten, kleideten sich in Felle von Schweinen und ernährten sich auch durch das Sammeln von Eicheln. Unter seinem Sohn Lykaon gab es noch Menschenopfer, und erst die Herrschaft von dessen Enkel Arkas brachte so etwas wie die Domestizierung der Natur, den Anbau von Feldfrüchten, die Herstellung von Brot und das Verfertigen von Textilien. Einen entwickelten Zustand im Wirtschaftsleben erreichte das Land erst viele Generationen später unter dessen Nachfahren Pompos: Damals sollen zum erstenmal Händler aus Aigina mit ihren Lasttieren nach Arkadien gekommen sein – im übrigen ein auch sonst interessanter Reflex ökonomischer Zustände im Mythos.

Auch die geringe Differenz zwischen Herren und Sklaven, vielleicht auch das bedeutende Hervortreten von Frauen in Mythos und Kultus können Indizien für diese eigenartige Struktur und ihren Reflex im griechisch-arkadischen Bewußtsein darstellen. Nach Polybios ist die Vorliebe der Arkader für Tanz und Musik, die in zahlreichen Kultveranstaltungen zum Ausdruck kam, aus dem Bemühen hervorgegangen, die wegen der rauhen Lebensumstände „anmaßende und harte" Natur der Menschen zu mildern.

Und schließlich waren auch die Formen, in denen die Hirten, Jäger und Kleinbauern ihr Zusammenleben politisch organisierten, generell sehr lok-

ker, bestimmt durch das ethnisch-gentilische Prinzip: Zunächst kaum politisch wirksam, aber durchaus im Selbstverständnis verankert, war der arkadische Gesamtverband (Ethnos). Wieweit dieser schon vor dem 4. Jahrhundert als Bundesstaat agierte, muß fraglich bleiben. Es scheint, als sei die
Einheit, die für uns in den Münzprägungen des 5. Jahrhunderts greifbar ist
wie auch in dem „gemeinsamen Herd der Arkader" in Tegea, eher auf religi-
ös-kultische Vorstellungen und Funktionen beschränkt gewesen. Aber sie
war im Bewußtsein der Menschen lebendig. Sie hatte ja wahrscheinlich einen
konkreten historischen Hintergrund im Zusammenhalt der vordorischen
Bevölkerung und wurde gerade durch den Kultvollzug, den Rekurs auf gemeinsame Mythen, die gemeinsame Sprache und Lebensweise lebendig gehalten. Vor allem: lange Zeit wurde sie nicht durch die Herausbildung domi-
nierender und wirkungsmächtiger eigenständiger Traditionen in Stadtstaaten überlagert. Die ältesten Poleis wurden bezeichnenderweise erst im
6. Jahrhundert konstituiert, und dann auch nur in dem besonderen Bereich
von Ostarkadien.

Die eigentlichen politischen Einheiten unterhalb des Ethnos-Niveaus, welche auch den späteren Bundesstaat mit konstituierten, waren also neben
ganz wenigen solcher Stadtstaaten kleinere ‚Dorfverbände' (συστήματα
δήμων, wie sie Strabon nennt): Deren Basis war also nicht die Stadt, die einer begrenzten umliegenden Region ihren Stempel aufprägte, sondern es
waren über ein größeres Gebiet verstreute Gebilde, aus oft deutlich voneinander getrennten Städtchen (die sich ihrerseits durchaus wie Poleis verhalten
und verstehen konnten), Dörfern und Einzelgehöften zusammengesetzt. Ihr
Zusammenhalt wurde demnach durch die ökistisch-lokale Situation eher
durchkreuzt. Er beruhte also vornehmlich, entsprechend dem Identitäts-
bewußtsein der arkadischen Gesamtheit, auf landsmannschaftlich-gentili-
schem Zusammengehörigkeitsgefühl, J. Roy spricht von ‚Tribalismus'. Manche dieser Einheiten, in denen es kleinere Städte im angegebenen Sinne gab,
waren im Inneren geradezu wie Bundesstaaten organisiert; dies gilt besonders für die Azanier im Norden, die Mainalier im Zentrum und die Kynurier
im Südwesten. So finden wir schließlich ein kompliziertes Knäuel verschiedener Organisationsgrade: Reine Dorfverbände standen neben Mini-Födera-
tionen, aus denen sich kleinere Poleis zunehmend herauslösten, und größeren
Poleis, die sich aus solchen kompletten Föderationen durch Synoikismos entwickelten (ostarkadische Städte, Heraia), sowie Verbänden, die in größerem
Rahmen völlig neu zusammengeschlossen wurden (Bundesgenossen von
Mantineia und Orchomenos, Synoikismos von Orchomenos und Euaimon,
Megalopolis selbst) – und das jeweils noch mit großen zeitlichen Unterschie-
den. Dies können wir hier nicht im einzelnen verfolgen, und zur politischen
Geschichte des Gesamtverbandes ist das Wichtigste bereits gesagt (s. o. 57 ff.).

b. Aitolien

Im Falle von Aitolien hat man generell zu unterscheiden zwischen den binnenländischen Territorien und dem Küstengebiet. Diese sind, auf Grund der schlechten Verbindungen im Hinterland von Pleuron und Kalydon, geographisch sogar so deutlich getrennt, daß es geradezu verwundern muß, daß sich der politische Zusammenhalt beziehungsweise mindestens das Bewußtsein davon ständig gehalten hat. Selbstverständlich war dies, wie die Geschichte selbst nahelegt, keineswegs. Der Küstenstreifen, ein schmaler, aber sehr fruchtbarer Saum, die sogenannte Aiolis mit den genannten Städten, bildet in mancher Hinsicht ein Spiegelbild des gegenüberliegenden Achaia, gehört also von der Landesnatur her zum vorangegangenen Typus.

Hier soll uns deshalb nur das binnenländische Aitolien beschäftigen. Dort heben sich deutlich zwei Bereiche voneinander ab: Die Masse des Landes ist extrem bergig. Diese ‚Schweiz' Griechenlands, mit etlichen Bergen von über 2000 m Höhe und stark alpinem Charakter, ist durch schroffe Täler, die zum Teil schluchtartig eingekerbt sind und nur in einigen Kesseln Platz für kleinere Siedlungen lassen, stark zergliedert, schwer zugänglich und passierbar, reich an Wald und Wasser. Weithin war nur Viehhaltung möglich, der Ackerbau war auf die kleinen Täler beschränkt und auf starke Terrassierungsbemühungen angewiesen. Auch die Jagd muß von großer Bedeutung gewesen sein. Die Hirten waren zudem, wie in Arkadien, wegen der Witterungsverhältnisse zu großer Beweglichkeit genötigt.

Andererseits gab es immerhin neben den ausgedehnteren Talkesseln ein größeres zusammenhängendes Areal mit sehr fruchtbarem Boden am Trichonischen See, das Alluvialland der in diesen mündenden Flüsse und Bäche, ein Gebiet, das übrigens auch für die Hirten, die im Winter tiefergelegene Weidegründe aufzusuchen hatten, von Wichtigkeit war. Bezeichnenderweise war in diesem Raum, in Thermos mit seinem Apollonheiligtum, der Mittelpunkt des Aitolischen Bundes, sein kultisches und politisches Zentrum.

Die rauhe Lebensweise der Hirten – man ging durchweg bewaffnet – und die allgemeine Rückständigkeit derartiger Existenz in den Augen eines Polisgriechen des 5. Jahrhunderts führten dazu, daß die Aitoler als räuberisches und unzivilisiertes, ja gar halbbarbarisches Volk qualifiziert wurden. Dies ist natürlich übertrieben, aber daß die arme Bevölkerung, gerade auch die Hirten, ihre Einkünfte gerne auch durch Raub aufbesserte, ist wohl nicht selten vorgekommen. Generell war die Anhäufung größerer Reichtümer in dem derart kleingekammerten und schwer zu bearbeitenden Gebiet kaum möglich. Dies ging vor allem in den größeren Ebenen, wo auch mittlere Bauern und Großbesitzer saßen, die teilweise auch Pferde hielten. Aus ihnen rekrutierte sich die politisch-soziale Elite des Bundes.

Angesichts der Landesnatur war das Gebiet dünn besiedelt, meist, abgesehen vom Raum am Trichonischen See, in kleinen Dörfern und Weilern. Zunächst gab es keine Städte, allenfalls einige Siedlungen, die befestigt waren und auch als Fluchtburgen dienen konnten. Die Hirten waren ohnedies meist mit ihren Herden in Bewegung. Diese Mobilität äußerte sich auch und gerade in Zeiten militärischer Bedrohung. Die Bevölkerung zog sich einfach in die Berge zurück, unter Mitführung ihrer gesamten Habe. Für die weitgehende Zersiedlung spricht auch die Funktion des alten Zentrums, Thermos. Gerade aus Anlaß der großen religiösen Feste kam man hier von überall her zusammen, traf wichtige politische Entscheidungen und hielt Markt ab. Die Funktion einer Polis wurde hier gleichsam nur periodisch, nicht permanent wahrgenommen, aber dennoch ist die Bedeutung solcher Vorgänge für die Bewahrung und Stärkung einer aitolischen Identität nicht zu unterschätzen.

Die harte Lebenswirklichkeit der Hirten und Bergbauern wirkte sich naturgemäß auf die militärische Leistungsfähigkeit aus. Aber da das Gros des Heeres sich nicht aus Bauern rekrutierte, herrschte nicht die hoplitische Kampfweise. Die Aitoler waren überwiegend – und bis in spätere Zeit hinein – leichtbewaffnet, ihre Hauptwaffe war der Wurfspeer, das heißt, sie kämpften auf Distanz und bevorzugten eine Guerillataktik, die durch das landschaftliche Ambiente sehr begünstigt wurde. Immerhin gab es auch Hopliten und sogar Reiter (400 sind für den Einfall in Thessalien im Jahre 321 bezeugt).

Da von Haus aus keine größeren Siedlungszentren als Poleis durchgängig hervortraten, blieb die alte gewachsene Stammesstruktur als Basis der politischen Ordnung lange erhalten. Unter der Ebene des Gesamtverbandes gab es drei Teilstämme, die Apodoten, Eurytanen und Ophionen, die als Basis für die militärische Formierung des Gesamtaufgebotes dienten und bei den wichtigsten politischen Entscheidungen repräsentiert waren. Darunter rangierten die einzelnen Siedlungskomplexe, in der Forschung oft ,Gaue' genannt. Sie entsprachen den Dorfverbänden der Arkader, waren wohl auch nach gentilischen Kriterien zusammengeschlossen und lebten in einem gewissen räumlichen Zusammenhang. So gab es bei den Ophionen unter anderem die Bomieis und Kallieis.

Allmählich gab es Veränderungen: Städte gab es ja schon sehr früh im Küstengebiet, aber auch im Binnenland setzte eine wachsende Verstädterung ein, zunächst vor allem in den größeren inneren Siedlungskammern, neben dem Trichonischen Gebiet vor allem im Tal des Daphnos (heute Mornos): Hier wurde aus dem Verband der Kallieis etwa um die Mitte des 4. Jahrhunderts die Stadt Kallion beziehungsweise Kallipolis. Dieser Prozeß der Polisbildung ist durch die engen Verbindungen der Aitoler mit der übrigen griechischen Welt seit dem Peloponnesischen Krieg sicherlich gefördert worden. Auch dort, wo sich siedlungsmäßig nichts veränderte – und das war in etlichen Gebieten noch durchaus bis ins 3. Jahrhundert der Fall –, formierten sich die ‚Gaue' als die eigentlichen Untereinheiten des Gesamtverbandes, und die drei Stämme verloren ihre politische Funktion. Damit wandelte sich der Aitolische Bund von einem Stammes- zu einem Bundesstaat, bestehend aus Poleis und Dorfföderationen (wohl spätestens Anfang des 4. Jahrhunderts). Über die Verfassung des Bundes ist das Wichtigste bereits ausgeführt worden (s. o. 67). Der Bund blieb bis weit ins 5. Jahrhundert hinein von der großen Politik unberührt, eine gewisse Ausnahme bildete lediglich das Küstengebiet. Die Lage änderte sich erst im Peloponnesischen Krieg, als die Messenier von Naupaktos die Athener in ein aitolisches Abenteuer stürzten, das auf die Gewinnung eines binnenländischen geschlossenen Herrschaftskomplexes zielte. Die Aitoler konnten sich verteidigen, und diese Vorgänge werden ihre Wirkung auf die Struktur des Bundes nicht verfehlt haben (vgl. o.).

Der Bund selbst blieb jedoch unbedeutend, so sehr, daß der Küstenstreifen zu Beginn des 4. Jahrhunderts unter achaiischer Kontrolle stand und daß als Gegner der Achaier nicht etwa die Aitoler, sondern die Akarnanen figurierten (s. u. 160). Eine Änderung gab es erst in der Zeit wachsenden makedonischen Einflusses. Die Aitoler konnten sogar Gebiete an der Küste hinzugewinnen, das lokrische Naupaktos und schließlich sogar das akarnanische Oiniadai. Die Sicherung dieser Stadt bildete auch den Ausgangspunkt für den energischen Widerstand gegen Alexanders Verbanntendekret und die aitolische Teilnahme am Lamischen Krieg. Durch die erfolgreichen Kämpfe mit den Makedonen (322 und 321) wuchs das Gewicht des Bundes, das allerdings noch durch die vom makedonischen König Kassander mobilisierten Akarnanen ausbalanciert werden konnte.

Am Anfang des 3. Jahrhunderts jedoch expandierte der Bund nach Osten (Delphi, Westlokris, Teile von Phokis, Bündnis mit Boiotien), konnte einen spartanischen Angriff abwehren (280) und schließlich das Heiligtum von Delphi gegen den Angriff der Kelten verteidigen (279). Diese Leistung vergrößerte das Prestige der Aitoler ganz entscheidend. Sie waren schon auf dem Wege von einer regionalen zu einer gesamtgriechischen Großmacht, einer Position, die sie mit weiterem Ausgreifen nach Norden und Nordosten sowie auf die Peloponnes (Elis, Teile von Arkadien) und mit der partiellen Annexion Akarnaniens in der Mitte des 3. Jahrhunderts erreicht hatten und in der Zeit danach in der Auseinandersetzung mit der makedonischen Monarchie auf seiten der Römer, dann gegen die Römer als Verbündete Antiochos' III. bis zum Jahre 189 (Frieden mit Rom) bewahren konnten. Danach aber waren sie kaum mehr als ein römischer Satellit; und auf Grund der starken vorangegangenen Belastungen sowie vor dem Hintergrund des sich erneuernden römisch-makedonischen Konfliktes nach dem Herrschaftsantritt von König Perseus gab es bald schwerste innere Spannungen: Diese gipfelten im Jahre 167, nach dem endgültigen römischen Sieg bei Pydna, in einer

‚Nacht der langen Messer' – 550 Ratsherren wurden mit römischer Unterstützung von prorömischen Aitolern massakriert – und einer Deportation
zahlreicher führender Politiker zwecks Aburteilung nach Rom und fanden
erst mit dem Tode des Hauptverantwortlichen, Lykiskos, ein Ende. Das Fa-
zit, das Strabon rund 150 Jahre später zog, ist treffend: „Nun sind Akarnanien und Aitolien aufgerieben und ermattet von den permanenten Kriegen,
wie auch viele andere Bünde" (10,2,23).

c. Akarnanien

Die Landschaft gehört ihrer Ausdehnung nach in unsere zweite Kategorie.
Sie ist größer als Elis, aber insgesamt bei weitem nicht so ergiebig. Das gilt
aber nur für den gesamten Bund. Wenn wir uns auf die einzelnen Städte und
Gemeindekomplexe beziehen, die diesen bildeten und relative Eigenständigkeit haben konnten, dann passen sie nur zu dem jetzt behandelten Typ, was
durch eine partielle Ärmlichkeit vieler Gebiete unterstützt wird. Das Land
hat zwar einen langen Küstenstreifen, von der Acheloos-Mündung (der Fluß
bildet die natürliche Ostgrenze) bis zum Golf von Ambrakia, wo nicht wenige Menschen ursprünglich von Raub und Fischfang lebten. Aber dieser Streifen war generell für Akarnanien wenig bedeutend. Die Küste ist teilweise
sehr steil, teilweise (im Norden und Süden) durch große Lagunenbildungen
schwer zugänglich – erlaubte dort indes Salzgewinnung in größerem Stil.
Die günstigsten Plätze waren überdies korinthische Kolonien (Sollion, Astakos, Anaktorion, Leukas), von denen allerdings großer Einfluß auf Akarnanien ausging (s. o. 76). Der einzige bedeutende akarnanische Küstenplatz, Oiniadai, unterlag bald einer Sonderentwicklung. Deswegen hatte Akarnanien
einen betont binnenländischen Charakter, der erst durch historische Entwicklungen verändert wurde, vor allem durch die Aufnahme korinthischer
Kolonien in das Koinón (Anaktorion, Leukas).

Die agrarischen Einkünfte waren also von erstrangiger Bedeutung, und
die Voraussetzungen waren durchaus vielfältig. Eine große und fruchtbare
Ebene findet sich im Raume von Stratos, westlich des Acheloos, der größten
Stadt und dem alten Zentrum des Bundes; daneben gab es Hügelland und
kleinere Siedlungskammern im Gebirge, aber weithin auch unergiebiges
Bergland, vor allem im Westen. In der gut mit Wasser versorgten Ebene war
der Anbau von Getreide, in Form der Subsistenzwirtschaft, so verbreitet, daß
das Gebiet normalerweise von Einfuhren unabhängig war. Dazu wuchsen
Wein, Oliven und Obst, und vor allem gab es auch eine ausgedehnte und sehr
bedeutende Weidewirtschaft (Rinder und Pferde neben dem üblichen Kleinvieh), die gelegentlich in großem Stil, mit zahlreichen Sklaven, betrieben
wurde. Bei der Haltung von Schafen und Ziegen herrschte teilweise Almwirtschaft. Denn generell war der Raum, der für die hier beschriebene inten-

sive Nutzung zur Verfügung stand, begrenzt. Das Bergland etwa kam fast überwiegend nur als Sommerweide in Betracht.

Dieses breite Spektrum der naturräumlichen Gegebenheiten und agrarischen Möglichkeiten kommt auch in der Siedlungs- und Kampfweise sowie der politischen Ordnung zum Ausdruck. Einerseits gab es, spätestens im 5. Jahrhundert und sicher durch die Stadtbildung in den korinthischen Kolonien beeinflußt, urbane Zentren im Sinne von Poleis (neben dem Hafenplatz Oiniadai, einem Ausnahmefall, besonders Stratos), die zum Teil allerdings sehr klein waren. Daneben ist aber bis tief in das 4. Jahrhundert hinein eine sehr lockere Siedlungsweise, mit jeweils kleineren Rückzugsplätzen bei militärischen Angriffen, belegt. Sie gehörte vor allem in die bergigen Gebiete mit ihrem vorherrschenden Hirtenleben. Dieses gab überhaupt auch den Akarnanen deutliches Gepräge: Das Waffentragen war noch lange Zeit üblich, und gerade die Kampfesweise der Leichtbewaffneten, oft in Form einer Guerillataktik unter Ausnutzung des Berglandes, war in Akarnanien nicht anders als in Aitolien verbreitet. Hauptwaffen waren Schleuder und Wurfspeer, und selbst Hopliten fochten gelegentlich auf diese Art. Natürlich waren es vor allem die kleineren Schaf- und Ziegenhirten sowie die Bergbauern, ein zahlenmäßig erheblicher Teil der Bevölkerung, die so kämpften. Außerdem gab es aber nicht wenige Hopliten und sogar Reiter – ein deutliches Zeichen dafür, daß es – vor allem in den größeren Ebenen – eine nennenswerte Zahl mittlerer bis gut situierter Bauern und Großbesitzer von aristokratischem Zuschnitt gab. Letztere hatten großen Viehbesitz, betrieben auch Pferdezucht und verfügten über größere Mengen von Sklaven.

Das politische System in dem eher locker besiedelten Gebiet war zunächst der alte Stammesstaat, mit einem festen Gerichtsplatz. Im Zuge der schon im 5. Jahrhundert greifbaren Polisbildung hat dieser zu einem Bundesstaat entwickelt, und zwar spätestens zu Beginn des Peloponnesischen Krieges. Das zeigt die klare politische Linie, mit der die Akarnanen in den ersten Kriegsjahren als Verbündete, aber keineswegs Untertanen der Athener ihren eigenen Kurs (Arrondierung ihres Gebietes durch Einverleibung der Küstenorte) verfolgten. Das Koinón war ein Bund von Poleis und auch von noch nicht in diesem Sinne zentral organisierten Gemeindekomplexen: Man verteilte nämlich Beute nach Städten (κατὰ πόλεις) und war in der Lage, ‚fertige' Städte, auch korinthische Kolonien, aufzunehmen (Astakos, Anaktorion). Die Existenz von Demenverbänden ergibt sich noch aus einer Inschrift für das Jahr 216, in der wir neben Poleis auch ἔθνη, „Landsmannschaften der außerhalb der Städte lebenden Bevölkerung", finden. Die Bundesorgane waren die üblichen: ein Beamtenkollegium mit den Strategen als Oberbeamten, ein Rat und eine Primärversammlung. Die verschiedenen Berichte deuten darauf hin, daß es sich dabei – trotz der gelegentlich bezeugten festen Zahl ‚Tausend' als Bezeichnung für diese – um eine formal demokratische Verfassung handelte. Die einzelnen Städte hatten, wie in anderen Bünden teilweise auch, einen erheblichen Spielraum, sogar auf völkerrechtlicher Ebene. Und es gab durchaus ernst zu nehmende Sezessionsbestrebungen, besonders in Oiniadai seit dem 5., aber später auch in Thyrreion im 4. Jahrhundert.

Der außenpolitische Horizont war bestimmt zum einen durch einen traditionellen Grenzkonflikt mit den Aitolern im Acheloos-Gebiet, verschärft durch Bestrebungen, im Küstengebiet des jeweils anderen Fuß zu fassen, zum anderen durch ein Spannungsverhältnis mit den korinthischen Kolonien, die ja auch auf Kosten der Akarnanen gegründet worden waren und ihnen die Küste weitestgehend abschnitten, zudem auch für Akarnanien unangenehme politische Aktivitäten an den Tag legten. Beides war bereits im Peloponnesischen Krieg virulent, zu dessen Beginn es den Akarnanen, gestützt auf ihr Bündnis mit Athen, gelang, nicht allein die Sezession von Oiniadai zu beenden und auf Kosten von Ambrakia im amphilochischen Argos Fuß zu fassen, sondern auch die korinthischen Kolonien Sollion, Astakos und Anaktorion zu gewinnen, mithin die natürlichen Grenzen des Landes zu erreichen. Derart gestärkt, wurden sie dann in Richtung auf Kalydon und Naupaktos aktiv, ein Gebiet, das damals, Anfang des 4. Jahrhunderts, zu Achaia gehörte. Infolgedessen fielen die mit Achaia verbündeten Spartaner in Akarnanien ein (389 und 388), und nach großen personellen und materiellen Verlusten mußten sich die Akarnanen der spartanischen Herrschaft beugen. Es war dann nur konsequent, daß sie sich dem baldmöglichst entzogen und (seit 375) zum Zweiten Attischen Seebund und nach Leuktra zum thebanischen Bündnissystem gehörten.

Der Prospekt veränderte sich, als einerseits Makedonien bestimmend wurde, andererseits die Aitoler ihrerseits in den akarnanischen Raum expandierten (Oiniadai, um 330). Damit war die Geschichte der nächsten rund anderthalb Jahrhunderte vorgezeichnet. Gegen wachsende aitolische Ansprüche setzten die Akarnanen auf enge Anlehnung an Makedonien: 314 reorganisierten sie auf Anregung Kassanders ihr Gebiet, wenigstens siedlungsmäßig. Schließlich aber, nur wenige Jahre nach dem Versuch einer friedlichen Grenzziehung im Rahmen eines großen Symmachie- und Isopolitievertrages, führte die immer weiter ausgreifende aitolische Politik zur Katastrophe: Etwa 251 teilten sich die Aitoler das gesamte akarnanische Gebiet mit König Alexander von Epirus. Zwar wurde der Bund 230 vom epirotisch gewordenen Teil aus, nunmehr mit der Hauptstadt Leukas, restituiert und konnte im Bundesgenossenkrieg (220–217) an der Seite Philipps V. von Makedonien auch einige der aitolisch gewordenen Gebiete zurückerwerben. Aber selbst im für Akarnanien günstigen Frieden von Naupaktos blieb Stratos, also der wichtigste binnenländische Ort, aitolisch, und wenig später ging Thyrreion verloren. Kurz danach waren die Akarnanen sogar erneut existentiell gefährdet, als die Römer in ihrem Bündnisvertrag mit den Aitolern deren Ansprüche auf ganz Akarnanien explizit aufnahmen. So blieben die Akarnanen in den folgenden Kriegen, auch gegen Versuche prorömischer Politiker, eine Schwenkung zu erreichen, in enger Verbindung mit der makedonischen Monarchie, allerdings um den Preis erheblicher innerer Spannungen. Schließlich war das Land nach der Schlacht von Pydna nicht weniger ausgebrannt als Aitolien. Es ging zuletzt, als Augustus anläßlich seines Sieges bei Aktion das Bundesheiligtum der Akarnanen, das des Apollon von Aktion, zum Zentrum der programmatischen Neugründung Nikopolis machte, in dieser Stadt auf.

d. Phokis

Phokis ist für den hier behandelten Typus besonders charakteristisch. Es ist ein ausgeprägtes Binnenland: Im Norden reicht es nur in einem Ort ans Meer, in Daphnus am Kanal von Euboia, das aber früh zu den östlichen Lokrern kam, im Süden, abgesehen von einigen deutlich vom Hinterland abgeschnittenen Plätzen (besonders Antikyra), allein im Raum von Kirrha, der jedoch seit dem Anfang des 6. Jahrhunderts als Hafen und Hauptanbaugebiet von Delphi (s.u. 167) zusammen mit diesem gegenüber Phokis eigenständig war. Der Gesamtstaat war nicht klein (er umfaßte etwa 1615 km²), zerfiel aber in rund 20 Städte, die also für sich sehr kleine Gebilde waren. Dazu kamen große, durch die Landesnatur bedingte Schwierigkeiten. Phokis war beherrscht vom mächtigen Parnaß-Massiv und etlichen Randgebirgen (vor allem Kirphis im Süden und den Ausläufern des Kallidromos im Norden). Größere Ebenen gab es also, abgesehen von der von Kirrha, die hier nicht zählt, nur im breiten Tal des Kephissos, und auch dieses war noch – im Raum von Parapotamioi – zergliedert. Dazu wirkte sich das stark kontinentale Klima mit relativ hohen Temperaturschwankungen und kalten Wintern negativ aus – zumal in den Hochlagen des Parnaß.

Das Land war nahezu ausschließlich agrarisch nutzbar, und dabei war es nur in der Kephissos-Ebene wirklich ergiebig. Dort war allerdings auch die Gewinnung von Reichtümern möglich. Anbau von Wein, Getreide und Baumkulturen herrschten hier vor, ja begünstigt durch den Wasserreichtum des Kephissos und seiner Quell- und Nebenflüsse, wurde sogar Pferdezucht betrieben. Ansonsten fand sich agrikulturelle Nutzung nur in kleineren und kleinsten Tälern und Hochebenen, durch das Klima nicht unwesentlich erschwert. Immerhin gab es da und dort Spitzenerzeugnisse, so den Wein im Gebiet von Ambrosos (heute Distomo) oder die für Salböl gut geeigneten Oliven im Raum von Tithorea.

Generell war aber auch hier die Weidewirtschaft von hoher Bedeutung, besonders im Parnaßgebiet, wobei die Gebirgsregion im Sommer weitläufig ausgebeutet wurde und die Möglichkeiten für die Winterweide in den Ebenen, nach der Ernte beziehungsweise auf dem Brachland, gegeben waren. Die soziale Differenzierung hielt sich angesichts dieser Voraussetzungen in Grenzen. Die meisten Phoker arbeiteten selbst auf ihren Feldern oder als Hirten, es soll sogar ursprünglich dort gar keine Sklaven gegeben haben. Die Verfassungen waren deswegen wohl – obwohl wir Belege dafür allenfalls aus dem 4. Jahrhundert haben – Demokratien auf der Grundlage der Wehrfähigen, die sich aus Reitern, Hopliten und zahlreichen Leichtbewaffneten zusammensetzten.

Die politische Organisation war zunächst durch den Stammesverband geprägt. Doch bildeten sich schon früh überall, überwiegend aus einzelnen dörflichen Siedlungen, Poleis, die allerdings von sehr bescheidenem Zuschnitt waren. Keine war so groß, daß sie den gesamten Raum oder auch nur einen nennenswerten Teil davon synoikisieren konnte – zumal dem ja auch die Landesnatur und die Lebensweise der Hirten entgegenstanden. So verwandelte sich der Stammesstaat im 6. Jahrhundert in einen Bundesstaat mit recht einfacher Organisationsform, mit einer Primärversammlung und wenigen Beamten, an der Spitze Strategen.

Die Position des Bundes im ,internationalen' Rahmen war deswegen prekär, weil Phokis als Passageland, an den Wegen von Boiotien nach Ostlokris und zu den Thermopylen (besonders im Raum von Hyampolis), an der Nahtstelle zwischen Nord- und Mittelgriechenland lag. Deshalb wurde es in Konflikte in diesem Raum leicht hineingezogen. So war es spätestens im 6. Jahrhundert unter thessalischen Einfluß geraten, dem es sich erst nach langwierigen Kämpfen entziehen konnte. Vor allem aber lag es zum mächtigen boiotischen Nachbarn offen und war mit den lokrischen Anrainern in langfristige Konflikte vor allem um Weidegebiete verstrickt. Zur Wahrung seiner Unabhängigkeit wandte es beträchtliche Energien auf und entwickelte dabei einen nicht unberechtigten Stolz: Der monumentale Ausbau eines großen Heiligtums beim heutigen Kalapodi (um 580/550) demonstrierte zum Beispiel ihre erfolgreiche Verteidigung gegen die thessalischen Ritter. Die Kehrseite waren die enormen Zerstörungen während des Xerxeszuges, als sich die Phoker vor allem wegen der thessalischen (und sicher auch der boiotischen) Kollaboration mit den Persern mit großem Engagement der gemeingriechischen Sache angeschlossen hatten.

Ein weiteres Problem waren die phokischen Ansprüche auf Delphi, das unter dem Schutz der Amphiktyonie, in der ganz andere das Sagen hatten, seine eigenen Wege ging. Den Phokern gelang es nicht, die Stadt mit dem hochberühmten Heiligtum in ihrem Verband zu halten beziehungsweise dauerhaft in ihn zurückzubringen, obwohl sie darauf einige Energien verwandten. Als ihnen dies im Zusammenhang mit ihrer traditionell antithebanischen Politik 356 endlich einmal gelungen war, erlangten sie damit nur traurige Berühmtheit: Sie bedienten sich nämlich der Tempelschätze, um ein

Söldnerheer auszurüsten, das im wesentlichen sie selbst bildeten. So waren sie ein regelrechter Kriegerstaat geworden, unter Führung außerordentlich bevollmächtigter Kommandeure, Tyrannen nach griechischer Terminologie und Vorstellung. Zehn Jahre lang erzielten sie beträchtliche Erfolge, bis weit nach Thessalien hinein, und konnten es auch mit Großmächten wie Theben und dem unter Philipp II. immer weiter gefestigten Makedonien aufnehmen (Dritter Heiliger Krieg). Schließlich aber wurden sie völlig besiegt, ihr Koinón und sogar die kleinen Städte wurden als politische Einheiten aufgelöst, die festen Plätze zerstört (346) – mit ihrem großen Aufstieg hatten sie lediglich bewirkt, daß das Tor für die makedonische Herrschaft über Griechenland weit aufgestoßen wurde.

Im Zeichen des gesamtgriechischen Kampfes gegen diese unter der Führung von Theben und Athen erhielten sie zwar ihre alte Struktur wieder, kamen aber nach der Schlacht von Chaironeia (338) auch unter makedonische Herrschaft, die später durch die der Aitoler abgelöst wurde. In der römischen Zeit schließlich waren ihre Städte völlig unbedeutend, teilweise geradezu verfallen.

Weitere Gebiete, die diesem Typus zuzuordnen wären, sind in erster Linie Doris westlich von Phokis, Westlokris, das in vielem Aitolien ähnelt und nur zwei größere Siedlungskomplexe hatte, Naupaktos am Kalydonischen Golf und Amphissa westlich des Parnaß, und das Land der östlichen Lokrer, welches seinerseits noch untergliedert war und zu einem erheblichen Teil von einer Polis, Opus, geprägt war. In beiden letztgenannten Bereichen, besonders in Ostlokris, war allerdings das maritime Element stärker ausgebildet, so daß sie sich dem 4. Typus nähern.

6. Staaten mit ausgeprägten Spezialisierungen

Es geht hier um Staaten, in denen neben die agrarische Basis und die geläufigen Möglichkeiten des Wirtschaftens besondere Spezialisierungen traten, die diesen ihren Charakter gaben und die vor allem dafür sorgten, daß die Staaten insgesamt, aber auch zahlreiche ihrer Bürger zu Reichtum oder wenigstens Wohlstand kamen und daß eine teilweise recht umfangreiche Bevölkerung auf kleinem Raum ernährt werden konnte. Nach der Art der jeweiligen Spezialisierung sind die folgenden Abschnitte konstituiert.

a. Poleis mit bedeutenden Bodenschätzen

Paros

Die Insel Paros, immerhin eine der größten der Kykladen, ist für landwirtschaftliche Nutzung nicht ungünstig ausgestattet, ein relativ sanft gegliedertes Land, mit einigen sehr fruchtbaren und gut bewässerten Ebenen und Tälern. Der Anbau von Getreide war durchaus verbreitet, wie zum Beispiel der Demeterkult unterstreicht. Wein und Oliven finden gute Voraussetzungen, und eine besondere Spezialität der Insel waren ihre Feigen. Daneben gab es waldreiche Berge. Insgesamt aber war die Menge des ackerbaufähigen Landes verhältnismäßig klein. Deswegen ist der eklatante und bekannte Reichtum der Insel, der schon für das frühe 5. Jahrhundert bezeugt ist, anders zu erklären. Er beruht vor allem auf dem auf der Insel in großen Mengen anstehenden Marmor, dessen beste Sorte, der Lychnites, unterirdisch abgebaut wurde. Weil der parische Marmor ganz weiß, ja an der Oberfläche sehr transparent ist, war er in der Kunst, in Glyptik wie Architektur, besonders beliebt und wurde auch gern und oft für die Anfertigung von Inschriften verwendet. So setzte der Aufschwung der Insel im 6. Jahrhundert ein, seit in wachsendem Maße monumentale Tempel gebaut, aber auch öffentliche Gebäude mit parischem Marmor geschmückt wurden, wie zum Beispiel auf der Agora von Siphnos. Der Ausfuhr des Materials kam die günstige maritime Situation entgegen: Es gibt einige geschützte Hafenbuchten, auch in der Nähe von Steinbrüchen, und die Lage in der Ägäis ist ziemlich zentral. Demzufolge erbrachten die Parier auch Leistungen im Seewesen, besonders in Fischfang und Schiffbau.

Den Abbau des Marmors haben wir uns, in Analogie zu vergleichbaren Situationen, so vorzustellen, daß die einzelnen Abschnitte der Steinbrüche vom Staat an Individuen verpachtet waren, die die Arbeiten von Sklaven und wohl auch Tagelöhnern vornehmen ließen. Dieses Pachtsystem kam natürlich den Reichen entgegen, die diese Möglichkeiten ausschöpfen und mithin eine qualitativ herausragende ökonomische Position erreichen konnten. Daneben hatten Händler und Transporteure viele Möglichkeiten. Außerdem gab es Werkstätten mit Steinmetzen, die den Marmor weiterverarbeiteten, bis hin zu großen Künstlern im Bereich der Bildhauerei, für die Paros berühmt war. Generell verfügte auch die Polis als Kollektiv über bedeutende Einnahmen aus den Pachten und den reichlich fließenden Hafenzöllen – was dann wieder für die Pächter solcher Gefälle gute Existenzmöglichkeiten eröffnete. Die soziale Differenzierung, mit der wir zu rechnen haben, war also beträchtlich; betont reiche Häuser neben Bauern und Seevolk, dazu viele Händler, Handwerker, Künstler, Steuerpächter und Lohnarbeiter sowie Sklaven. Immerhin läßt sich vermuten, daß der kollektive Reichtum allen

Bürgern zugute kam, da es in Griechenland üblich war, Einkünfte aus Bodenschätzen auf die Angehörigen der betreffenden politischen Einheit zu
verteilen. Jedenfalls scheint Paros im Inneren verhältnismäßig stabil gewesen
zu sein. Dafür könnte sprechen, daß die Parier von Milet ausgewählt wurden, seine bitteren inneren Streitigkeiten zu schlichten – was uns auch den
Schluß erlauben könnte, daß Paros selbst im 6. Jahrhundert eine gemäßigte
Oligarchie war.

Durch die attischen Oligarchen wurde diese im Jahre 411 offenbar verschärft, allerdings wurde Paros schon wenig später durch den Athener The-
ramenes demokratisiert. Es hat den Anschein, als sei die Insel zu Beginn des
4. Jahrhunderts wieder oligarchisch gewesen, denn Aristokraten von Siphnos
brachten dort ihre Habe in Sicherheit (um 393). Es gab dann allerdings im
Zuge einer wohl persischen Intervention Kämpfe, in deren Endeffekt wahrscheinlich die Demokratie restituiert wurde.

Nach außen verfolgte Paros, abgesehen von einem typischen Nachbar-
schaftskonflikt mit Naxos, der zum Teil auch kriegerische Verwicklungen
brachte und noch im 2. Jahrhundert einen Schiedsspruch durch Eretria nötig
machte, eine zurückhaltende Politik, die dem Absatz seiner Produkte in alle
Teile der griechischen Welt und damit seinem Reichtum förderlich war. Es
befand sich, ohne größeren Widerstand zu leisten, in den verschiedenen
Herrschaftskomplexen (490 unter Persien, nach 478 im Ersten Attischen
Seebund, nach 404 unter spartanischer Suprematie, später im Zweiten Attischen Seebund, im Korinthischen Bund und schließlich im Nesiotenbund).

Siphnos

Die Kykladeninsel Siphnos verfügte teilweise über fruchtbares Land, überwiegend auf der Hochebene im Osten, und sie war auch gut bewässert. Für
Weinanbau in der Antike haben wir deutliche Hinweise. Insgesamt aber war
die Insel keineswegs reich, ja in späthellenistischer Zeit, als andere Einnahmequellen ausgeschlossen waren (s. u.), war sie ärmlich. Damit kontrastiert
sehr markant die extreme Blüte der Insel im 6. Jahrhundert, als Siphnos als
die reichste Insel galt. Diese Blüte manifestierte sich in einer für Größe und
Bedeutung der Insel auffälligen und beeindruckenden Repräsentation: In
Delphi konnten die Siphnier ein eigenes Schatzhaus errichten, das mit präch-
tigem Bauschmuck ausgestattet war, und auch das Stadtbild selbst im
Hauptort der Insel (heute Kastro), der die große Binnenebene kontrolliert,
war auf der Agora herrlich ausgestaltet.

Entscheidend für diesen Wohlstand waren – und insofern ist auch
Siphnos ein Sonderfall – die reichen Erzlager, die sich an der Nordostküste,
im Raum des heutigen Agios Sostis, massierten und sich von dort quer durch
die Insel nach Südsüdwesten erstreckten. In ihnen wurden Gold und Silber

abgebaut, das in der Zeit der beginnenden Münzprägung (seit der Mitte des 6. Jahrhunderts) in viele Teile der griechischen Welt ausgeführt wurde. Es handelte sich um eines der größten derartigen Abbaugebiete, und das war insofern von zentraler Bedeutung, als Griechenland insgesamt über wenig Bodenschätze verfügt. Als diese Minen teilweise unter Wasser gerieten und sich auch die Konkurrenz der athenischen Abbaugebiete von Laurion, wo kurz vor 480 eine neue ergiebige Erzader entdeckt und der Abbau stark forciert worden war, spürbar machte, setzte der allmähliche Niedergang ein.

Für die Sozialstruktur der Insel ist wichtig, daß an dem allgemeinen Reichtum, den die Insel durch die Metallvorkommen gewann, auch die Bürger beträchtlich partizipierten, weil die Einkünfte aller Wahrscheinlichkeit nach verteilt wurden. Dabei haben wir allerdings anzunehmen, daß sich dies auf die Vollbürger beschränkte, denn Siphnos hatte lange Zeit eine aristokratisch-oligarchische Verfassung (s. u.). Zudem gab es, da wir auch hier ein Verpachtungssystem für die Ausbeutung der Minen anzunehmen haben, für die auf Grund agrarischer Einkünfte reich Gewordenen gute Chancen, sich Reichtümer noch ganz anderer Quantität und Qualität zu erwerben. Da der Erzabbau von Sklaven vorgenommen wurde, verfügten sie auch über größere Sklavenmengen, beziehungsweise Personen, die viele Sklaven besaßen, konnten diese ihrerseits vermieten und sich eine weitere Einnahmequelle sichern – wie etwa der bekannte Nikias in Athen.

Jedenfalls weist die noch für das 4. Jahrhundert belegte Geltung des Keïschen Adoptionsgesetzes, nach dem bei der Adoption die Wahl von ‚Gleichen‘ vorgeschrieben war, auf eine eher aristokratische Gesamtstruktur, und dank einer Rede des Isokrates sind für uns siphnische Adlige auch als Individuen mit ihrem spezifischen Selbstverständnis erkennbar. Andererseits gab es, gerade am Anfang des 4. Jahrhunderts, starke innere Wirren, Verbannungen und blutige Unruhen mit Bürgerkriegscharakter, in deren Verlauf offenbar die aristokratisch-oligarchische Ordnung beseitigt wurde. Es ist sehr gut möglich, daß diese Unruhen durch den Rückgang des Erzabbaus und damit zusammenhängende wachsende ‚Verteilungskämpfe‘ zumindest mitverursacht wurden. Danach erfahren wir von Siphnos nichts Wesentliches mehr.

b. Religiöse Dienstleistungszentren

Delphi

Daß und auf welche Weise Delphi in der griechischen Staatenwelt einen Spezialfall darstellte, erhellt bereits aus einem sehr alten Stück Literatur: Im homerischen Hymnos auf Apollon führt der Gott Kreter aus Knossos als Hüter seines neuen Heiligtums, das er gerade durch die Tötung des Ungeheuers Python gewonnen hatte, nach Delphi. Auf ihre Klagen, wovon sie denn bei dem schlechten Land leben sollten (528 ff.), verwies er sie auf das reiche Opferfleisch (535 ff.) – und damit gleichsam metaphorisch auf den Ertrag, den der Kult selbst abwarf. Genau hier lag die Sonderrolle Delphis und damit auch seine spezifische Position als griechische Polis begründet: Wesentliche Einnahmen waren durch seine religiöse Funktion bedingt.

In der Tat war Delphi, eine phokische Siedlung, ein ziemliches Felsennest, geradezu an den Südrand des Parnaß, unter die steil abfallenden Felsen der Phaidriaden geklebt. Gutes Land und das Meer, das weite Verbindungen erlaubte, sah man nur von weitem, tief unter sich im Tal liegen. Und dort lag ein ebenfalls phokischer Ort (Kirrha beziehungsweise Krisa), den die Natur im Gegensatz zu Delphi üppig ausgestattet hatte: Eine höchst fruchtbare Ebene, heute das größte zusammenhängende Olivenanbaugebiet Griechenlands, dazu günstige Verkehrsbedingungen zur See im Korinthischen Golf und zu Lande, am Ausgangspunkt der Wege über das lokrische Amphissa in die Landschaft Doris und damit nach Nordgriechenland sowie über Delphi in das Zentrum von Phokis und nach Boiotien, zeichneten ihn aus. Und so war es nur zu natürlich und ein für griechische Verhältnisse geradezu normaler Vorgang, wenn diese Stadt versuchte, den schon seit dem 8. Jahrhundert berühmten Kultplatz des Apollon unter ihre Kontrolle zu bringen (Anfang des 6. Jahrhunderts). Doch da geschah etwas Auffälliges: Das Heiligtum, das so genaue Orakel gab und sich besonders durch seine Ratschläge für die Kolonisation und zur Behebung innerer Unruhen hervorgetan hatte, war schon so bedeutend, daß die an seiner Unabhängigkeit interessierten Griechen der näheren und weiteren Umgebung es ‚vergemeinschafteten‘: Die um das Heiligtum der Demeter von Anthela bei den Thermopylen in der Pylaiischen Amphiktyonie zusammengeschlossenen mittelgriechischen Staaten gingen gemeinsam im Ersten Heiligen Krieg (um 595–585), mit Beteiligung auch anderer Griechen, gegen Kirrha vor. Sie lösten die Stadt auf, die hinfort nur noch Hafenplatz für Delphi blieb, und gaben ihr reiches Land an den Gott, das heißt an die Priesterschaft des delphischen Heiligtums. Den Sitz ihrer Amphiktyonie verlegten sie nach Delphi, wo ihre Gesandten zweimal im Jahre zur Regelung der kultischen Angelegenheiten zusammentrafen. Ihre unabhängige und von zahlreichen Staaten entsprechend garantierte Stellung behielt die Kultstätte auch in der Folgezeit, und davon profitierte auch die Stadt Delphi selbst, deren Autonomie neben der des Heiligtums im Nikiasfrieden (421) ausdrücklich festgelegt wurde. Versuche der Phoker und der Lokrer von Amphissa, diesen Zustand ganz oder teilweise zu ihren Gunsten zu revidieren, wurden durch gemeinsame Anstrengungen der Amphiktyonen (im Dritten und Vierten Heiligen Krieg, 356–346 beziehungsweise 340–338) unterbunden. Und erst im 3. Jahrhundert kam Delphi in die definitive Abhängigkeit von einem griechischen Staat, von Aitolien, das auch die Amphiktyonie kontrollierte.

Im Inneren war Delphi ganz wie eine Polis verfaßt, war also keineswegs ein echter Priesterstaat. Es kannte auch die typischen internen Konflikte griechischer Staaten, besonders in der ‚großen Stasis‘ des 4. Jahrhunderts. Seine Struktur war allerdings stark aristokratisch beeinflußt, was besonders bei der Vergabe der Priesterämter und gerade auch in dem Charakter der eben erwähnten inneren Auseinandersetzung zum Ausdruck kam, die sich wesentlich zwischen zwei Gruppen der reichen Elite abspielte. Dank seiner religiösen Funktion gewann das von Hause aus ärmliche Gebirgsnest unübersehbare Einnahmequellen: Die ausgedehnten Ländereien in der Ebene, über die das Heiligtum verfügte, waren verpachtet und warfen sicher auch unter Abrechnung des Pachtzinses den Bauern noch reiche Erträge ab. Dazu kam die Masse der Pilger und Orakelbefrager aus allen Teilen der griechischen Welt, ja auch aus nichtgriechischen Gebieten. Diese brachten natürlich den verschiedenen Dienstleistungsgewerben und Devotionalienherstellern und -händlern erhebliche Einkünfte: Fast möchte man an die Funktion des Massentourismus denken, der heute die Existenz von Delphi bestimmt. Auch die zweimal jährliche Versammlung der Festgesandten und die alle vier Jahre stattfindenden Pythischen Spiele, die an Bedeutung gleich nach den Olympischen Spielen kamen, brachten massenhaften Zulauf. In der Tat: Apollon hatte den Kretern untrüglich geweissagt.

Delos

Derselbe homerische Hymnos führt uns auch zu Delos: Als die Göttin Leto, von Zeus geschwängert, kurz vor ihrer Niederkunft einen Platz suchte, an dem sie gebären könnte, da wollten viele Gebiete, so reich sie auch waren, sie nicht aufnehmen, aus Furcht vor den gewaltigen Göttern, deren Geburt zu erwarten stand. Allein das steinige und staubige Eiland Delos, das allenfalls Meeresgetier Lebensraum bot, war dazu bereit, jedoch auch nur gegen ein sehr handfestes Versprechen der Göttin: „Niemals wird dich ein andrer berühren, niemals dich ehren, / wirst auch, glaub ich, an Rindern nicht reich, an Schafen wohl auch nicht. / Ernten wirst du nicht tragen noch Pflanzen zahllos erzeugen. / Hättest du aber den Tempel Apollons, des Schützen ins Weite, / sammelte sich bei dir alle Welt und bräct' Hekatomben; / allzeit stiege zum Himmel der unermeßliche Fettdampf; / alle Menschen, die dich bewohnen, wirst du ernähren, / freilich durch fremde Hand, da dein eigener Boden nicht fett ist" (3,53 ff., übersetzt von A. Weiher).

Die literarische Fassung des Mythos von Apollons Geburt zeigt sehr gut, auf welchen Voraussetzungen die hier bezeichnete Spezialisierung beruht, ganz ähnlich wie in Delphi; denn die winzige Insel Delos, ganze 3,5 km² groß, wurde, als Geburtsort Apollons, eines der größten griechischen Kultzentren. Im Herzen der Ägäis gelegen, war sie das zentrale Heiligtum der Griechen,

die sich dem ionischen Stamm zurechneten und die dort jährliche Feste, mit
Gesängen und Sportwettkämpfen, veranstalteten. So wurde die Insel lebens-
fähig, ja reich, erhielt das Heiligtum zusätzlichen Besitz, besonders auf der
Nachbarinsel Rheneia.

Ein Problem war allerdings, daß sie damit, nicht anders als Delphi, auch
politisch interessant wurde: Schon die Tyrannen Peisistratos von Athen und
Polykrates von Samos benutzten das Prestige des Heiligtums in ihrem Sinne
– wobei allerdings für Delos immerhin die Insel Rheneia als Geschenk (des
Polykrates) ‚abfiel‘. Bedenklich allerdings wurde diese politische Implikation
erst im Ersten Attischen Seebund, als die Insel wegen ihrer Bedeutung als
Zentrum des Ionertums Mittelpunkt der ‚Delisch-Attischen Symmachie‘
wurde. Damit aber geriet sie, wie das Bündnis selbst, ganz unter athenischen
Einfluß. Zeitweilig waren ihre Bewohner sogar vertrieben (422/421). Und
auch später versuchte Athen durchaus, die Insel direkt zu kontrollieren. Im
Hellenismus schließlich wurde die Insel 314 unter der neuen Großmacht
Ägypten der Hauptort des neugegründeten Nesiotenbundes.

Doch die Vorteile der Kultfunktion überwogen ganz eindeutig, und nicht
allein wegen der genuin religiösen Zusammenhänge. Schon in der Antike bestand die Tendenz – im Falle des aitolischen Thermos wurde das bereits erwähnt (s. o. 87) –, daß sich an ein großes Fest auch ein Markt anlagerte, es
also eine Art ‚Messe‘ gab. Und je bedeutender das Fest war, desto bedeutender konnte sein Markt werden, zumal wenn, wie im Falle von Delos, der
Festplatz eine verkehrsgünstige Lage hatte. Strabon konnte deshalb geradezu
sagen: „Das Fest ist in gewisser Weise auch eine kommerzielle Angelegen-
heit" (Strab. 10,5,4). Schließlich wurde Delos sogar, als die Römer sich an
Rhodos wegen dessen Neutralität im Perseuskrieg revanchieren wollten (s. o.
128), zum Freihafen erklärt (166) und zugleich – die Bewohner wurden vertrieben – athenischer Verwaltung unterstellt. Frei von Zöllen und als heiliger
Platz auch einige Sicherheit garantierend, wurde das religiöse Zentrum der
Ägäis jetzt „der gemeinsame Handelsplatz der Griechen" (Paus. 3,23,3.
8,33,2.), eine Position, die durch die Zerstörung von Korinth (146) und damit
den Wegfall eines Konkurrenten noch weiter ausgebaut werden konnte. So
war Delos auch eine echte *commercial city* geworden, ein Umschlagszen-
trum mit weitreichenden Verbindungen, in dem sich zunehmend auch italische Händler einfanden. Zwar gab es keine Zölle, aber auch so wurde es,
durch die verschiedenen Dienstleistungen, eine reiche und blühende Stadt –
und erlangte auch die traurige Berühmtheit des größten Sklavenmarktes im
östlichen Mittelmeer. Damit allerdings war es auch wieder ein Faktor der
großen Politik; und dies brachte die Katastrophe, als es im Zuge der Erhebung des Mithridates gegen die Römer von dessen Truppen total zerstört
wurde: Allein 20 000 Menschen, in der Mehrzahl Italiker, sollen dabei den
Tod gefunden haben.

Ephesos

Ephesos ist in mancher Hinsicht mit Delphi und Delos vergleichbar, doch mit einem entschieden anderen Hintergrund. Die Stadt war von Hause aus stark auf die agrarische Nutzung bezogen. Sie kontrollierte eines der größten und fruchtbarsten Gebiete im ionischen Kleinasien, im Raume des Kaystros am waldigen Mesogis-Gebirge, das allerdings teilweise versumpft war. Ihr Signum und ihre spezifische Bedeutung erhielt sie jedoch durch ein religiöses Phänomen: Die griechischen Siedler hatten einen bedeutenden ‚barbarischen' Kult adaptiert, den Kult einer mit der kleinasiatischen Muttergottheit zu verbindenden Fruchtbarkeitsgöttin. Sie hatten diese mit ihrer Artemis identifiziert und allmählich griechische Kultelemente eingeführt, zum Beispiel Spiele. Die Göttin hatte aber ihren autochthonen Charakter damit keineswegs verloren: Der hochgeehrte Oberpriester, der Megabyzos, war ein Eunuch, und generell blieb das Heiligtum der Großen Artemis von Ephesos immer auch ein orientalisches und von Orientalen besonders verehrtes Kultzentrum.

So vertrauten die Ephesier auch auf die Macht der Göttin, als sie (Mitte des 6. Jahrhunderts) vom Lyderkönig Kroisos angegriffen wurden. Dieser respektierte das Heiligtum in der Tat, gliederte aber die Stadt seinem Herrschaftsbereich ein, indem er den Tyrannen Pindaros zur Abdankung nötigte und die Stadt von einer festen Lage auf einem Hügel (Ajasoluk) in die Ebene beim Heiligtum verlegte. Damit aber ergab sich zugleich eine neue Perspektive: Ephesos lag als Kopfstation an einem günstigen Weg von einem guten Ägäishafen ins Zentrum des lydischen Reiches (durch das Kaystros-Tal und am Berge Tmolos vorbei), ferner nach Magnesia und Tralleis und damit zu Anschlüssen an die Karawanenstraßen Syriens. Das ganze wurde noch begünstigt durch die Unterwerfung der Lyder unter die persische Herrschaft, denn jetzt bestand in Sardeis die Verbindung mit der Königsstraße. Es gab also beste Voraussetzungen für den Handel und ohnehin, wegen des Kultes, gute Beziehungen zu den Orientalen im Hinterland. Diese blieben auch im wesentlichen gewahrt, selbst im Ionischen Aufstand, in dem sich schon eine Zurückhaltung nach außen deutlich bemerkbar machte. Diese Situation bedingte auch – was wiederum große Rückwirkungen auf das Verhalten der Ephesier hatte –, daß das Heiligtum ein bedeutendes Gelddepot wurde, sozusagen die wichtigste Bank im kleinasiatisch-ägäischen Raum, auch für Nichtgriechen.

Im Inneren allerdings bot Ephesos durchaus das Bild einer griechischen Polis: Die Dynastie der Basiliden war schon vor Kroisos' Zeiten durch eine Tyrannis (Pythagoras) abgelöst worden. Am Ende des 6. Jahrhunderts wurde unter einem athenischen Aisymneten wahrscheinlich eine neue politische Ordnung, wohl eine Hoplitenpoliteia oder eine ‚kleisthenische' Verfassung eingerichtet, denn zum Leidwesen des aristokratischen Philosophen Heraklit konnte seine Heimatstadt am Anfang des 5. Jahrhunderts als demokratisch gelten. Bei aller außenpolitischen Zurückhaltung konnte sich Ephesos dem Ersten Attischen Seebund nicht entziehen, kam aber nach dessen Katastrophe wieder stark unter orientalischen Einfluß. Um 400 allerdings wurde gerade die kommerziell-gewerbliche Komponente gefördert, als Lysander die Stadt zu seiner zentralen Flottenbasis ausbaute: Die Handelsschiffahrt wurde hier stärker konzentriert, und Schiffswerften wurden angelegt. So stieg die Bedeutung als Handelsplatz, zugleich Bankzentrum und Kultmittelpunkt.

Dies wurde durch die Öffnung des Orients für die Griechen mit dem Hellenismus noch beträchtlich gefördert, zumal nachdem unter dem Diadochen Lysimachos die Stadt weiter westlich, mit besserem Zugang zum Meer, neu gegründet worden war. So wurde Ephesos das bedeutendste Emporion in Kleinasien nördlich des Tauros, mit günstigen Häfen und leistungsfähigen Werften, dazu reichen Einkünften aus seinem berühmten Wein, daneben aus diversen Fischen und *frutti di mare,* die auch aus den teilweise vorgelagerten Lagunenseen stammten. Auch unter der Herrschaft der Römer, in der Provinz Asia, behielt Ephesos diese Position, ja scheint sie noch weiter ausgebaut zu haben, da nunmehr auch die italischen Fernhändler diesen Platz besonders frequentierten, wie sehr, zeigt das gezielte Massaker, das Mithridates im Jahre 88 unter ihnen anrichtete, die sogenannte Vesper von Ephesos.

Darüber hinaus blieben immer auch die mit dem Heiligtum verbundenen Einkünfte von Bedeutung. Wir haben natürlich mit einem starken ‚Pilgertourismus' zu rechnen, besonders an den großen Festtagen, die uns in einem griechischen Roman so anschaulich geschildert sind. Dies war auch für das Handwerk von Bedeutung, ja diese Komponente, die Herstellung von Votivstatuetten, Devotionalien und ähnlichem, die wir auch für die anderen religiösen Zentren anzunehmen haben, ist hier sogar durch eine bezeichnende Episode plastisch bezeugt: Der Apostel Paulus war über zwei Jahre lang (Ende 54–57 n. Chr.) missionarisch in Ephesos tätig, und zwar mit so großem Erfolg, daß die Hersteller von Kultgegenständen und ‚Souvenirs' um ihre Geschäfte fürchteten. Ein Silberschmied namens Demetrios agitierte gegen die christliche Missionstätigkeit; es gab Unruhen in der Stadt, die sogar die kommunalen Behörden zum Einschreiten veranlaßten. Hieraus erhellt schlagartig die auch ökonomische Bedeutung eines solchen Kultzentrums. Ephesos selbst blieb noch die gesamte Kaiserzeit hindurch eine erstrangige Metropole, eine Großstadt mit geradezu ‚modernen' Dimensionen.

Da sich Mittelpunkte der medizinischen Versorgung oft in Verbindung mit Heiligtümern, nämlich solchen der diversen Heilgötter, besonders des Asklepios, befanden, sei auf derartige medizinischen Zentren hier nur kurz hingewiesen. Auch solche Städte konnten durch den Zustrom von Kranken und Pilgern, die Heilung suchten, ihre ökonomische Position stark verbessern. In Kos beispielsweise, dem wohl wichtigsten medizinischen Zentrum der griechischen Welt mit der Ärzteschule, die einen Hippokrates hervorbrachte, war diese Komponente sicher nicht zu unterschätzen. Interessant ist darüber hinaus Epidauros mit seinem kaum minder berühmten Asklepiosheiligtum: Wie sich der Wohlstand damit vermehrte, können die höchst imposanten Reste des Theaters, das eigens für das Heiligtum selbst, einige Kilometer von der Stadt entfernt, gebaut worden war, noch heute demonstrieren. Auch der zwischen Athen und Boiotien lange strittige Ort Oropos, mit seiner Kultstätte des Heil- und Weissagegottes Amphiaraos, wäre hier zu nennen sowie auch das kleine phokische Hafenstädtchen Antikyra am Korinthischen Golf: Dort wuchs in großen Mengen die Nieswurz, eine Heilpflanze, die besonders gegen mentale Krankheiten angewendet wurde. Deshalb bildete sich dort ein entsprechender ‚Kurort' heraus.

c. Händlerstaaten

Unter diesem Stichwort seien die Staaten erfaßt, die an sich den schon mehrfach erwähnten spezifischen Handelsstädten (Typus der *commercial city*) wie Korinth, Rhodos, Ephesos, Delos und so weiter nahekommen. Wichtig und auch wesentlich anders ist hier allerdings, daß diese Staaten selbst nicht nur – oder sogar weniger – Umschlagplätze sind oder vom Handel mit Eigenprodukten lebten, sondern daß vor allem ein sehr nennenswerter Teil ihrer Bevölkerung unmittelbar vom Handel lebte, also eine große Mobilität an den Tag legte.

Aigina

Die Insel Aigina verfügt nur über magere agrarische Ressourcen, besonders im Norden und Nordosten. Sie wurde schon in der Antike als in dieser Hinsicht relativ arm gekennzeichnet. An sich wäre deshalb auf der zudem kleinen Insel (86 km²) mit einer heutzutage auf ein Drittel des gesamten Territoriums beschränkten landwirtschaftlichen Nutzfläche nur eine Bevölkerung von einigen Tausend zu erwarten. Aber allein auf Grund der Flotte, die Aigina am Anfang des 5. Jahrhunderts unterhalten konnte, kommt eine moderne Schätzung auf insgesamt 30 000 bis 40 000 Einwohner (Figueira). Zudem war die Insel reich, wie noch heute der eindrucksvolle Aphaia-Tempel und auch die Reste der Stadt selbst mit ihren großen Hafenanlagen zeigen. Dafür war nun nicht das agrarische Einkommen maßgebend, sondern vor allem das Einkommen aus Handelstätigkeit, die eindeutig die Haupteinnahmequelle der Aigineten bildete. Aigina war eine Seemetropole, hieß – bei Pindar

– „schiffsberühmt" und „langrudrig", seine Bewohner wurden in ihrer Tüchtigkeit mit Delphinen verglichen. In der Schlacht bei Salamis waren sie die anerkannt Tapfersten in der griechischen Flotte. Schon zu Zeiten Hesiods konnten sie sogar als die Erfinder der Schiffe gelten.

Sie begannen wahrscheinlich – wie nahezu jeder Seehandel in der Antike – als Piraten, mit der Heimsuchung des Umlandes und der Verunsicherung der vorbeiführenden Seewege, besonders nach Korinth und Megara (Ende 8. und 7. Jahrhundert). Was die Seeräuber erbeuteten, wurde von ihnen selbst oder ihren Mitbürgern überallhin gehandelt, vor allem wohl auf die Peloponnes und teilweise nach Art des Hausiererhandels: Menschen vor allem (als Sklaven), aber auch Kleinartikel, so daß später Trödelwaren, aber auch Parfums „aiginetische Waren" hießen. Die Aigineten hatten infolgedessen keinen guten Ruf, ähnlich den Kretern: Ein Sprichwort etwa lautete: „Der Kreter gegen den Aigineten" – wenn man besondere Gerissenheit ausdrücken wollte. Im 6. Jahrhundert hatten sie den Kleinhandel weit getrieben und als solchen stabilisiert. Viele griechische Städte schlossen sich ihrem Münzfuß an. Sie setzten aber auch, nachdem die Piraterie unmöglich geworden beziehungsweise an den Rand gedrängt worden war, ihre kühnen Raubfahrten als Handelsfahrten im Fernhandel fort, bis nach Spanien und Etrurien, in die Adria, nach Ägypten und ins Schwarze Meer. Sie handelten mit Metallen, Keramik, Getreide, Menschen – aber auch nach wie vor mit ihren Kleinwaren – in der Regel als ‚reine' Kaufleute, denn nur weniges war von ihnen selbst produziert (Olivenöl und Metallwaren noch in erster Linie).

So wurde die Stadt selbst gegen Ende des 6. und Anfang des 5. Jahrhunderts, begünstigt durch den Niedergang wichtiger Konkurrenten im kleinasiatischen Raum (Phokaia, Samos, Milet), auch ein führender Handelsplatz (Emporion), mit speziellen rechtlichen Bestimmungen zum Schutz auch der Fremden, die als Gastfreunde besonders gut behandelt wurden. So wuchs der Reichtum der Stadt durch die Zolleinnahmen, zugleich aber auch der der Individuen. Die Masse des Demos war ja, wie schon Aristoteles gesehen hat, in Handelsgeschäften tätig. Es gab also viele Kleinhändler, aber es waren auch größere Einkünfte möglich, besonders natürlich im Fernhandel. Auch der Reichtum der Oberschicht, der sogenannten ‚Dicken', wird zu einem großen Teil auf Handelsunternehmungen zurückgehen. Insofern dürfen wir uns diese Schicht durchaus als eine Kaufmannsaristokratie vorstellen. Die Zahl der wagemutigen Seefahrer in diesen Reihen, die selbst noch ausfuhren, wird allerdings, zumal nach der ‚Zähmung' des Seeraubs, wohl nicht sehr groß gewesen sein. Die meisten haben kein anderes Leben als andere Aristokraten anderswo geführt. Sie lebten wie Rentiers von Geld, das sie in Handelsgeschäften anlegten. Sie haben offensichtlich den aristokratischen Lebensstil besonders kultiviert, in der intensiven Pflege ihrer Außenkontakte, im athletischen Leben und – sicher – auch in der Politik.

Dabei scheinen sie, unter anderem in der gemeinsamen Rückführung auf den legendären Stammvater Aiakos, große innere Solidarität entwickelt zu haben. Sie konnten sogar einen Umsturzversuch eines ‚Renegaten' aus ihren Reihen, der, gestützt auf immerhin rund 700 Leute aus dem Volk und mit athenischer Hilfe, die Verfassung umstürzen, also eine Demokratie – vielleicht aber eher eine Tyrannis – einrichten wollte, aus eigener Kraft vereiteln. Es scheint also, daß auch größere Teile der unteren Schichten, die ja schließlich vor allem die Bemannung der Flotte stellten, mit dem System einverstanden waren. Und so bildete das seemächtige Aigina den größten Feind des aufstrebenden Athen. Viele Konflikte besonders zu Beginn des 5. Jahrhunderts zeigten dies, und schließlich ruhte Athen nicht eher, als bis es die Insel annektiert hatte (im Peloponnesischen Krieg). Zwar wurde Aigina später wieder unabhängig und behielt seine traditionelle Ausrichtung bei, aber es lag hinfort seinerseits im Schatten des Piräus.

Phokaia

Auch das alte Phokaia des 7. und 6. Jahrhunderts war ein eklatantes Beispiel für einen extrem auf Seehandel ausgerichteten Staat: Sein Anbaugebiet war wenig bedeutend, aber es verfügte über eine gute Hafensituation, dazu mündete in seiner Nähe eine Landverbindung von Sardeis her, durch das Hermos-Tal. Wichtig waren aber besonders die weiten und kühnen Seefahrten der Phokaier, die bezeichnenderweise in Kriegsschiffen erfolgten, weniger in defensiver Absicht, sondern weil auch hier der Übergang vom Seeraub zum Seehandel nahtlos war. Auf diesen Fahrten haben sie gleichsam für die Griechen die Gewässer des ferneren Westens, das adriatische und tyrrhenische Meer, ja Spanien und das offene Meer jenseits der Säulen des Herakles, also den Atlantik, entdeckt. Ihre Handelsexpeditionen galten in erster Linie den wichtigen Metallen Silber und Zinn. Diese brachten sie vor allem aus dem südspanischen, am Atlantik gelegenen Tartessos, das selbst Silber und Kupfer gewann und aus dem nordwestlichen Spanien, der Bretagne und Britannien Zinn bezog. Mit seinem langjährigen Herrscher Arganthonios unterhielten die Phokaier glänzende Beziehungen, was deutlich die sozusagen ‚individuelle' Struktur des Handels zeigt. Die Metalle vertrieben sie ihrerseits im gesamten griechischen Bereich, waren also insgesamt gleichsam Zwischenhändler, da sie selbst nichts Nennenswertes produzierten. Daneben waren sie – wenig verwunderlich – auch in Naukratis präsent.

Unter denselben Vorzeichen steht auch ihre Kolonisationstätigkeit: Ihre wichtigste Pflanzstadt, Massalia (Marseille), durchaus ohne Rücksicht auf Fruchtbarkeit des Umlandes gegründet, dafür aber aus einem klaren Blick für die Hafenlage und die Fernverbindungen heraus, wurde sehr schnell ein wichtiges Zentrum des Zinnhandels mit Spanien und Britannien (unter Ausnutzung des französischen Gewässernetzes) und zog überhaupt seine Bedeutung aus der Erschließung des Umlandes an der Küste entlang, aber auch tief in das keltische Hinterland hinein. Auch sonst konnten die Phokaier bei Siedlungen mit Land vorlieb nehmen, das wenig ergiebig war und nur bei maritimer Orientierung reichere Ausbeute versprach. So gründeten sie noch sehr spät (kurz nach 540), als das beste Siedlungsland weithin schon längst ,vergeben' war, im unteritalischen Hyele/Elea eine nachmals blühende Stadt, in der die Herstellung von Pökelfisch von großer Bedeutung war.

Wie sehr das Leben dieser ,Phöniker' Griechenlands von maritimem Unternehmungsgeist geprägt war, zeigte sich besonders, als die Perser unter Harpagos nach der Eroberung des Lydischen Reiches (546) zur Eroberung der ionischen Städte in Kleinasien schritten und zuerst Phokaia belagerten. Die den Phokaiern schon kurz zuvor von ihrem Freund Arganthonios von Tartessos finanzierten Stadtmauern hätten sie nicht mehr vor der Unterwerfung geschützt. Deshalb begaben sie sich mit Frauen und Kindern, ihrer Habe und den Bildern und Weihegeschenken ihrer Götter auf ihre Kriegsschiffe, um sich anderswo niederzulassen. Diese selbst für Griechen außergewöhnliche Mobilität war schon bezeichnend genug. Nicht minder anschaulich ist auch, daß sie in der Lage gewesen wären, den Chiern einige Inseln zwischen deren Insel und dem Festland abzukaufen, und daß die Chier sich dem verweigerten, „aus Furcht, diese Inseln könnten ein Handelsplatz werden und ihre eigene Insel könnte dessentwegen abgeschnitten werden" (Herod. 1,165). Selbst die reichen Chier rechneten also damit, daß die Phokaier nicht nur selbstverständlich einen Handelsplatz einrichten würden, sondern ihnen auch, auf einem winzigen Stückchen Land, gefährliche Konkurrenz machen könnten.

Als sich demnach dieser Plan zerschlagen hatte, segelte knapp die Hälfte der Bevölkerung weiter nach Westen, nach Alalia (Aleria) auf Korsika. Sie lebten dort überwiegend vom Seeraub, bis sie von den Hauptbetroffenen, Karthagern und Etruskern, zum Verlassen der Insel genötigt wurden und sich schließlich in Hyele/Elea (s. o.) niederließen. Phokaia selbst blieb jetzt nur noch ein unbedeutender Ort. In der Schlacht bei Lade, am Ende des Ionischen Aufstandes (494), stellte es nur noch drei Schiffe – aber bezeichnenderweise den Admiral der Gesamtflotte. So hoch wurde ihr nautisches Vermögen noch immer eingeschätzt. Und dieser Admiral betätigte sich übrigens nach der Niederlage in der Seeschlacht mit den drei Schiffen als Seeräuber – wobei er immerhin Griechen verschonte und sich an Karthagern und Etruskern schadlos hielt.

Von diesem Zusammenhang her fällt auch ein Licht auf Kreta, das hier nicht näher behandelt werden kann. Kretische Händler und Seeräuber sind mehrfach bezeugt. Natürlich waren auf der großen Insel Ackerbau und Viehzucht

durchaus von Bedeutung. Diese wurden aber im wesentlichen von der ‚helotisierten' Vorbevölkerung geleistet, und die dorische Herrenschicht genoß
das Leben des ‚Rentiers', dessen Haupttätigkeit Kämpfen und Kriegführen
war. Und angesichts der Lage der Insel und des Hafenreichtums der Küste
blieb es nicht aus, daß Kriegs- und Beutezüge auch zur See vorgenommen
wurden. Dies zeigt besonders die Fiktion, hinter der sich Odysseus nach seiner Rückkehr nach Ithaka verbarg (Od. 14,199 ff.): Er gab sich als Kreter aus,
der ein Landlos besaß, sich aber vorwiegend mit Beute- und Kaperfahrten,
also Piraterie, beschäftigte. Aus dem Seeraub mochten sich auch in Kreta erst
einzelne, dann zunehmend regelmäßigere Tausch- und Handelsfahrten entwickelt haben – aber der Seeraub blieb dort immer lebendig und galt keineswegs als anstößig.

IV. Schluß: Lehren aus der griechischen Geschichte?

Wohl niemand wird heutigentags von einem Historiker Lehren im Sinne konkreter Rezepte erwarten. Solche soll und kann er auch gar nicht abgeben, und ein derartiger Versuch soll demzufolge hier nicht unternommen werden. Ich will aber auch nicht ein *fabula docet* anschließen, was ohnehin nur mit Vorbehalt möglich wäre. Es soll nur noch einmal unterstrichen werden, was die Staaten des Dritten Griechenland, ja im Grunde die griechischen Staaten insgesamt, geleistet haben und was nicht. Konsequenzen, die sich daraus ergeben könnten – als Lehren –, mag jeder Leser selber ziehen. Wir können dazu nur Denkanstöße liefern.

Der Haupteindruck, der sich bei dem Blick auf die hier behandelte griechische Staatenwelt ergibt, ist – neben dem der vielfältigen Schattierung vor einem einheitlichen Hintergrund – der einer fulminanten Leistung und eines katastrophalen Scheiterns. Einer geistig-kulturellen, bis heute nachwirkenden Hochblüte steht das Manko gegenüber, die politischen Zustände im Spannungsfeld von Polisinteresse und gesamtgriechischer Identität nicht so beherrscht zu haben, daß sich die politische Eigenständigkeit des gesamten Systems, also der griechischen Staatenwelt, auf Dauer bewahren ließ. Man macht es sich aber zu leicht, wenn man die Griechen zu begabten Künstlern und Intellektuellen, aber politischen Versagern deklariert. Man kann ja sogar im Gegenteil feststellen, daß Kreativität und Beweglichkeit, systematisches Suchen von Problemen und Finden von Lösungen auch in der Politik zu beobachten sind. Man wußte um die neuralgischen Punkte, legte den Finger auf die Wunde und fand Wege zu ihrer Heilung. Die Konzepte einer Partizipation der Bürger, einer allgemeinen Friedensordnung, einer Integration durch bundesstaatliche Zusammenschlüsse waren klar entwickelt und wurden auch in praktische Politik umgesetzt. Entscheidend war lediglich, daß sie immer wieder von partikularen Interessen im Inneren des Staatensystems und durch den starken Druck auswärtiger Groß-, ja Weltmächte durchkreuzt und schließlich zunichte gemacht wurden – oder bestenfalls in der ‚höheren‘ Einheit eines Römischen Reiches aufgehoben waren (im Sinne Hegels). Kräfte des politischen Egoismus rangierten meist vor dem Konsens, in der inneren wie in der zwischenstaatlichen Politik. Und der *sacro egoismo* war für die Griechen von überwältigender Attraktivität. Darin liegen Faszination wie Verhängnis ihrer Geschichte.

Im übrigen haben sie selbst es nur zu deutlich gespürt. Ein merkwürdiges Phänomen ihrer Mentalität, das schon Jacob Burckhardt präzise beschrie-

ben hat, war der „griechische Pessimismus", der unter anderem in der verbreiteten Sentenz zum Ausdruck kommt, es sei am besten, gar nicht auf die
Welt zu kommen, und die zweitbeste Lösung sei, möglichst rasch zu sterben.
Oder, wie es der Chor im sophokleischen ‚Oidipus auf Kolonos' singt
(1224 ff.):

> „Nicht geboren zu sein, ist
> die höchste Einsicht;
> wenn aber einer geboren ist,
> hinzugehen, woher er kam,
> möglichst rasch,
> ist bei weitem das Zweite."

Und die Begründung führt uns auf zentrale Vorgänge griechischer Geschichte und Politik, zeigt, daß nicht nur individuelles, sondern auch ‚soziales' Er-
leiden den Pessimismus prägte:

> „Wer kam je aus dem Leid heraus?
> Welche Drangsal gibt es nicht in seinem Leben?
> Neid, Bürgerkriege, Zwist, Kämpfe
> und Morde."

Anmerkungen

Die Anmerkungen sollen Belege liefern, die die kritische Überprüfung der im Buch vertretenen Positionen ermöglichen und Hinweise zur Erleichterung der weiteren Arbeit in den verschiedenen Punkten geben. Es sind deshalb sowohl Quellen als auch neuere Forschungsliteratur zitiert, allerdings mit der aus Platzgründen gebotenen Konzentration auf das jeweils Wichtigste sowie durch eigene Hinweise Weiterführende, und weitgehend ohne daß die allgemeinen Titel immer wieder genannt werden.

Die Abkürzungen entsprechen weitestgehend den Siglen im ‚Kleinen Pauly‘. Dazu kommen vor allem:

AAA	Archaiologika Analekta ex Athenon, Athen (Ἀρχαιολογικὰ Ἀνάλεκτα ἐξ Ἀθηνῶν).
AAntHung	Acta Antiqua Academiae Scientiarum Hungaricae, Budapest
Act. apost.	Acta apostolorum
AJAH	American Journal of Ancient History, Cambridge/Mass.
Anton. Lib.	Antoninus Liberalis
DGE	Eduard Schwyzer (Hrsg.), Dialectorum graecarum exempla epigraphica potiora, Leipzig 1923
Dioskur.	Dioskurides
Herakl. Cret.	Herakleides Creticus
Herod.	Herodot
[Herod. Att.]	[Herodes Atticus]
ISE	Luigi Moretti, Iscrizioni Storiche Ellenistiche, 2 Bde., Florenz 1967/1976
IvO	Inschriften von Olympia
KlP	Der Kleine Pauly
LP	Edgar Lobel, Denys Page (Hrsg.), Poetarum Lesbiorum Fragmenta, Oxford 1955
ML	Russell Meiggs, David Lewis, A Selection of Greek Historical Inscriptions to the End of the Fifth Century B.C., Oxford 1969.
RevÉtudesHist	Revue des Études Historiques
SCI	Studi Classici ed Orientali, Pisa
SDHI	Studia e Documenta Historiae et Iuris, Rom
StV	Die Staatsverträge des Altertums. Hrsg. von H. Bengtson u. a., München, Berlin 1962 ff., ²1975
ZPE	Zeitschrift für Papyrologie und Epigraphik

I. Einleitung

Epidamnos: Thuk. 1,24 ff.; Aristot. pol. 5,1301 b 21 ff. 1304 a 13 ff.; Diod. 9,10,3.12,30 f.; Heuß 1973, 24 f.; Gehrke 1985, 60 ff. – Peloponnesischer Krieg, Bedeutung: Thuk. 1,1. – Nationale Identität, apolitisch: Herod. 8,144; Heuß 1969, 40 ff. – Polispatriotismus: Meier 1980, 41, vgl. 85.87. – Zahl der Poleis: Pounds 1969, 135.137 ff. – Sonderrolle Athens und Spartas: Finley 1973 a, 48 f. (tlw. modifizierend: de Ste. Croix, CQ 69, 1975, 48 ff.); Schuller 1978, 24 ff.; Gschnitzer 1981, 95 ff.; Clauss 1983, 10. – Dialektik: Welwei 1983, 42. – Historiographisches Problem: Gehrke 1986, 41 f.

II. Allgemeiner Teil

1. *Die naturräumlichen Grundlagen*

Allgemein: Neumann/Partsch 1885; Philippson-Kirsten 1950 ff.; Sauerwein 1976. 1980; Hagedorn 1978, 312 ff. – Gesamtraum: Sauerwein 1980, 8. – Klima, allgemein: Mariolopoulos 1938; Philippson 1948. – Kontraste: Jardé 1925, X; Kastanis 1965, 38 f.; Philippson 1892, 151 (Achaia); Beuermann 1967, 97.108 (Achaia). – Vergleichbarkeit mit heutiger Situation: Kastanis 1965, 31; Bintliff 1977 I 51; Hodkinson/Hodkinson 1978, 266 mit Anm. 89; Hempel 1982, 54. 1983, 879, vgl. ebd. 883. 1984, 132. – Böden, allgemein: Jardé 1925, 63 f.; Kastanis 1965, 14. 61 ff. 93 ff. 109 ff.; Sauerwein 1969, 240 f. 1980, 41 ff.; Bintliff 1977 I 90 ff.; Hempel 1983, 880. 1982, 22, vgl. 1984, 107 ff. (zur Modifizierung von Vita-Finzi 1969 s. bes. 1984, 132). – Sinkstoffe: Kastanis 1965, 28. – Wasserhaushalt allgemein: Kastanis 1965, 26. – Bewässerung: ebd. – Entwässerung: Stählin 1924, 93 (Larisa); Kastanis 1965, 56; Beuermann 1967, 94; Knauss u. a. 1984. – Berganteil: Kastanis 1965, 21. – Vegetation: Rikli 1943 ff.; Forbes/Koster, in: Dimen/Friedl 1976, 109 ff.; Bintliff 1977 I 72; Baumann 1982. – Politische Aspekte: Kirsten in: Philippson/Kirsten 1950 ff.; ders. 1956; Näheres s. u. Abschnitt III. – Euriposbrücke: Strab. 9,2,2.8.10,1,8; Diod. 13,47,3. – Sonderentwicklungen: Balcer 1979, 261 ff.; Gehrke 1985, 225 ff.

2. *Wirtschaftsleben und soziale Strukturen*

Allgemein: Xen. oik. 4,1 ff. mem. 3,7,6; Aristot. pol. 1,1256 a 30 ff. 1258 b 13 ff. 4,1290 b 23 ff. 6,1318 b 6 ff.; Heichelheim 1938; Michell 1957; Hasebroek 1931; Finley 1977; Austin/Vidal-Naquet 1977; Pekary 1979; Gschnitzer 1981. – Polis als Ackerbürgerstadt: Weber 1972, 730 ff.; Pounds 1969, 143 ff.; Daverio Rocchi 1981, 346. 350 ff., vgl. Humphreys in: Ucko u. a. 1972, 763 ff. – Polis als Gebietsverband: Weber 1972, 27.782. – Polis und Umland: Kirsten 1956. – Bedeutung der Landwirtschaft: Xen. oik. 4,4 f.5,1 ff. 5,17.15,3 ff.; [Aristot.]oec. 1,2; – Préaux 1978 II 474. – Landwirtschaft generell: Eine zusammenfassende Darstellung fehlt: s. Jameson 1977, 125 f. Anm.18, wegen der generellen Vergleichbarkeit ist wichtig: White 1970, vgl. auch Finley (Hrsg.) 1973 b. – Traditionelle Stufe: E. Friedrich in: Fochler-Hauke (Hrsg.) 1959, 44. – Bedeutung der Kulturtätigkeit: Jardé 1925, 78 f.; Beuermann 1967, 94; Lohmann 1983, 115 f. – Terrassierung: Fels 1944; Gavrielides 1976, 155 f.; Lohmann 1983, 113 f. – Produkte: Hehn 1902; Jardé 1925, vgl. auch Fiedler 1840, 507 ff. (zwar der Zustand im letzten Jahrhundert, aber in vieler Hinsicht der Antike vergleichbarer). – Arbeiten: Hes. erg. 385–617 (zu Einzelheiten s. den Kommentar von West 1978); Xen. oik. 16,10–18,10 (Getreide). 19,1 ff. (Wein). 12 ff. (Oliven) (vgl. den Kommentar von Meyer 1975); Jardé 1925, 10 ff.; White 1970, 224 ff., vgl. generell auch Fiedler a.O., zum Olivenanbau auch Gavrielides 1976, 143 ff. 265 ff. – Betriebsgrößen: Die Schätzungen von V. N. Andreev, Eirene 13, 1974, 5 ff., bes. 14 ff. und Burford Cooper 1977, 162 ff., bes. 169 ff. (vgl. auch Pečirka in: Finley 1973 b, 113 ff.; Lewis ebd. 187 ff.; Jameson 1977, 125 A. 13; Uggeri PdP 124, 1969, 51 ff.; Hodkinson/Hodkinson 1978, 274) sind eher etwas zu hoch, zumal wenn man sie mit Ertrags- und Verbrauchsberechnungen (Jardé 1925, 30 ff.; Pounds 1969, 140 f.; Figueira 1981, 25; Foxhall/Forbes 1982, 41 ff.) konfrontiert; zur Methodik vgl. auch G. D. R. Sanders, ABSA 79, 1984, 251 ff. – Oikos: Xen. oik pass. – Einzelgehöfte: z. B. JHS ArchRep 1982/1983, 28 f. – Gemischte Bewirtschaftung: Aristot. pol. 1,1256 b 2 ff. – Ein Sohn: Hes. erg. 376. – Freizeit: Hopkins 1978, 24 f. – Bauernwirtschaften neben Großagrariern: Guiraud 1893, 446; Lohmann 1983, 113. –

Großbesitzer: Xen. oik. 2,5 f. 7,2 f. 11,9. 12 ff.; – Finley 1977, 38 (Abkömmlichkeit); Gschnitzer 1981, 39 (homerische Zeit); Hodkinson/Hodkinson 1978, 280 (Sklavenzahl, allerdings mit Berufung auf Colum. 2,12,7). – Seeraub: z. B. Hom. Od. 14,202 ff. – Strukturveränderungen: J. Pečirka in: Finley 1973 b, 119 ff.; L. Haselberger, AA 1978, 364 ff.; Kahrstedt 1954 (Kaiserzeit). – ἐσχατιά: ML 13 (mit einer allerdings nicht ganz eindeutig zu interpretierenden Passage); A. Wilhelm, Neue Beiträge 3, 1913, 13 f.; L. Robert, Opera Minora Selecta II 820 ff.; Burford Cooper 1977, 172 ff. – Kombination der Wirtschaftsweisen: Aristot. pol. 1, 1256 b 2 ff. – Hirten: Aristot. pol. 1, 1256 a 30 ff.; Anth. Pal. 6,32.35.37.96.99.108.262 f. – Almwirtschaft und Fragen der Begrifflichkeit (Transhumanz und Nomadismus): Beuermann 1967, 17 ff. – Hirten als eigenständige Gruppe und mit eigenem Besitz: Aristot. pol. 6, 1319 a 19 ff.; Anton. Lib. 22. – Sommer- und Winterweide: Anton. Lib. 22, weiteres bei Georgoudi 1974, 155 ff. – Konflikte mit Hirten: Robert 1949, 161 ff., vgl. v. Ivánka 1950, 353 f.; Georgoudi 1974, 172 ff.; Schneider 1971, 3 ff.; Daverio Rocchi 1981, 341 ff. – Polyphem: Hom. Od. 9,166 ff. – Fischfang: Herod. 1,62; Herakl. Cret. 1,23 f.; Anth. Pal. 6,4.5.23 ff.33.38; Bintliff 1977 I 117 ff.; Flacelière 1979, 255 ff. – Landarbeiter: Hom. Od. 11,487 ff.; Plat. polit. 289E/290A; Xen. mem. 2,8,1 ff. – Handwerk: Xen. oik. 4,2 ff. (Parallelen bei Breitenbach RE s. v. Xenophon 1841 f.); Aristot. pol. 1, 1260 b 1 ff. 3, 1278 a 1 ff. oec. 1,2; Blümner 1869; Büchsenschütz 1869; Mossé 1969. – Zimmerleute und Steinmetzen: Anth. Pal. 6,103.204 f.; Raubitschek 1949, Nr. 196; L. D. Caskey in: J. M. Paton (Hrsg.), The Erechtheum, Harvard 1927, IV: The Inscriptions, 277–422, mit R. H. Randall Jr., AJA 57, 1953, 199–210. – Töpfer: J. Geffcken, Griechische Epigramme, Heidelberg 1916, Nr. 123; Hampe/Winter 1962. 1965; W. Noll in: Antike Welt 8, 1977, 2,21 ff.; Scheibler 1983. – Zahlenrelation: Cook 1959, 114 ff. – Handel: Eubulos fr. 74 K.; Hermipp. fr. 63 K.; Xen. oik. 20,22 ff. mem. 3,7,6; Aristot. pol. 1, 1257 a 6 ff.35 ff. b 5 ff.; Hasebroek 1928; Roebuck 1959, 61 ff.87 ff.131 ff.; Finley 1965, 11 ff.; Gauthier in: Revue Historique du droit Franc. et étranger 59, 1981, 5 ff.; Garnsey u. a. 1983; Rolle 1985, 460 ff.; Timpe 1985, 181 ff.258 ff.

3. Grundzüge des politischen Lebens

a. Historische Erfahrungen

Mythen: Heuß 1969, 43 ff.; Finley 1979, 169 ff.; Prinz 1979, bes. 1 ff.212 ff.314 ff. – Wanderungen: Deger-Jalkotzky (Hrsg.) 1983; Schachermeyr 1984, 155 ff.; Lehmann 1985. – Großstämme: Heuß 1969, 45 ff.; Lehmann 1985, 63 ff. – Aitolien: Sordi 1969, 359 ff. (jetzt jedoch Funke 1985, 9 ff.). – Gebietsnamen: Gschnitzer 1969, 271 ff. – Alte Siedlungen: Hodkinson/Hodkinson 1978, 263. – Basileus: Luce 1978, 104; Gschnitzer 1981, 161 Anm. 7. – Frühe Siedlungen: Popham u. a. 1979. 1980 (Lefkandi); weiteres bei Murray 1982, 58 f.79 ff.; Roebuck 1972, 96 ff. und Wiseman 1978 (Korinth), vgl. auch u. III. – Versammlungen: Finley 1979, 81 ff. – Aristokratien: Allgemeine Rolle: Daverio Rocchi 1981, 361 ff.; besondere Fälle: Thgn. 891 ff.; Aristot. pol. 4, 1289 b 36 ff. (vgl. Herod. 5,77). fr. 603 R.; Herakl. Pont. fr. 31 (FHG II 222) (Chalkis); Aristot. pol. 5,1306 a 12 ff. (Elis); Hom. Il. 2,536 ff.; Archil. fr. 3; Aristot. pol. 4,1289 b 33 ff. 5,1306 a 35 f. Ath. pol. 15,2; Strab. 10,1,10.12 f.; Plut. Thes. 5,2 ff.; Auberson 1975, 11 f.; Mele 1975, 15 ff.; Pulci-Doria Breglia 1975, 37; C. Bérard, MH 29, 1972, 219 ff. (Eretria, tlw. Chalkis); Aristot. pol. 5, 1305 b 18 ff. (Erythrai); Herod. 5,92; Satyros Pap. Oxyrh. 2465 fr. 3 col. II 12 ff.; Nikol. Dam. FGrHist 90 F 57; Diod. 7,9,6; Strab. 8,6,20; Paus. 2,4,4 (Korinth); Legon 1981, 55 f. (Megara); ML 2 (Dreros), weiteres s. u. Abschn. III. – Phylen: Heuß 1969, 45 ff.; Bourriot 1976; Roussel 1976; Lehmann 1985, 63 ff. – Phylen in Tegea: Paus. 8,53,6. – Stemmata: R. Much u. a., Die Germania des Tacitus, Heidelberg 1967, 52 f. – Krise: Wichtigste neuere

Zusammenfassungen: Gschnitzer 1981, 49 ff.; Murray 1982, 159 ff.; Welwei 1983, 42 ff. – Aristokratie: Xenophan. B 3 D.-K.; Thuk. 1,6,3; Finley 1979, 123 ff. – Demographischer Druck: Sparkes in: Renfrew/Wagstaff 1982, 47. – Ackergesetze: Aristot. pol. 6, 1319 a 12 ff. (Elis). 2, 1265 b 12 ff. (Korinth). 2, 1274 a 31 ff. mit Gehrke 1985, 372 f. (Theben). – Hopliten: Delbrück 1887, 16 ff.; M.P. Nilsson, Klio 22, 1929, 240 ff.; J.M. Snodgrass, JHS 85, 1965, 110 ff.; P. Cartledge, JHS 97, 1977, 11 ff.; J. Salmon, ebd. 84 ff.; zu Solidarität und Patriotismus s. Figueira 1981, 20 Anm. 12; Murray 1982, 159 ff. (mit wichtigen Belegen), vgl. A.R. Burn, The Lyric Age of Greece, London 1960, 183; Adkins 1972, 35 f. – Kolonisation: Roebuck 1959; J. Seibert, Metropolis und Apoikie, Diss. Würzburg 1963; A.J. Graham, Colony and Mother City in Ancient Greece, Manchester 1964; Contribution 1975 (Euboia); Ehrhardt 1983 (Milet). Mögliche Rückwirkungen, Smyrna: Murray 1982, 80 (Neuanlage nach 700), Eretria: könnte sich aus Contribution 1975, 121 ergeben, Korinth: s.u. III.3.e. – Adelskämpfe in Mytilene: Alk. fr. D 12. E 1 LP, zu Samos vgl. Herod. 3,143. – Tyrannis: Berve 1967, immer noch lesenswerte Zusammenfassung: Berve 1969, 161 ff.; Kinzl 1979. – Strukturelle Tyrannisgefahr: Sol. fr. 10 D., vgl. Welwei 1983,154. – Hof und Kultur: Herod. 1,23; Athen. 14,632 d (Periander); Herod. 3,121.123.125; Alex. FGrHist 539 F 2; Klytos FGrHist 490 F 2; Strab. 14,1,16; Suet. Cal. 21 (Polykrates). – Außenpolitik: Herod. 3,39; Thuk. 1,13,5. 3,104,2 (Polykrates); Kypseliden s.u. III.3.e.; Heuß 1969, 71 ff. – Selbstdarstellung: Herod. 6,126 ff. mit Heuß 1969, 73 f. und Griffin 1982, 55 f.; Paus. 6,19,1 f. 10,7,6 (Orthagoriden); Herod. 1,14; Plut. mor. 164 AB. 399 EF. 400 DE. 724 B; Paus. 5,17,5 ff., mit W.v. Massow, MDAI(A) 1916,15 ff. und Will 1955, 412 ff.; Sch. Plat. Phaidr. 236 B = Phot./Suda s.v. Κυψελιδῶν ἀνάθημα; Apellas FGrHist 266 F 5; Agaklytor FGrHist 441 F 1; Ephoros FGrHist 70 F 178, weiteres in den Kommentaren von Jacoby sowie bei J. Servais, AC 34, 1965, 144 ff. (Kypseliden). – Politik gegenüber Adel und Volk, Bauten: Herod. 3,60; Aristot. pol. 5, 1313 b 24; Athen. 13,602d; Klearch. fr. 44 W. (Polykrates); Herod. 5,67 f. (Kleisthenes); Sch. Plat. Phaidr. 236 B; [Aristot.]oec 2,2, mit Gnomipon z. St., vgl. Will 1955, 485 f.; Herakl. Pont. fr. 5,2 (FHG II 212 f.); Diphilos fr. 32 K.; Herod. 5,92; Ephoros FGrHist 70 F 178 f.; Nikol. Dam. FGrHist 90 F 58; Aristot. fr. 516 R., vgl. generell Zörner 1971, 196 ff. (Kypseliden); hierher gehören vielleicht auch die metrologischen Maßnahmen Pheidons von Argos, vgl. Kelly 1976, 114; weiteres s. bes. u. III. 3. a., e., III. 4. a., b. – „Verstaatlichung": J. Martin, Saeculum 27, 1976, 154 ff. – Opposition: z.B. Ain. takt. 4,1 ff.; Herod. 3,44 ff. – Bedeutung des Rechts: Hes. erg. pass.; Latte 1968, 77 ff. – Aisymnetie: Aristot. pol. 3,1285 a 29 ff. 4,1295 a 7 ff. – Auswärtige Aisymneten: Aristot. pol. 2, 1274 a 31 ff; Suda s.v. Aristarchos. – Ackergesetze s.o. 44. – Kaufgesetze des Pittakos: Theophr. fr. 97 W. – Trunkenheit und Luxus: Aristot. pol. 2, 1274 b 18 ff. rhet. 2, 1402 b 11 f.; Ail. var. 2,38; Plut. mor 155 F; Diog. L. 1,75; Cic. leg. 2,26,66, weiteres bei Gehrke 1978, 167 Anm. 94. – Verfassungen: Strab. 13,2,3; Diog. L. 1,75; Suda s.v. Archestratos; ML 8. 13, weiteres s.u. II. 3. c. – Vereinzelung in der Polis: Heuß 1969, 66 f.

b. Politische Grundmuster

Interne Konflikte generell: Legon 1966; Lintott 1982 (dazu Gehrke, Gnomon 55, 1983, 324 ff.); Gehrke 1985. – Hetairien: Gehrke 1985,328 ff. – Herrschaftsinteresse: ebd. 337 f. – Phasenverschiebung Demokratie/Oligarchie: Aristot. pol. 4, 1297 b 1 ff.; Heuß 1965, 75; Meier 1970, 54 f. – Außenpolitische Konflikte: interessante Fallstudien bei Amit 1973. – Synoikismen: s.u. III. 1. b., c., 2. b., 3. c., d.; Moggi 1976; Hornblower 1983, 15. – Elementare Konflikte: Demosth. 15,17; Thuk. 5,65,4 (Mantineia – Tegea); Xen. hell. 7,2,11 ff. (Phleius – Sikyon); Diod. 19,67,3; Strab. 10,2,6 (Aitolien – Akarnanien); Herod. 5,99; Thuk. 1,15,3; Archemachos FGrHist 424 F 9; Strab. 10,1,12; Plut. mor. 153 F. 760 Eff. (Lelantischer Krieg); Hornblower 1983, 15 f. (Samos – Priene); Hell. Oxyrh. 13,2 ff.; Xen. hell. 3,5,3 ff.; Georgoudi 1974, 180 f., (Lokris – Phokis). – Beute: Finley 1984, 286 ff. – Mantineia: Hodkinson/

Hodkinson 1978, 289. – Konkurrenzgedanken: Hornblower 1983, 16 ff. – Siegesweihungen: ML 74; Paus. 5,26,1 (Nike des Paionios in Olympia); Fouilles de Delphes III 1909 ff. ; Paus. 10,9,5 ff.; C. Vatin, BCH 105, 1981, 429 ff. (Delphi). – Rache: Isokr. 8,120. – Rache für 480: Herod. 8,144; Polyb. 3,6,9 ff.; Arr. an. 3,18,11 f.; Anth. Pal. 6,344; Hornblower 1983, 10. – Sparta–Tegea: Aristot. fr. 592 R. – Thessalien: Herod. 8,27 ff.; Paus. 10,1,3 ff.; Plut. mor. 244 B; Lehmann 1983 b, 38 ff. – Mantineia: Hodkinson/Hodkinson 1978, 244. – Orchomenos: Paus. 8,27,4. – Arkader: Xen. hell. 7,1,23 f. – Aitoler: Will 1982, 88 ff. 163.198 ff. (mit vielen Belegen). – Nachbarschaftskonflikte generell: Hornblower 1983, 16, weiteres s. u. Abschn. III.; instruktiv ist Herod. 8,30 (Phokis – Thessalien). – Krieg allgemein: Vernant 1968; Finley 1984, 286 ff.; Ducrey 1985; weiteres (in Auswahl) bei Schuller 1982, 93. – Intensität: Xen. mem. 2,1,12 f.; Kiechle 1969, 528 ff. – Amphiktyoneid: Aischin. 2,115. – Agonaler Charakter: Vgl. Brelich 1961. – Lelantischer Krieg: s. o. 50. – Argos – Sparta: Herod. 1,82; Thuk. 5,41 mit Hendriks 1982, 13. – Sepeia: Herod. 6,75 ff.; Aristot. pol. 5, 1303 a 6 ff.; Plut. mor. 245 C ff., zum Datum Hendriks 1982, 42 ff., vgl. dens., Mnemosyne N.S.33, 1980, 340 ff. – Einschränkungen: Ducrey 1968; Kiechle 1969, 528 ff. – Theben 335: Polyb. 38,2,13; Diod. 17,14,1 ff.; Iust. 11,3,8 ff.; Plut. Alex. 11,11; Arr. an. 1,9,9. – Plataier bei Marathon: Herod. 6,108. 111; Nep. Milt. 5,1. – Phleius: Xen. hell. 7,2,1 ff. – Genuin politisches Denken und Verhalten: zu Thukydides s. H. Strasburger in: H. Herter (Hrsg.), Thukydides, Darmstadt 1968, 412 ff.; K. Reinhardt, Die Krise des Helden, München 1962, 52 ff.; generell: Demosth. 23,102 f.; Diod. 11,81,3. – ,Erweckungen' im westgriechischen Raum: s. u. III. 4. c., 5. b., c. – Integrierte Konflikte generell: Gehrke 1985,268 ff. – Phleius: s. o. – Naxos: Herod. 5,30 ff. – Korinthischer Krieg: Hell. Oxyrh. 13,1 f.; Hamilton 1979, 192 ff.; Funke 1980 a, 54. – Thessalien: Isokr. 5,20; Iust. 8,2,1 f.; Polyain. 4,2,19; Plut. apophth. Phil. 17; Gehrke 1985, 189 ff. – Verrat: Wichtige Beispiele bei Ain. takt., dazu Lehmann 1980, 71 ff; vgl. auch Losada 1972. – Fremde Mächte und innerer Konflikt: Herod. 9,2. – Sparta/Oligarchen, Athen/Demokraten: Xen. hell. 4,8,20; Isokr. 8,108; Plat. rep. 8,556e; Aristot. pol. 5, 1307 b 20 ff.; Legon 1966, 185 ff.; Gehrke 1985, 289 f. – Peloponnes nach 370: Vorzügliche Darstellung bei Buckler 1980, 70 ff.185 ff. – Spaltung in Arkadien: Xen. hell. 7,4,33 ff. 5,1 ff.; Diod. 15,82,1 ff. (zugespitzt), vgl. jetzt Thompson, Historia 32, 1983, 149 ff.; generell s. u. III. 2. b., 5. a. – *cadavera:* Cic. fam. 4,5,4.

c. Der rechtliche Rahmen

Versöhnungen im Inneren: Gehrke 1985, 261 ff. – Schiedsgerichte s. u. II. 3. c. Elemente der Völkerrechtsentwicklung. – Verfassungsdefinitionen: Immer noch grundlegend Busolt-Swoboda 1920, 341.411 f.; s. jetzt auch Gehrke 1985, 312 ff. – Demokratien: Wörrle 1964 (Argos); IG XII 9,187,2.11; 189,4.24.35.41; 192,3 ff.; Suppl. 549 mit Wallace, Hesperia 5, 1936, 273 ff. (Eretria); IvO 7,5; Thuk. 5,47,9; Hellan. FGrHist 4 F 113; Aristot. fr. 492 R.; Diod. 11,54,1; Strab. 8,3,2; Paus. 5,9,5 (Elis); IG I³ 14,8 ff.21 ff.; Iv Erythrai/Klazomenai 1,2 mit Gehrke 1985, 67 Anm. 9 (Erythrai); StV² 287 (Histiaia); Sherwin-White 1978, 176 ff. (Kos); Aristot. pol. 6, 1318 b 21 ff.; Thuk. 5,47,9. 29,1, vgl. 31,6; IG V 2,323 mit Amit 1973, 144 ff. (Mantineia); SGDI 3053. 3054 mit Meyer RE s.v. Megara 199; Aristot. pol. 5, 1302 b 30 f. 1304 b 34 ff. poet. 1448 a 30 ff.; Plut. mor. 304 EF, weiteres bei Meyer a. O. und Gehrke 1985, 106 Anm. 2, anders Legon 1981, 104 ff., bes. 134 ff. (Megara); Accame, Clara Rhodos 9,211 f.; IvLindos 16 App.; Syll.³ 110 n.4 (Rhodos); Thuk. 8,21; Swoboda 1898, 250 ff. – Ausnahme Athen: Finley 1973 a, 48 f. (Modifizierend: de Ste. Croix, CQ 69, 1975, 48 ff.) – Aristoteles über Bauerndemokratien: Aristot. pol. 4, 1292 b 25 ff. 1296 b 28 f. 6, 1318 b 6 ff. – Exklusive Oligarchien: Aristot. pol. 4, 1292 b 5 ff. 5,1306 a 22 ff. 6, 1320 b 21 ff. (allgemein); Thuk. 4,74,1 ff. (Megara); Xen. hell. 5,2,25 ff. 4,1 ff.; Nep. Pelop. 1,2 ff.; Diod. 15,20,1 f.25,1 ff.; Plut. Pelop. 5 ff. mor. 575 F ff. (Theben); weiteres Gehrke 1985, 318 f. – Dekarchien: E. Cavaignac, RevEtudesHist 90, 1924, 285 ff.; Funke 1980, 28 ff.; J.-F. Bommelaer, Lysandre de Sparte, Paris 1981. – Oligarchische Verfassungen: Aristot. fr. 603 (Chalkis); IvO 3.11,3 f. (Elis); ML 82 (Eretria); Syll.³ 110 (Rhodos); Nikol. Dam. FGr Hist 90 F 60 mit Will 1955, 609 ff.; Jones, TAPhA 110, 1980, 186 A.28 (Korinth). – Bedeutung von Räten: Nikol. Dam. a.O. (Korinth); Xen. hell. 6,5,7 (Tegea), generell vgl. Aristot. pol. 4, 1298 b 26 ff. – Thebanisch/boiotische Verfassung: Hell. Oxyrh. 11,2 ff., zu ergänzen durch Thuk. 4,91. 93,4. 5,38,2; beste neuere Darstellung bei Salmon 1978. – Größerer Anhang in Oligarchien: Gehrke 1985, 117 (Mytilene); Xen. hell. 6,5,6 ff. (Tegea), vgl. allgemein Aristot. pol. 4, 1290 a 30 ff. – Strukturveränderungen im Konfliktfeld Oligarchie-Demokratie: Busolt-Swoboda 1920, 439; Quaß, Chiron 9, 1979, 37 ff., vgl. auch de Ste. Croix 1981, 300 ff.518 ff. – Bundesstaaten, generell: Larsen 1955. 1968; Lehmann 1981; Funke 1985. – Vorteile: Polyb. 2,37,7 ff. – Boiotien als Einheitsstaat: Gehrke 1985, 179 Anm. 97 (mit der kontroversen Literatur). – Aitolischer Bund: Flacelière 1937; Sordi 1969, 343 ff.; jetzt grundlegend Funke 1985, zu den Versammlungen vgl. auch Larsen, TAPhA 83, 1952, 1 ff. – Boiotischer Bund: Salmon 1978; Roesch 1965. – Achaiischer Bund: Urban 1979; Lehmann 1983 a (mit der älteren Literatur), für die spätere Verfassung bes. instruktiv Liv. 31,25,9. 32,23,1. – Verbreitung: Funke 1985, 1 ff. – Peloponnes als Polis: Polyb. 2,37,11. – ,Internationale Beziehungen': Martin 1940; Mosley 1973; Adcock/Mosley 1975. – Proxenie: Gschnitzer 1973; Marek 1984. – Amphiktyonie: Aischin. 2,115; Strab. 9,3,7. – Schiedsgericht: Piccirilli 1973; P. Hermann, MDAI (Istanbul) 29, 1979, 249 ff. – Autonomie: Thuk. 1,139,3 (Peloponnesischer Krieg); Heuß 1937, 221 ff.; Ostwald 1982. – 2. Attischer Seebund: IG II² 43 A 20 f. – Koiné Eiréne: StV² 242.265.269.270.292.403; Heuß 1938, 160 ff.; Hampl 1938; Ryder 1965. – Korinthischer Bund: Gehrke 1976, 65 Anm. 75 (mit Literatur). – Oktroi von Verfassungen: ML 40; Schuller 1974, 90 ff.101 ff.; Gehrke 1985, 298 f. – Garantien in Verträgen: IG II² 97,2 ff. II² 112,30 ff. mit S. Dušanić, MDAI (A) 94, 1979, 133 f. II² 116,16 ff. (ferner StV² 285a); Gehrke 1985, 299 ff. – Korinthischer Bund, Garantien: IG II² 236,2 ff.; [Demosth.] 17,4.6 ff.15 f. mit Gehrke 1985, 302 ff. – Entwicklung im Hellenismus: Heuß 1937.

4. Die geistige Kultur

Dialekte: Die wichtigsten Dialektzeugnisse sind ediert in SGDI und DGE, einiges bei Buck 1955. – Dialekte, zusammenfassende Behandlung: Kretschmer 1910; Thumb 1932. 1959; Buck 1955 (hier im wesentlichen zugrunde gelegt); Schmitt 1977. – Wichtige antike Bemerkungen zu den Dialekten: Herod. 1,142; Strab. 8,1,2. 14,5,26; Herakl. Cret. 3,1 ff. – Koiné: Eideneier 1980, 13 ff. – Verstehbarkeit und Komödienspott: Strab. 10,1,10. – Schrift, allgemein: Kirchhoff 1887; Jeffery 1961; Heubeck 1979. – Linear B: Chadwick/Ventris 1967. – Schreibfertigkeit: de Ste. Croix 1981, 539 Anm. 4 (mit Literatur). – Schriftlichkeit und Rechtskodifizierung: C. G. Thomas, SDHI 43, 1977, 455 ff. – Phönikische Schrift: H. Donner/W. Röllig, Kanaanäische und Aramäische Inschriften, 3 Bde, Wiesbaden ²1966 ff. – Übernahme durch Griechen: Heubeck 1979, 73 ff. (mit weiterer Literatur). – Religion, allgemein: Nilsson 1955. 1961; Burkert 1977. – Götterepiklesen: Paus. 2,10,4 ff. 23,5. 7,21,6 (für einige Beispiele); s. u. zu Arkadien, III. 5. a.; Wide 1910, 199. – Artemis von Ephesos: G. Seiterle, Antike Welt 10, 1979, 3,3 ff., vgl. u. III. 6. b. Ephesos – „Krämerkunst": Plat. Euthyphr. 14 e. – Tempelinventare: C. Michel, Recueil des inscriptions grecques, Brüssel 1900, Nr. 815; Inscriptions de Delos 290 ff.; Roussel 1916, 165 ff. – Spiele, allgemein: Nilsson 1906. – Pythische Spiele: z. B. Strab. 9,3,10.12. – Kommunikative Form: Strab. 9,3,5. – Thermika: Funke 1985, 72 f. 186 A. 131. – Identitätsstiftung: o. S. 37 – Mythos, allgemein: Preller/Robert 1887 ff.; Radermacher 1938; Ranke-Graves 1960; Kirk 1970; Blumenberg 1979. – Lebendiger Reichtum lokaler Traditionen: Weiß 1984, 179 ff. – Bemühen um Vereinbarung von Versionen: Herod. 1,145; Strab. 8,7,1; Paus. 7,1 ff. 24,5 f.; Sch. Hom. Il. 20,404, vgl. Prinz 1979, 314 ff. – Gelehrte Spekulationen: Weiß 1984,

180.184.189 mit instruktiven Beispielen. – Mythos als Spiegelung: Heuß 1969, 43 ff.; Prinz 1979, 1 ff. – Gründungsmythen: Prinz 1979; Weiß 1984, 179 ff. – Abanten: vgl. Mele 1975, 15 ff. – Aigina – Theben: Pind. I. 8,16 ff.; Herod. 5,80 mit Stein z. St.; ein weiteres instruktives Beispiel (Sikyon – Korinth) bei Paus. 2,1,1. 3,10 f., nach Eumelos (FGrHist 451 F 1.2). – Aristagoras in Athen: Herod. 5,97. – Tegeaten bei Plataiai: Herod. 9,26. – Arkaderweihung: Fouilles de Delphes III 3. – Fiktion entgegen anderer Gründungstradition: Prinz 1979, 1 ff. – Tenea – Tenedos: Paus. 2,5,4. – Pallene – Pellene: Thuk. 4,120,1. – Beispiel für Detailkritik: Strab. 10,2,19 (mit Hinweis auf die politischen Implikationen). – Literatur, Philosophie und Kunst, allgemein: Guthrie 1962 ff.; Lesky 1971; Röd 1976; Graeser 1983; Boardman u. a. ³1984; – Sieben Weisen: Snell 1952. – Reden und Vorträge: z. B. IG XII 9,234; vgl. Weiß 1984, 190 ff. – Alexandria: Pfeiffer 1970, 114 ff. – Öffentliche Wirksamkeit: Tenbruck, neue hefte für philosophie 10, 1976, 51 ff., vgl. Martin, Saeculum 27, 1976, 143 ff.; Popper 1984, 117 ff. – Entstehung der Philosophie: Nestle 1942; Schrödinger 1956, 69 ff.; Röd 1976, 24 ff.30 ff. – Polyklets Kanon: F. Hiller, Marburger Winckelmannprogramm 1965, 1 ff. – Sieben Weltwunder: Dawid 1968.

III. Spezieller Teil

Poleis in Lexika: Generell s. RE; sehr instruktiv auch die Artikel von Ernst Meyer in KlP. – Ansätze zu einer Typologie: Kirsten in: Philippson/Kirsten 1950 ff.; Pounds 1969, 144 f. – Modell: Finley 1984, 265 ff. – Typologie des Aristoteles: pol. 4, 1289 b 27 ff. 1290 b 38 ff. 1291 b 18 ff. 6, 1318 b 6 ff. – Feinunterschiede: Jameson 1976, 82.

1. Bedeutende Agrarstaaten

a. Thessalien

Allgemein: Stählin 1924; Jardé 1925, 69; Westlake 1935; Sordi 1958; Höper 1984, 41 ff. – Larisa: Hor. c. 1,7,11, weiteres bei Stählin 1924, 94, vgl. zur Pelasgiotis vor allem ebd. 80. – Aufgebot: Xen. hell. 6,1,8. – Klimaschwankungen: Stählin 1924, 86. – κλῆροι: Soph. fr. 829 mit Stählin 1924, 86. – Theokrit: Idyll. 16,34 ff. – Weitere wichtige Belege zu agrarischem Reichtum und Lebensstil: Simonides fr. 4.6 D.; Pind. P. 10,1 ff.69 ff.; Xen. hell. 6,1,11; Isokr. 15,155; Plat. Men. 70 a. – Politisches System der Aristokratie: z. B. Thuk. 4,78,3. – Randgebiete: Anton. Lib. 22; Herakl. Cret. 2,1 ff. – Politische Entwicklung (Auswahl aus dem Wichtigsten): Herod. 7,6 (mit Westlake, JHS 56, 1936, 12 ff.). 130. 172.174 (mit Robertson, JHS 96, 1976, 100 ff.). 9,58; Damastes FGrHist 5 F 4; Sordi 1958, 322 ff.; Busolt-Swoboda 1920, 358 f.; Gehrke 1985, 184 ff.; Thuk. 2,22,3. 4,78,1 ff.; [Herod. Att.]π.πολ. 30 f. – Pherai und Tyrannis: Hammond-Griffith 1979, 535; Westlake 1935, 48.82.127; Berve 1967 I 285 ff. – Interventionen im 4. Jahrhundert: Isokr. 5,20; Polyb. 8,35,6 ff.; Nep. Pelop. 5; Diod. 15,67,3 f. 71,2 ff. 80,1 ff. 16,14,2. 35,1 ff.; Iust. 7,6,7 f. 8,2,1 f.; Plut. Pelop. 26 ff.; Westlake 1935, 130. 166.172 f.192.196 ff.; Sordi 1958, 240 ff.262 ff.275 ff.288 ff.348 ff.; G. T. Griffith, CQ N.S.20, 1970, 67 ff.; Hammond-Griffith 1979, 222.224 ff.267 ff.285 ff.534.539.

b. Boiotien/Theben

Allgemein: Müller 1879; v. Stern 1884; Guillon 1948; Cloché 1952; Roesch 1965; Dull 1975; Salmon 1978; Buck 1979; Buckler 1980; Demand 1982. – Agrarische Struktur: Hom. Il. 5,710; Pind. P. 9,83; Eur. Phoen. 17; Aristoph. Lys. 88 mit Sch.; Thuk. 1,2,3; Theophr. c. plant. 4,9,5. h. plant. 8,4,5; Mosch. 4,36; Herakl. Cret. 1,8 ff.; Strab. 9,2,1; Plin. nat. 18,63; Jardé

1925, 32.71 f.193; Guillon 1948, 19.42; Cloché 1952, 7 ff.; Michell 1957, 55.128. 260; Buck 1979, 1 ff.; Buckler 1980, 4 ff. – Kopais: Philippson 1894, 1 ff.; Knauss u.a. 1984. – Helikon: Hes. theog. 22 ff. – Tanagra: Herakl. Cret. 1,8 ff. – Aufgebot: Thuk. 4,93,3. – Plataiai, Landwirtschaft: Paus. 9,1,5 ff. – Handwerker: Aristot. pol. 3, 1278 a 25 f. 6, 1321 a 26 ff. – Zensusverfassung: Aristot. pol. 2, 1274 a 31 ff. b 2 ff. mit Müller 1879, 11 ff. und Gehrke 1985, App. VIII; Hell. Oxyrh. 11,2 ff. s.o. 64. – Seepolitik des Epameinondas: Carrata Thomes 1952; Buckler 1980, 160 ff. – Anthedon: Herakl. Cret. 1,23 f., vgl. u. 137. – Hegemonie: Dull 1975. – Plataiai: Herod. 6,108; Amit 1973. – Konflikt Theben/Athen 506: Herod. 5,77; Diod. 10,24; Paus. 1,28,2; Anth. Pal. 6,343; Raubitschek 1949, Nr. 173, vgl. Nr. 168. – Perserkriege: u. a. Herod. 9,41.46 f.86 f.; Thuk. 3,62,3 f.; Diod. 11,33,4; Plut. Arist. 18,7. – 1. Peloponnesischer Krieg: [Xen.]Ath. pol. 3,11; Thuk. 1,108,2 f.; Plat. Mx. 242 b; Aristot. pol. 5, 1302 b 27 ff.; Diod. 11,81,1 ff.; Iust. 3,6,10; Gehrke 1985, 164 ff. – Neuer Bund: s. o. 64. – Machtzuwachs im Peloponnesischen Krieg: Hell. Oxyrh. 12,2 ff.; Moggi 1976, 197 ff. – Putsch von 382: Xen. hell. 5,2,25 ff.; Nep. Pelop. 1,2 ff.; Diod. 15,20,1 f.; Plut. Pelop. 5,2 ff. – Befreiung und Großmachtpolitik: Xen. hell. 5,4,1 ff.; Nep. Pelop. 2 f.; Diod. 15,25,1 ff.; Plut. Pelop. 6 ff. mor. 575 F ff. 594 B ff. mit Stern 1884, 53 ff.; Buckler 1980, 16 ff. – Makedonische Herrschaft: Iust. 9,4,6 ff., vgl. Arr. an. 1,7,1; Roebuck 1948, 80 mit Anm. 43. – Zerstörung 335: o. 54. – Koinón: Roesch 1965.

c. Elis

Allgemein: Kiechle 1960 b; Dušanić 1970 a; Yalouris 1972. – Küste: Yalouris 1972, 95. – Hohles Elis: Strab. 8,3,2. – Pisatis: Strab. 8,3,3, zur Gegend um Skillus s. Xen. an. 5,3,7 ff. – Triphylien: Strab. 8,3,14 ff.; F. Bölte, RE s. v. Triphylia. – Zitat: Philippson, RE s. v. Elis 2371. – Klima: Yalouris in: Princeton Encyclopedia of Classical Sites s. v. Elis. – Agrarische Struktur: Polyb. 4,73,6 ff.; Busolt 1880, 88 f.; Jardé 1925, 73; Sauerwein 1969, 240; Yalouris 1972, 95. – Dörfer: Strab. 8,3,2. – Synoikismos und Demokratie: Strab. a. O.; Paus. 5,9,5; IvO 7,5; Hellanikos FGrHist 4 F 113; Aristot. fr. 492 R.; Moggi 1976, Nr. 25. – Aristokratie: o. 36, die 300 Mann Elitetruppen in diesem Rahmen schon bei Beloch, RFIC 4, 1876, 235. – Oligarchie: o. 64. – Baumwolle: u. 147.

d. Chalkis und Eretria

Allgemein: Geyer 1903; Wallace 1956; Contribution 1975; Bakhuizen 1976.1985; Vedder 1978; Picard 1979. – Lelantische Ebene: Thgn. 892; Herakl. Cret. 1,30. – Territorium: Geyer 1903, 16 f.; Vedder 1978, 3 ff. 195. – Aristokratische Struktur: Thgn. 891 ff. mit Groningen z. St.; Herod. 5,77; Aristot. pol. 4, 1289 b 36 ff. fr. 603 R.; Herakl. Pont. fr. 31 (FHG II 222). – Euripos: Strab. 1,3,12. 9,2,2. 8. 10,1,2.8, zur Brücke s.o. – Maritime Bedeutung von Lefkandi: Popham a. a. 1980, 360 ff. – Kolonisation: Contribution 1975; Bakhuizen 1976. – Verlagerung des Siedlungsschwerpunktes, Agora und Emporion: Herakl. Cret. 1,28 f.; Bakhuizen 1972, 134 ff. – Eretria, Territorium: Wallace, Hesperia 16, 1947, 115 ff.; Knoepfler, BCH 105, 1981, 289 ff.; Sampson 1981, 39 ff. – Aristokratie: o. 36. – Handel: Auberson 1975, 13. – Lelantischer Krieg, Stil: Archil. fr.3 D.; Strab. 10,1,12, vgl. o. 53. – Anteil der Reiter: Mele 1975, 23. – Chalkis – Athen 506: o. 102 (Theben). – Eretria und Persien: Herod. 6,100 f. – Verhältnis zu Athen: Thuk. 1,113,2. 114,1.3; Philoch. FGrHist 328 F 118; Diod. 12,7; Plut. Per. 23,3 f.; Ail. var. 6,1; IG I³ 40 mit Balcer 1978; Vedder 1978, 228 ff.249 ff.; IG XII Suppl. 549 mit Wallace, Hesperia 5, 1936, 277 ff. – Abfall 411: Thuk. 8,5,1. 95,1 ff.; ML 82. – Reservoir für Athen: Thuk. 8,96,1 f. – Nach 349: Gehrke 1976, 7 ff.32 ff. (s. jedoch auch Knoepfler, BCH 105, 1981, 290 ff.).

Messenien und Kolophon: Sauerwein 1968; McDonald/Rapp 1972; Holland 1944, 91 ff.

2. Mittlere Agrarstaaten

a. Phleius

Agrarischer Reichtum: Antiph. fr.236 K.; Apoll. Rhod. Arg. 1,115 ff. mit Sch.; Hesych. s. v. φλεῖ.φλιοῦς; Steph. Byz. s. v. Φλιοῦς; Ail. var. 3,41; Etym. m. 796,43 ff.; Philippson 1892, 117.147. 1950 ff. III 1, 159 f.; Meyer RE s. v. Phleius 272.288. – Bevölkerung: Xen. hell. 5,3,16, dazu Meyer a. O. 273. – Aufgebot: Xen. hell. 7,2,4.10. 12 ff.20 ff. – Verfassung und Unruhen im 4. Jahrhundert: Xen. hell. 4,4,15. 5,2,8 ff. 3,10 ff. 7,2,5 ff. Ag. 2,21; Isokr. 4, 126; Diod. 14,91,3. 15,19,3. 40,5; Legon, Historia 16, 1967, 324 ff.; Thompson, Eranos 68, 1970, 224 ff.

b. Bedeutendere arkadische Poleis

Allgemein: Fougères 1898; Callmer 1943; Williams 1965; Dušanić 1970 b; Hodkinson/Hodkinson 1978. – Landschaftsstruktur: Philippson 1892, 94.107 ff.; Fougères 1898, 7.55 ff.; Hodkinson/Hodkinson 1978, 239 ff. – Entfernungen: Fougères 1898, 69. – Keine Oliven und Feigen: Fougères 1898, 55; Bölte RE s. v. Mantineia 1297. – Getreide: Xen. hell. 5,2,2 ff.; Jardé 1925, 74. – Gemüse: Athen. 1,4c; Poll. 6,63; Clem. Al. paed. 2,3,1; Fougéres 1898, 57. – Wein: IG V 2,269,10. 270,10; Eust. in Iliad. 302,3. – Keine Reiterei: Hodkinson/Hodkinson 1978, 274, obgleich günstige Voraussetzungen: Strab. 8,8,1. – Größenangaben: Beloch 1886, 115; Philippson 1892, 112; Hodkinson/Hodkinson 1978, 242 ff. – Mantineia, Bevölkerung und Sozialstruktur: Lys. 34,7; Xen. hell. 5,2,6; Polyb. 2,62,12; Fougères 1898, 331 f.; Hodkinson/Hodkinson 1978, 266.271 (zum Berechnungsmodell s. o. 180 f.). – Bauern: besonders deutlich Xen. hell. 7,5,15; Diod. 15,84,1; Hodkinson/Hodkinson 1978, 264. – Näheres zu Sklaven: Theop. FGrHist 115 F 215. – Poseidon Hippios: Fougères 1898, 287, vgl. 225 ff. – Synoikismos und Verfassungen: Strab. 8,3,2, mit Amit 1973, 124 ff. und Gehrke 1985, 101 Anm. 1 (Datum); Aristot. pol. 6, 1318 b 21 ff.; IG V 2,323; Ail. var. 2,22 f.; Eust. in Odyss. 1860, 52 ff.; Fougères 1898, 530 ff.; Amit 1973, 144 ff. – Expansion: o. 52. – Dioikismos: Xen. hell. 5,2,1 ff.; Isokr. 4,126. 8,100; Ephor. FGrHist 70 F 79; Polyb. 4,27,6. 38,2,11; Diod. 15,5,3 f. 12,1 f.; Paus. 8,8,7 ff. 9,14,4. – Nach Leuktra: Xen. hell. 6,5,3 ff. 7,1,23; Diod. 15,59,1; Paus. 8,8,10. 9,14,4. – Tegea, Landwirtschaft: Herod. 1,66 f.; Anth. Pal. 7,442. 512; Philippson 1892,84.107.110 ff.; Callmer 1943,4.7. – Synoikismos: Strab. 8,3,2; Paus. 8,45,1. – Antispartanische Tradition: Herod. 1,66 f.; Paus. 8,5,9. 47,2.4. 48,4 f. – Vertrag mit Sparta: o. 52. – Mit Sparta im Sonderbundskrieg: Thuk. 5,62,2. – Vorgänge nach Leuktra: Xen. hell. 6,5,6 ff.; Diod. 15,59,1 ff. – Krise im Koinón: Xen. hell. 7,4,33 ff. 5,1 ff.; Diod. 15,82,1 ff. (mit Verwechslungen); Gehrke 1985, 156 ff., vgl. o. 57 ff. – Megalopolis, Synoikismos: Xen. hell. 7,5,5; Diod. 15,72,4.94; Strab. 8,8,1; Paus. 8,27,2 ff.; Syll.³ 559,27 ff.; Moggi 1976, 293 ff. – Landesnatur: Beloch 1886, 127; Philippson 1892, 252 ff.; Meyer KlP s. v. Megale Polis 1140; Plut. Philop. 4,1 ff. – Siedlungsformen: J. Roy u. a., Arch-Rep 1982/1983, 28 f. – Mauerring: Polyb. 2,55,1 f. 5,93,5. – Antispartanische Position und Geschichte: u. a. Paus. 8,27,9 ff.

c. Argos

Allgemein: Wörrle 1964; Tomlinson 1972; Kelly 1976; Hendriks 1982. – Landesnatur: Lehmann 1937; Tomlinson 1972, 7 f.; Kelly 1976,4; Bintliff 1977 I 271 ff. – Getreide: Hom. Il. 15,372; Philippson 1950 ff. III 1,141 f.; Tomlinson 1972, 11 ff. – Trockenheit und Bewässerung: Hom. Il. 4,171; Hes. fr.128 M.-W.; Eurip. Alk. 560; Plin. nat. 7,195; Paus. 2,15,5; Lehmann 1937, 41 ff.; Philippson 1950 ff. III 1,139 ff.; Tomlinson 1972, 7 ff.; Kelly 1976, 4;

Bintliff 1977 I 274. – Keine Reiterei: Beloch 1886, 116. – Hoplitenaufgebot: Isokr. 4,64; Lys. 34,7; Xen. hell. 4,2,17; Beloch 1886, 116 f. – Handwerk: Paus. 8,50,1; Blümner 1869, 77 f.; Büchsenschütz 1869, 18 f.39. – Prestigestreben: z. B. Diod. 12,75,6. – Pheidon: Herod. 6,127; Ephoros FGrHist 70 F 115.176; Theop. FGrHist 115 F 393; Aristot. pol. 5, 1310 b 26 f.; MarmPar FGrHist 239 A 30; Paus. 6,22,2; Kelly 1976, 101.113 f. – Datierung: Kelly 1976, 94 ff. (um 600), die hier vertretene Frühdatierung (vor allem wegen Paus. 6,22,2) bei G. L. Huxley, BCH 82, 1958, 588 ff.; Berve 1967 I 6 f. – Ablösung der Könige: Paus. 2,19,2, Datum Huxley a. O. – Im 2. Messenischen Krieg: Pap. Oxyrh. 47, 3316. – Argos und Sikyon: Herod. 5,67 f. – Nemeische Spiele: Pind. N. 9,9. 10,28 (argivischer Lokalheros Adrastos). – Thyreatis: Herod. 1,82. – Argos und Arkadien: Diod. 7,13,2 mit Kelly 1976, 135; Strab. 8,3,2. – Thyreatis-Konflikt: Herod. 1,82; Thuk. 5,41; Moretti, RFIC 26, 1948, 204 ff.; Kelly 1976, 132 f. 137 f.; Paus. 2,23,7; IG IV 614 (SEG XI 336); SEG XI 314; IG IV 506 (SEG XI 302) mit Kelly 1976, 131 ff. (Damiurgen). – Gymneten: Steph. Byz. s. v. Χίος; Poll. 3,83. – Interregnum servile und Demokratisierung: Herod. 6,75 ff.; Aristot. pol. 5, 1303 a 6 ff.; Diod. 10,26; Plut. mor 245 C ff.; Kiechle 1960 a, 181 ff.; Welwei 1974, 185 ff. – Argos im Peloponnesischen Krieg: IG I³ 83; Thuk. 5,40,3. 44,1. 47.76 ff.; Ain. takt. 17,2 ff.; Aristot. pol. 5, 1304 a 25 ff.; Diod. 12,80,2 ff.; Plut. Alk. 15,3 ff. – ,Annexion' von Korinth: Xen. hell. 4,8,34; Griffith 1950, 236 ff.; Whitby, Historia 33, 1984, 295 ff. – Innere Unruhen im 4. Jahrhundert: Ain. takt. 11,7 ff.; Diod. 15,57,3 ff.; Swoboda, Hermes 53, 1918, 94 ff.; Gehrke 1985, 31 ff.

Histiaia: Geyer 1903, 82 ff.; ders. RE Suppl. IV s. v.; Philippson 1950 ff. I 574 ff.

3. Mittlere Agrarstaaten mit bedeutender maritimer Komponente

Fourni: Gavrielides 1976, 265 ff. – Inschriften von Kos: u. a. Syll.³ 1000 mit Sherwin-White 1978, 229 ff. – Nautische Berufe, generell: Aristot. pol. 4, 1291 b 17 ff.

a. Samos

Allgemein: Bürchner, RE s. v.; Barron 1966; Tölle-Kastenbein 1976; Transier 1985. – Landesnatur: Hom. h. 3,41; Strab. 14,1,15; Bürchner a. O.; Transier 1985, 79. – Festlandsbesitz: o. 50. – Oliven: Aischyl. Pers. 882; Anakr. fr.98 P.; Antiphan. fr.331 K. – Apuleius: Florida 18. – Sprichwort: Strab. 14,1,15, noch heute: K. Ptinis in: Melas 1976, 280. – Lage: Roebuck 1959, 6.8. – Kühne Seefahrten: Herod. 4,152. – Seeraub: besonders Diod. 10,16,1. – Orientierung des Handels: Roebuck 1959, 111. – Samos und Kyrene: Barron 1966, 39. – Naukratis: Herod. 2,135.178. – Trieren: Thuk. 1,13,3. – Schiffstyp der Samaina: Plut. Per. 26,4; Hesych. s. v. Σαμιακὸς τρόπος; Plin. nat. 7,209. – Thalassokratie und Polykrates: Strab. 14,1,16 f., weiteres o. 41. – Thunfisch: Athen. 7,301 f. – Aufstand gegen Geomoren: Plut. mor. 303 E ff. – Emigranten 494: Herod. 6,22. – Aufstand gegen Athen: Thuk. 1,115,2 ff.; Diod. 12,27,1 ff.; Plut. Per. 25 ff.; Gehrke 1985, 140 ff. (mit Diskussion der kontroversen Punkte). – Unruhen 412/411: Thuk. 8,21. 63,3. 73,2 ff. 75,2 f.; Lewis, ABSA 49, 1954, 30; Swoboda 1898, 250 ff.; Schuller, Klio 63, 1981, 281 ff. – Athenisches Bürgerrecht: ML 94; Syll.³ 117; Gawantka 1975, 178 ff. – Annexion durch Athen: Isokr. 15,111; Nep. Tim. 1,2; Diod. 18,8,7; Strab. 14,1,18; IG II² 3207,20 ff. – Rückkehr der Samier: Diod. 18,18,9; Syll.³ 312; Habicht, MDAI(A) 72, 1957, 152 ff.

b. Chios

Allgemein: Quinn 1981, 39 ff. – Landesnatur: Thuk. 8,24,3; Nymphod. FGrHist 572 F 4; Hom. h. 3,38; Strab. 14,1,35; Krumbacher 1886, 197.212 ff.239 ff.; Philippson 1950 ff. IV 252 ff.; Hunt, ABSA 41, 1940/45, 30 f.; Roebuck 1959, 16. – Kaufsklaven und Reichtum: Thuk. 8,40,2. 45,4; Demosth. 18,234; Theop. FGrHist 115 F 122; Poseidon. FGrHist 87 F 38; Strab. 14,1,35; Steph. Byz. s. v. Χίος. – Wein: Theop. FGrHist 115 F 276; Strab. 14,1,15.35. 2,19; Plin. nat. 14,73; Athen. 1,32 f/33a; Steph. Byz. a. O.; entsprechende Münzmotive: Mavrogordato, NC 4,15, 1915, 4. – Mastix: Plin. nat. 12,72; Dioskur. 1,70, vgl. den anschaulichen Bericht von Krumbacher 1886, 212 ff.239 ff. – Handel: Herod. 2,178; Aristot. pol. 4, 1291 b 20 ff.; Strab. 14,1,35; Herod. 8,105 f.; Sherwin-White 1978, 238 (Amphoren); Mavrogordato, NC 4,15, 1915, 9 (Münzfuß); Philippson 1950 ff. IV 255 (Lage). – Kreditgesetz: [Aristot.] oec. 2,2,12. – Hoplitenaufgebot: Thuk. 8,30.55,2 f. mit Beloch 1886, 233. – Händler: Aristot. pol. 4, 1291 b 24. – Handwerk: u. a. Athen. 11,486 e. – Verfassung im 6. Jahrhundert: ML 8; Hipponax fr.77 D. – Verhältnis zu Persern: Herod. 4,138. 6,2.5.8. 15 f.26.31. 8,132. 9,106. – Im 1. Attischen Seebund: Thuk. 1,116,1 f. 117,2. 2,9,4 f. 56,2. 3,10,5. 6,31,2. 43.85,2. 7,57,4; Eupol. fr.232 K. – Abfall und Unruhen: Thuk. 8,5 ff.30 ff.38 ff.55,2 ff. 61,2 ff.; Aristot. pol. 5, 1303 a 34 f.; Diod. 13,34,2. 65,3 f.; Xen. hell. 3,2,11; Quinn, Historia 18, 1969, 22 ff.; ders. 1981, 39 ff.; Gehrke 1985, 43 ff. – Mausollos und Oligarchie: Demosth. 5,25. 15,3.19; Ain. takt. 11,3 ff.; Diod. 16,7,3; Sch. Demosth. 24,1. – Demokratisierung: Arr. an. 1,18,2. 3,2,3 ff.; Syll.[3] 283; SEG XXII 506; Heisserer 1980, 79 ff. (zum Datum s. allerdings Jannelli, in: Studi E. Manni, Rom 1976, 161 ff.).

c. Mytilene

Allgemein: Pistorius 1913; Quinn 1981, 24 ff. – Land: Diod. 5,82,2 ff.; Tac. ann. 6,3,3. – Reichtum und Landwirtschaft: Thuk. 3,39,3. 50,3; Antiph. 5,79; Diod. 17,29,2; Cic. leg. agr. II 16,40; Vitr. 1,6,1; Plut. mor. 157 E; Long. past. 1,1 f.; IG XII 2,76 ff. – Wein: Strab. 14,1,15. 2,19; Plin. nat. 14,73; Athen. 1,28 e ff. 31 a. 32 f. 3,92 e. 13,598 c usw. (s. Index); Long. past. 2,10,3; IG XII 2,74 f., vgl. Thuk. 3,50,3; Dion Chrys. 6,13. – Weidewirtschaft: Long. past. pass. – Handel: Herod. 2,178; Thuk. 3,2,2; Strab. 13,2,2; IG XII 2,3; [Aristot.] mir. 3a 36 ff. – Charaxos: Herod. 2,135; Strab. 17,1,33; Athen. 13,596 bc; Pap. Oxyrh. 15, 1800 fr.1, vgl. Sapph. fr.5.15 LP. – Bauern und Hoplitenverfassung: Gehrke 1985, bes. App. VI. – Krise der Aristokratie: Alk. fr.70. 72. 130 LP u. a.; Aristot. pol. 3, 1285 a 29 ff. 5, 1311 b 23 ff.; Strab. 13,2,3; Diog. Laert. 1,74 ff.; Schachermeyr, RE s. v. Pittakos; Barner 1967. – Perserfreundliche Tyrannis: Herod. 4,97. 5,11.37 f. – Abfall von Athen: Thuk. 3,2 ff. 4,52,2 ff. 75,1; Antiph. 5,76 ff.; Aristot. pol. 5, 1304 a 4 ff.; Diod. 12,55,1 ff.; Gauthier, REG 79, 1966, 64 ff.; Quinn, Historia 20, 1971, 405 ff.; ders. 1981, 24 ff.; Erxleben, Klio 57, 1975, 83 ff.; Westlake, Historia 25, 1976, 429 ff.

d. Rhodos

Allgemein: v. Gelder 1900; Pugliese Carratelli 1951; Schmitt 1957; Matton 1959. – Entwicklungsgesichtspunkt: Polyb. 5,90,3 f. – Landesnatur und agrarische Situation: Plin. nat. 5,132; Stat. silv. 1,1,104; Liv. 44,14,10. 45,25,12; Philostr. imag. 2,24; Nonn. Dion. 14,47; v. Gelder 1900, 2; Philippson 1950 ff. IV 345 f.; Pugliese Carratelli 1951, 80.84; Matton 1959, 14 f. – Reichtum: Hom. Il. 2,670; Pind. O. 7,34 ff.50 ff.; Polyb. 5,90,3 f.; Strab. 14,2,10; Dion Chrys. 31,55; Prisc. perieg. 531; Sall. Cat. 51,5; ISE I 40. – Produkte: [Aischin.]epist. 5,2; Verg. georg. 2,101 f.; Athen. 1,31 e; Gell. n. A. 13,5,5; Ail. var. 12,31 (Wein); Athen. 1,27 f. 3,75 e. 80 c.; Plin. nat. 15,70 (Feigen), weiteres bei v. Gelder 1900, 427 f. – Fischfang: bes.

Ail. var. 1,28; Athen. 8,360 d.; v. Gelder 1900, 428 f. – Naukratis: Herod. 2,178. – Diagoreer: Pind. O. 7; Thuk. 3,8,1. 8,35,1; Xen. hell. 1,5,19; Paus. 6,7,1 ff. – Kleobulos von Lindos: Clem. Al. strom. 4,19,123; Diog. Laert. 1,93; Suda s.v.; v. Gelder 1900, 71. – Synoikismos: Thuk. 8,44,1 ff.; Konon FGrHist 26 F 1 (47); Diod. 13,38,5. 75,1. 19,45,1; Strab. 14,2,9; v. Gelder 1900, 82 f.; Woodhead, Hesperia 17, 1948, 56; Pugliese Carratelli 1951, 77 ff.; Moggi 1976, 215 ff. – 4. Jahrhundert: Berthold 1980, 32 ff.; Funke 1980 b, 59 ff.; ders., Hermes 112, 1984, 115 ff. – Handel im Hellenismus: Sherwin-White 1978, 238 (Amphoren); Préaux 1978 II 489 ff. – Nautische Elemente: Polyb. 4,47,1. 16,2,1. 4,4; Memnon FGrHist 434 F 34; Diod. 20,81,2 f. 31,38; Cic. Manil. 18,54; [Caes.]bell. Alex. 11,3. 15,1 ff.; Strab. 14,2,5; Liv. 37,24,1. 29,9. 30,2. 44,23,6; Plin. nat. 7,208; Gell. n. A. 6,3,1; SGDI 3749,51 ff., vgl. 3835,10 f.; Diod. 20,93,2; IG XII 1,45,2; W. Ashburne, The Rhodian Sea-Law, 1909. – Verfassung: bes. SGDI 3749,14; Strab. 14,2,5. – Neutralität: bes. Diod. 20,81,2 ff. 31,36. – Benachteiligung durch Freihafen Delos: Finley 1977, 155.; Préaux 1978 II 494 f.513. – Rückgang des Handels: Dion Chrys. 31,103; v. Gelder 1900, 424.

e. Korinth

Allgemein: Will 1955; Roebuck 1972; Wiseman 1978; Salmon 1984; Dehl 1984. – Agrarische Elemente: Hom. Il. 2,570; Pind. fr. 107,2 B.; Theophr. c. plant. 3,20,5; Diod. 8,21,3; Strab. 8,6,20 f.23; Liv. 27,31,1; Lukian. Navig. 20; Athen. 5,219 a; Zenob. 3,57; Sch. Aristoph. Av. 968; Philippson 1890,10.64 ff.76.78; Dunbabin, JHS 68, 1948, 59 f.; Will 1955, 14 ff.; Baladié 1980, 170. – Landwege: Philippson 1890, 74.80 ff.; Wiseman 1978, 66.110 ff., vgl. Paus. 2,5,1; Plut. Arat. 16,5 f. – Seeverkehr und Emporion: Thuk. 1,13,5. 120,2; Strab. 8,6,20; Philippson 1890, 11.74; Will 1955, 333 f.338; Michell 1957, 236 f.255; Wiseman 1978, 45. – Diolkos: Aristoph. Thesm. 647 f.; Thuk. 3,15,1. 8,7; Polyb. 4,19,9. 5,101,4; Strab. 8,2,1. 6,4.22; Plin. nat. 4,10; Philippson 1890, 12.85; Wiseman 1978, 45 ff.74 Anm. 7. – Schiffsbau: Thuk. 1,13,2 f. – Handwerk: Herod. 2,167; Antiphan. fr.236 K.; Strab. 8,6,23; Blümner 1869, 73 ff.; Büchsenschütz 1869, 17 f.36 f.; Philippson 1890, 83 f.; Busolt-Swoboda 1920, 195 Anm. 5; Michell 1957, 208. – Agrarischer Hintergrund der frühen Kolonisation: Will 1955, 306 ff. – Stadtentwicklung: Roebuck 1972, 96 ff. – Bakchiaden: o. 36. – Chronologie: Will 1955, 363 ff. (Spätdatierung); Servais, AC 38, 1969, 28 ff. (Frühdatierung, allerdings mit einer Textergänzung an der für die Chronologie zentralen Stelle Herod. 3,48, welche nicht zwingend ist). – Krise: Aristot. pol. 2, 1265 b 12 ff.; Will 1955, 338 ff.475 ff. – Konflikt mit Korkyra: Thuk. 1,13,4. – Kypseliden: o. 41 f. – Außenpolitik: Herod. 8,45; Thuk. 1,26,2. 30,2; Strab. 7,5,8. 10,2,8; Nikol. Dam. FGrHist 90 F 57,7. 59; Paus. 5,22,4. 23,3 (Kolonien); Herod. 1,20. 5,92η.95; Hesperia 32, 1963, 187 fr.a 2 mit Bradeen ebd. 193 ff. (Außenkontakte). – Landverteilungen: Will 1955, 477 ff. – Verschärfung der Tyrannis: Ephor. FGrHist 70 F 179; Nikol. Dam. FGrHist 90 F 58; Will 1955, 504 ff. – Sturz der Tyrannis und neue Ordnung: Aristot. pol. 5, 1315 b 26; Nikol. Dam. FGrHist 90 F 60; Plut. mor. 859 CD; Will 1955, 609 ff.; Jones, TAPhA 110, 1980, 161 ff., vgl. Stroud, California Studies Class. Ant. 1, 1968, 233 ff. – Verhältnis zu Aigina, Athen, Megara: Will 1955, 644.650 ff.; Hornblower 1983, 16.38 f. – Ausbruch 1. Peloponnesischer Krieg: Thuk. 1,103,4. 105,1 ff.; [Lys.] 2,48 ff.; Diod. 11,70,1 ff.78 f. – Athener im Westen: Thuk. 1,108,5. 111,2 f.; Aischin. 2,75 mit Sch.; Diod. 11,84 f.88,1 ff.; Plut. Per. 19. mor. 345 D; Paus. 1,27,5. – Vorgeschichte Peloponnesischer Krieg: bes. Thuk. 1,24 ff.; Diod. 12,30 ff.; Plut. Per. 29,1 ff.; ML 61 (Korkyra); Thuk. 1,56 ff.; Diod. 12,34.37 (Poteidaia). – Für Zerstörung Athens: Xen. hell. 2,2,19. – Korinthischer Krieg: Hell. Oxyrh. 2,2 ff.; Xen. hell. 3,5,1.17; Diod. 14,82,2. 86,1; Funke 1980 a, 53 Anm. 23. – Unruhen und Verluste im Korinthischen Krieg: Xen. hell. 4,1,17.23. 4,1 ff. 8,34; Demosth. 20,52 ff.; Diod. 14,86,1 ff. 92,1 f.; Griffith 1950, 236 ff.; Hamilton, Historia 21, 1972, 21 ff.; Funke 1980 a, 78 ff.; Whitby, Historia 33, 1984, 295 ff.; Gehrke 1985, 83 ff. – Akrokorinth und Aratos: bes. Plut. Arat. 16,1 ff. – Römisches Korinth: Wiseman in: Aufstieg und Niedergang der Römischen Welt II 7.1,438 ff.

f. Milet

Allgemein: Dunham 1915; Ehrhardt 1983. – Landesnatur und Verkehrslage: Strab. 14,1,6; Wiegand u. a. 1929, 2 ff.12 ff.28.38 ff.48; Roebuck 1959, 129. – Kolonisation, allgemein: Ephor. FGrHist 70 F 183; Aristot. fr.557 R.; [Skymn.] 734 f.; Strab. 14,1,6; Plin. nat. 5,112; CIG 2878; Bilabel 1920, 10 ff.; Ehrhardt 1983. – Abydos: Thuk. 8,61,1; Anaxim. FGr Hist 72 F 26; Strab. 13,1,12.22. 14,1,6; Athen. 12,524 f. – Kyzikos: Strab. 14,1,6; Vell. 2,7,7; Plin. nat. 5,142; Aristeid. 27,6 ff.; Sch. Apoll. Rhod. 1,955.1076. – Sinope: Xen. an. 5,5,10. 6,5 ff. 6,1,15; [Skymn.] 947 ff.; Strab. 12,3,11. – Olbia: A. Wasowicz, Olbia Pontique et son territoire, Paris 1975; Kopejkina, Sovetskaja archeologija 1975, 2,188 ff. 1981, 1,192 ff. (russ.); J. Vinogradov, Olbia, Konstanz 1981. – Schwarzmeerhandel: Roebuck 1959, 121.127; Noonan, AJPh 94, 1973, 231 ff.; Rolle 1985, 460 ff.; Timpe 1985, 181 ff. – Oliven: Dunham 1915,6 f.; Wiegand u. a. 1929, 38 ff. – Wolle/Textilien: Alexis FGrHist 539 F 2; Klytos FGrHist 490 F 2; Timaios FGrHist 566 F 50; Dunham 1915, 8 ff.; Roebuck 1959, 19; Herrmann, MDAI (Istanbul) 25, 1975, 141 f. – Handel allgemein: Herod. 2,178; Strab. 17,1,18; Dunham 1915, 15 ff.; Roebuck 1959. – Versorgung von außen, Getreidehandel: Herod. 1,17; Roebuck 1959, 129. – Möbel und andere Exportgüter: Kritias B 35 D.-K.; Athen. 2,51 ab; Dunham 1915, 7 ff. – Verträge mit Lydien und Persien: Balcer 1984, 13 ff. – Interne Konflikte im 7. und 6. Jahrhundert: Herod. 1,20 ff. 5,28 f.92ζ; Aristot. pol. 3, 1284 a 25 ff. 5, 1305 a 15 ff. 1311 a 20 ff.; Herakl. Pont. fr.50 W.; Plut. qu. gr. 32; Roebuck, TAPhA 92, 1961, 506 f.; Gehrke 1985, 114. – Isonomie: Herod. 5,37. – Ionischer Aufstand und Zerstörung: Herod. 5,37 f.49 ff. 97 ff. 6,1 ff., weiteres bei Tozzi 1978. – Milet im 5. Jahrhundert: Gehrke, Historia 29, 1980, 17 ff.; Balcer 1984, 11 ff. – Didyma: jetzt L. Haselberger, Spektrum der Wissenschaft 1985, 4,70 ff.

Naxos, Kos, Erythrai, Klazomenai, Teos, Knidos: R. Herbst, RE s. v. Naxos; Sherwin-White 1978; Roebuck 1959; Gaebler 1892; Highby 1936; ML 30; Herrmann, Chiron 11, 1981, 1 ff.; Cook 1953/1954, 2,149 ff.; Cahn 1970.

4. Mittlere und kleinere Agrarstaaten mit maritimer Komponente

a. Sikyon

Allgemein: Skalet 1928; Griffin 1982. – Größenordnung: IG IV² 1,73 mit Lehmann 1983 a, 245 ff.; Gschnitzer, ZPE 58,1985, 103 ff. – Landesnatur: Philippson 1892, 118 f.150 ff. – Bevölkerung: Beloch 1886, 118 f.; Faraklas 1971, 29 f. – Landwirtschaft: Diod. 8,21,3; Liv. 27,31,1; Lukian. Ikarom. 18. Navig. 20; Athen. 5,219 a; Zenob. 3,57; Liban. epist. 371,3; Sch. Aristoph. Av. 968; Philippson 1890, 10. 1892, 118 f.151; Skalet 1928, 1.30; Faraklas 1971, 4 f.; Griffin 1982, 6.29 f. (allgemein); Skalet 1928, 32 (Getreide); Paus. 10,32,19; Verg. georg. 2,519 mit Serv. z. St.; Skalet 1928, 31 f.; Griffin 1982, 29 (Oliven); Plin. nat. 14,74; Athen. 1,33 b (Wein); Diod. 20,102,4; Athen. 3,72 b; Eust. in Iliad. 291,35 ff. 948, 35 ff. 1302, 19 ff.; Skalet 1928, 31.41 Anm. 4; Roux 1958, 156; Griffin 1982, 29 f. (Obst, Gemüse). – Holz: Fouilles de Delphes III 5,36; Skalet 1928, 33; Griffin 1982, 30. – Gewerbe: Strab. 8,6, 23; Blümner 1869, 76 f.; Büchsenschütz 1869, 39.93; Skalet 1928, 34 f.; Griffin 1982, 32. 97 ff. – Fischfang: Antiphan. fr.236 K.; Athen. 7,288 d. 289 a. 293 f; Michell 1957, 288 f.; Griffin 1982, 31. – Hafensituation: Philippson 1892, 151. – ,Heloten': Poll. 3,83; Steph. Byz. s. v. Χίος. – Orthagoriden: Herod. 5,67 f. 6,126 f.; Aristot. pol. 5, 1316 a 30 f. 1315 b 11 ff.; Nikol. Dam. FGrHist 90 F 61; Diod. 8 fr.24; Plut. mor. 553 B; Paus. 2,8,1. 9,6. 6,19,1 f.

10,7,6; zur Datierung generell s. Kinzl, AJAH 4, 1979, 29.37 f., hier gegebene Chronologie
s. z. B. F Schachermeyr, RE s. v. Orthagoriden 1432; zur Tyrannis allgemein jetzt Griffin
1982, 40 ff. – 417: Thuk. 5,81,2. – Euphron: Xen. hell. 7,1,44 ff. 3,1 ff.; Diod. 15,70,3; Meloni,
RFIC 29, 1951, 10 ff.; Mandel, Euphrosyne N.S.8, 1977, 93 ff.; Gehrke 1985, 147 ff. App.
VII (Datierung). – Tyrannen: Demosth. 18,48.295; [Demosth.] 17,16; Plut. Arat. 13,2 f. –
Demetrios: Diod. 20,102,2 f.; Strab. 8,6,25; Plut. Demetr. 25,1 ff.; Paus. 2,7,1; Roux 1958, 136;
Griffin 1982, 7. – Arat: Strab. 8,6,25; Plut. Arat. 2,1 ff.; Paus. 2,8,2 ff.

b. Megara

Allgemein: Highbarger 1927; Hanell 1934; Legon 1981. – Landesnatur: Isokr. 8,117;
Theophr. h. plant. 2,8,1. 11; Strab. 9,1,8; Highbarger 1927, 4 f.; Meyer, RE s. v. 158.171 f.; Le-
gon 1981, 22 f.33ff. – Alte Siedlungen und Synoikismos: Plut. qu. gr. 17; Moggi 1976, 29 ff.;
Legon 1981, 47 ff. – Konflikt mit Korinth: Legon 1981, 59 ff. (mit den Belegen). – Land-
wirtschaftliche Spezialisierung: Aristoph. Ach 521.736 ff.; Aristot. pol. 5,1305 a 24 ff.;
Plut. mor. 526 C; Ail. var. 12,56; Diog. Laert. 6,41; Meyer, RE 173; Michell 1957, 68.291, vgl.
Cauer 1890, 21; Busolt-Swoboda 1920, 177 Anm. 6 (Viehzucht); Meyer, RE 172 f. (Gartenbau). – Kolonisation im Pontos-Gebiet: Legon 1981, 81 ff. – Textilherstellung: Aristoph. Ach 519. Pax 1002; Xen. mem. 2,7,6; Plin. nat. 7,196; IG II² 1672,103. 1673,45 f.;
Blümner 1869, 71; Büchsenschütz 1869, 71 f.; Michell 1957, 292. – Soziale Veränderungen:
Thgn. 53 ff.183 ff.833 ff. u. a.; Aristot. pol. 5,1305 a 24 ff.; Legon 1981, 86 ff. (teilweise zu sehr
modernisierend). – Theagenes: Aristot. pol. 5,1305 a 24 ff. rhet. 1,1357 b 30 ff.; Paus. 1,28,1.
40,1. 41,2; sein Sturz: Legon 1981, 101 ff. – Alte Aristokratie: Plut. qu. gr. 18 (Legon 1981,
102 ist recht spekulativ). – Krise und neue Verfassung: Aristot. poet 1448 a 30 ff.; Strab.
9,1,8; Plut. qu. gr. 18.59; Paus. 1,40,5. – Verlust von Salamis: Legon 1981, 136 ff. – Bündnis mit Athen: Thuk. 1,103,4. – Megarisches Psephisma: Thuk. 1,67,4. 139,1 f.; Aristoph.
Ach. 515 ff. Pax 606 ff.; Plut. Per. 29,7 ff.; neuere Diskussion vor allem de Ste. Croix 1972,
225 ff.; Legon 1981, 200 ff. – Putsch: Thuk. 3,68,3. 4,66 ff.; Diod. 12,66; die Aristoteles-Stellen
pol. 4, 1300 a 15 ff. 5, 1302 b 30 f. 1304 b 34 ff. gehören alle in diesen Kontext, s. Gehrke
1985, 106 Anm. 2, insofern ist Legons Rekonstruktionsversuch (1981, 134 f.) problematisch.
– Putschversuch von 343: Gehrke 1976, 40 ff. – Bedeutungsrückgang im Hellenismus:
Legon 1981, 300 ff.

c. Achaia

Allgemein: Anderson 1954, 72 ff. – Landesnatur: Polyb. 2,38,2; Plut. Arat. 9,6 f.; Philippson 1892, 119.122.125.148.151.259 ff.273 ff.; I. Toepffer, RE s. v. 157; Anderson 1954, 92; Beuermann 1967, 97.108. – Wald und Weide: Philippson 1892, 274 f. 1950 ff. III 1,198; Meyer,
RE s. v. Pellene 365 f. – Landwirtschaft und Lebensweise: Haussoulier 1917, 142; Meyer, RE
s. v. Pellene 366; Anderson 1954, 85. – Maritime Situation: Plut. Arat. 9,6; Philippson 1892,
151.274. – Kolonien: Bérard 1957, 140 ff.151 ff. – Früher Bund: Larsen 1969, 298 ff. – 417:
Thuk. 5,82,1. – Involvierung in größere Konflikte: Thuk. 1,111,3. 115,1 2,9,2. 5,82,1. 7,34,1 f.8;
Plut. Alk. 15,6. – Wirren 367/366: Xen. hell. 7,1,41 ff. 2,18. 4,17 f. 5,1.18. – Tyrannen: Po-
lyb. 2,41,9 ff.; [Demosth.] 17,10; Aischin. 3,165; Index Academicus col. XI 7 ff. M.;
Paus. 7,27,7; Athen. 11,509 ab. – Neukonstituierung des Bundes: Polyb. 2,41,9 ff.; Paus.
7,7,1 f. – Aigeira: Polyb. 4,57,5 ff.; Paus. 7,26,1.10 f.; Philippson 1892, 125.135 f. – Aigion:
Strab. 8,7,2.5; Bingen, BCH 78, 1954, 85; Philippson 1892, 259 ff.274.277.279. – Pellene:
Paus. 7,26,14. 27,9; Philippson 1892, 122; Haussoulier 1917, 142; Meyer, RE s. v. 366. –
Zugang binnenländischer Städte zum Meer zu erschließen aus Herod. 1,145. – Dyme:
Strab. 8,7,5; Plut. Pomp. 28,7; Philippson 1892, 268; Papachatzis 1974 ff. IV 68.78. – Patrai:
Strab. 8,7,5; Paus. 7,18,3 ff. 20,6. 21,10.14; Philippson 1892, 262.266.268.277.

d. Karystos

Allgemein: Wallace 1972; Keller 1985. – Land: Strab. 10,1,6. – Hopliten: Thuk. 8,69,3. – Fischfang: Antiphan. fr.193 K.; Athen. 7,302 a. 304 d. – Keramik: Antiph. fr.182 K. – Geraistos: Strab. 10,1,7. – Perserkriege und danach: Herod. 6,99. 8,66.112.121. 9,105; Thuk. 1,98,3 (zum Datum Steinbrecher 1985, 40 ff.49); Wallace 1972, 172 ff.

e. Halieis

Neuere Forschungen: Jameson 1976, 77 ff. (hier zugrunde gelegt); Gavrielides 1976, 143 ff.; Bintliff 1977 I 173 ff.342. – Hopliten: u. a. Xen. hell. 4,2,16. – Maritime Rolle: Strab. 8,6,12. – Tirynthier: Herod. 7,137. – Peloponnesischer Bund: Xen. hell. 7,2,2. – Hellenismus: Strab. 8,6,12; Paus. 2,36,1 mit Papachatzis z. St.

f. Kleinere Ägäisinseln und weiteres

Generell: Jardé 1925, 75 ff. – Anthedon: Herakl. Cret. 1,23 f. – Gyaros: Strab. 10,5,3. – Herakleia: Robert 1949, 161 ff. – Thera: Herod. 4,150 ff.; Aristot. pol. 4, 1290 b 11 ff.; Hoffman in: Dimen/Friedl 1976, 328 ff. (mit der nachantiken Entwicklung). – Kalymnos: Segre 1944/1945; Bean/Cook 1957. – Astypalaia: Philippson/Kirsten 1950 ff. IV 157 ff. – Melos: Renfrew/Wagstaff 1982; G. D. R. Sanders, ABSA 79, 1984, 251 ff. – Weiteres: Ruppel 1927 (Amorgos); Sauciuc 1914 (Andros); Jameson 1958 (Karpathos); Pridik 1892; Lewis 1962 (Keos); Pistorius 1913 (Lesbos); Buchholz 1975 (Methymna).

5. Ärmere Agrarstaaten

Generell: Daverio Rocchi 1981, 325 ff.

a. Arkadien

Generell: Callmer 1943; Hejnić 1961; Williams 1965; Dušanić 1970 b. – Orchomenos: DGE 664; Paus. 8,12,5 ff.; Philippson 1892, 73 f.105 ff.; Papachatzis 1974 ff. IV 222 ff.; Ekschmitt 1979, 240 f. (Lage); Herod. 7,202. 9,28 f.; Thuk. 5,61,4 f.; Xen. hell. 6,5,11.13; Paus. 8,27,4; DGE 665; E. Meyer, RE s. v. Nr. 4. – Landesnatur: Philippson 1892, 109 ff.; Jardé 1925, 74. – Bewaldung nach Türkenzeit: Ekschmitt 1979, 230. – Hirten: Georgoudi 1974, 178 ff.; Beuermann 1967, 21 ff. (mediterrane Almwirtschaft); Polyb. 4,20,7 ff. (Härte des Lebens). – Dialekt: o. 76; Lehmann 1985, 63. – Romanen: v. Ivánka 1950, 359 f.; Beuermann 1967, 85 f. – Name: Bursian 1868, 181. – Religiosität: u. a. Paus. 8,1 ff.; Hejnić 1961, 100 ff. – Autochthonie: Fouilles de Delphes III 1,3,2. – Königsgenealogie: Paus. a. O. – Herren/Sklaven: o. 110. – Frauen: Kulte von Artemis, Kallisto und Atalante; ferner etwa Paus. 8,5,12. 48,4. – Musik und Tanz: Polyb. 4,20 f. – Späteres Koinón: o. 57 ff., vgl. auch Aristot. pol. 2, 1261 a 25 ff. – Problematik des frühen Koinón: Williams 1965; Caltabiano 1969/1970; Roy, Phoenix 26, 1972, 334 ff.; Gehrke 1985, 154 Anm. 6. – Politische Organisation: Strab. 8,3,2; Paus. 8,27,3 ff. 53,9; Roy, ABSA 63, 1968, 287 f.; ders. 1972, 43 ff.; Dušanić 1970 b,321 ff., vgl. Hejnić 1961, 106 f.

b. Aitolien

Allgemein: Woodhouse 1897; Jardé 1925, 70 f.; Flacelière 1937; Larsen 1968, 78 ff.195 ff.; Funke 1985. – Trennung von der Aiolis: Thuk. 3,102,5; Strab. 10,2,3 f. – Bergigkeit:

Diod. 18,24,2; Strab. 10,3,2. – Wald: vgl. Thuk. 4,30,1. – Trichonischer See: Strab. 10,2,3. – Hirten und Bauern: Iust. 24,1,1 ff. – Hirtenleben und Rückständigkeit: Eur. Phoen. 138; Thuk. 1,5,2 f. 3,94,5. – Siedlungsstruktur: Thuk. 3,94,4; Beloch 1886, 186 f., vgl. Diod. 18,24,2. 19,74,3 ff. – Mobilität: Diod. 18,24,2. 19,74,2 ff.; Liv. 28,8,9. – Zentrumsfunktion von Thermos: Polyb. 5,8,5; o. 87. – Kampfweise: Thuk. 3,94,4. 97,2 ff.; Diod. 18,24,2 ff.; Strab. 10,3,2; IG IX² 1,1,3,39 ff. – Reiterei: Diod. 18,38. – Bundesverfassung und innere Entwicklung: grundlegend jetzt Funke 1985; vgl. o. 67; wichtige Quellen: Thuk. 3,94,4 f. 96,3; Ephor. FGrHist 70 F 122; Polyb. 5,8,5; Strab. 10,2,22. – Peloponnesischer Krieg: Thuk. 3,94,4 ff. – Küstengebiet Anfang 4. Jahrhundert: Xen. hell. 4,6,1. – Naupaktos: Demosth. 9,34; Theop. FGrHist 115 F 235; Strab. 9,4,7. – Oiniadai: Diod. 18,8,6; Plut. Alex. 49,14 f. – Lamischer Krieg: bes. IG II² 370; Diod. 18,8,6. 9,5. 11,1. – Anfang 3. Jahrhundert: IG IX² 1,1,170; Duris FGrHist 76 F 13; Iust. 24,1,1 ff.; Flacelière 1937. – Expansion im 3. Jahrhundert: Polyb. 2,45,1. 4,5,1 ff. 9,10. 9,34,7; Iust. 26,1,5. 28,1,1; Strab. 10,3,2; Plut. mor. 250 F; Paus. 6,14,11. – Krise nach Pydna: Polyb. 30,13. 32,4,1 ff.; Iust. 33,2,8; Liv. 45,28,6 ff. 31,5 ff.

c. Akarnanien

Allgemein: Oberhummer 1887; Larsen 1968, 89 ff.264 ff. – Küste: Thuk. 1,5,3; [Skyl.] b 34; Strab. 10,2,21; E. Kirsten KlP s.v. 1524. – Binnenländischer Charakter: Xen. hell. 4,7,1. – Landesnatur und Wirtschaftsweise: Thuk. 2,102,2 f.; Xen. hell. 4,6,3 ff. 7,1; Strab. 10,2,2 f.; Beloch 1886, 189; Kirsten a.O. – Siedlungsstruktur: Thuk. 2,30,1. 33,2.80,1. 102,1. 3,114,1. 7,31,5; Xen. hell. 4,6,4. 7,1. 6,2,37; Diod. 19,67,3 ff. – Kampfweise: Thuk. 2,81,8. 7,31,5; Xen. hell. 4,6,7 f.10 f. an. 4,8,18. – Hopliten und Reiter: Xen. hell. 4,6,6.11; Polyb. 2,65,4. 4,63,7. – Aristokratie: Xen. hell. 4,6,6, vgl. Polyb. 28,5; Liv. 43,17,6 ff. 45,34,9. – Politisches System: bes. Thuk. 3,105,1. 114,1; IG IX² 1,2,583 mit Habicht, Hermes 85, 1957, 109 ff., das Zitat ebd. 109 f. – Demokratie: bes. IG IX² 1,2,583,56. – Selbständigkeit der Mitglieder: IG IX² 1,2,583,16 ff. – Sezession von Thyrreion: Xen. hell. 6,2,37. – Konflikte mit Aitolern: Diod. 19,67,3; Strab. 10,2,19. – Korinthische Kolonien: u.a. Thuk. 3,94,2 (Leukas). – Spartanische Feldzüge: Xen. hell. 4,6,3 ff. 7,1. – Kassander: Diod. 19,67,3 ff. – Bündnis mit Aitolien: IG IX² 1,1,3. – Teilung: StV III 485; Datum: Will 1979, 228.323 f. – Bündnis Rom – Aitolien: Liv. 26,24,11; Klaffenbach, SDAW 1954, I 3 ff., zum Datum Habicht, Hermes 85, 1957, 97 mit Anm. 4. – Geschichte danach: vor allem Polyb. 9,32,3 ff. 40,4 ff. 28,5. 32,5,2; Liv. 26,25,9 ff. 33,16,1 ff. 43,17,6 ff. 45,34,9. – Nikopolis: Strab. 10,2,2; Anth. Pal. 9,553.

d. Phokis

Allgemein: Schober 1924; Larsen 1968, 40 ff.300 ff. – Landesnatur und Wirtschaft: Hell. Oxyrh. 13,2 ff.; Strab. 9,3,13.16; Paus. 10,1,2.8.3,1 f.32,2 ff.19. 33,7.36,1; Athen. 6,264 c; Beloch 1886, 161 f. (Größe); Schober 1924, 9 ff.; Jardé 1925, 70; Georgoudi 1974, 180 ff.; Papachatzis 1974 ff. V 281 Anm. 3. 430. – Politische Organisation: IG II² 70. IX 1,32.97; Diod. 16,32,2. 56,3; Paus. 10,3,1 ff.4,1.5,1.32,9.33,1; Kazarow 1899; Schober 1924, 56 ff.; RE s.v. 480; Larsen 1968, 40 ff.300 ff. – Konflikt mit Thessalien: Lehmann 1983 b, 35 ff. – Weidekonflikte: Hell. Oxyrh. 13,2 ff. – Xerxeszug: Herod. 8,32 f. 9,17 f.31. – Delphi: u. III. 6.b. – 3. Heiliger Krieg: Aischin. 2,131.142; Demosth. 10,65. 19,81; Aristot. pol. 5, 1304 a 10 ff.; Diod. 16, 24,3. 32,1 ff.33,3-35,1 ff.37,1 ff. – Wiederherstellung: Paus. 10,3,3; Kazarow 1899, 8; Schober 1924, 72. – Westlokris: Lerat 1952.
Ostlokris: ML 20; Herod. 8,1; Thuk. 2,9,3.32; Polyb. 12,5,7; Strab. 9,4,5; Klaffenbach, Klio 20, 1926, 68 ff.; Larsen 1968, 48 ff.

6. Staaten mit ausgeprägten Spezialisierungen

a. Poleis mit bedeutenden Bodenschätzen

Paros

Landesnatur und Wirtschaft: Hom. h. 2,491; Archil. fr.53 D.; Herod. 6,134; Athen. 3,76 b; IG XII 5,226–229; Rubensohn, RE s. v. 1784. 1797 f.; Haselberger, AA 1978, 346 f. – Reichtum: Herod. 6,132; Steph. Byz. s. v. – Marmor: Alexis fr.22 K.; Strab. 10,5,7; Prob. Verg. georg. 3,34 ff.; Steph. Byz. s. v.; Rubensohn, RE s. v. 1791 ff.; Kirsten/Kraiker 1967, 515.521; Zapheiropoulos in: Melas 1976, 131; Haselberger, AA 1978, 347 Anm. 6. – Maritime Situation: Archil. fr.53 D.; Rubensohn, RE s. v. 1798; Haselberger, AA 1978, 347. – Verarbeitung des Marmors: Rubensohn, RE s. v. 1794. – Innere Struktur: Isokr. 19,18; Diod. 13,47,8. – Verhältnis zu Naxos: SEG XV 517 B 4 f.; IG XII 5,128 (et add.); SEG XIII 444. – Außenpolitik: Rubensohn, RE s. v. 1818 ff.

Siphnos

Landesnatur und Anbau: Young, Hesperia 25, 1956, 140; Hohmann, Antike Welt 14, 1983, 4,38; Meyer, KlP s. v. – Spätere Armut: Strab. 10,5,1; Anth. Pal. 9,421. – Reichtum und Metallvorkommen: Herod. 3,57; Paus. 10,11,2; Kirsten/Kraiker 1967, 811; v. Ditfurth, GEO 1980, 10,112 ff. – Aristokratie und Unruhen: Isokr. 19, bes. 19,7.13.18.36.

b. Religiöse Dienstleistungszentren

Delphi

Allgemein: Roux 1979. – Lage: Hom. Il. 2,519. 9,405. h. 3,269. 289 ff.390; Eur. Ion. 550; Strab. 9,3,3. – Kirrha-Krisa: zur Identifizierung s. Alk. fr. A 7,9 LP mit Etym. m. 515,19; Meyer, KlP s. v. Krisa (mit Belegen); als phokische Stadt schon Hom. Il. 2,520; ansonsten s. Strab. 9,3,4; Paus. 10,37,4 ff.; Papachatzis 1974 ff. V 448 f. – Frühe Bedeutung: Hom. Il. 9,401 ff. Od. 8,79 ff.; Strab. 9,3,2.6. – Kolonisation: Thuk. 6,3,1; Strab. 9,3,4; Forrest, Historia 6, 1957, 160 ff. – Pylaiische Amphiktyonie und 1.Heiliger Krieg: Herod. 7,200; Aischin. 3,107 ff.; Kallisth. FGrHist 124 F 1; Strab. 9,3,4.7; Paus. 10,8,1 ff., zum Datum Lehmann 1983 b, 37 mit weiterer Literatur; Roux 1979. – Autonomie: Thuk. 5,18,2. – Verfassung und interne Konflikte: Homolle, BCH 50, 1926, 3 ff.; Pomtow, Klio 6, 1906, 89 ff. 400 ff., vgl. Eur. Ion 413 ff. – Pythische Spiele: bes. Strab. 9,3,10; Paus. 10,7,2 ff.

Delos

Allgemein: Laidlaw 1933; Préaux 1978, 511 ff. – Geburt Apollons: Hom. h. 3,16.26 f.53 ff. 72.77 f.141, vgl. Pind.N. 1,3 f.; Kall. h. 4,11 ff. – Ionisches Heiligtum: Hom. h. 3,146 ff.; Thuk. 3,104,3 ff. – Politische Verwicklungen: Herod. 1,64. 6,97; Thuk. 3,104,1 f. – Athenischer Einfluß: Thuk. 1,8,1. 3,104,1 ff. 5,1.32,1. 8,108,4; Dikaiarch fr.85 W.; Plut. Thes. 21,1 ff. – Handelsplatz: Strab. 10,5,4. – Freihafen: Polyb. 30,20,2 ff. 32,7,1 ff.; Cic. Manil. 18,55; Strab. 10,5,4. 15,5,2; Paus. 3,23,3. 8,33,2. – Katastrophe: Strab. 10,5,4; App. Mithr. 108 f.; Paus. 3,23,3 ff. 8,33,2; Anth. Pal. 9,421.

Ephesos

Allgemein: Knibbe u.a. 1970. – Land und Verkehrslage: Herod. 5,54.100; Benndorf 1906, 11.13.69; Knibbe u.a. 1970, 270f. – Artemis-Kult und fremde Einflüsse: Herod. 1,92; Strab. 14,1,23; Plut. Lys. 3,3; Athen. 12,525 c–e; Busolt 1893 ff. I 309 f. – Kroisos: Herod. 1,26; Strab. 14,1,21; Ail. var. 3,26; Benndorf 1906, 23. – Bank: u.a. Oliver 1941, 14 f. – Innere Geschichte: Baton FGrHist 268 F 3; Kall. fr.102 Pf.; Ail. var. 3,26; Suda s.v. Aristarchos; Benndorf 1906, 29 f.; Berve 1967 I 99 f. – Heraklit: Herakl. B 121 D.-K.; Strab. 14,1,25; Plin. nat. 34,21; Pompon. Dig. 1,2,2,4; [Heraklit.]epist. 7–9. – Außenpolitische Zurückhaltung: Gehrke 1985, 58 f. – Lysander: Plut. Lys. 3,3 f. – Lysimachos: Strab. 14,1,21; Paus. 1,9,7. – Wirtschaftliche Lage: Strab. 13,3,2. 14,1,15.21.24.26; Athen. 3,87 c. 90 d. 7,320 a. 328 bc. 9,369 f. 375 a. 15,689 a. – Fest: Xenoph. Ephes. 1,2,2 ff. – Aufstand wegen Paulus: Act. apost. 19,23 ff. (Zeitraum nach Ed. Meyer, Ursprung und Anfänge des Christentums II 115). – Großstadt: Beloch 1886, 230 f.

c. Händlerstaaten

Aigina

Allgemein: Winterscheidt 1938; Figueira 1981. – Agrarische Möglichkeiten: Ephor. FGrHist 70 F 176; Strab. 8,6,16; Philippson 1950 ff. III 1,46.52 f. – Bevölkerung: Figueira 1981, 25 ff. – Pindar: N. 5,9. O. 8,20. – Erfinder der Schiffe: Hes. fr.205 M.-W. – Seeraub: Figueira 1981, 202 ff. – Handel: Herod. 2,178. 4,152; Ephor. FGrHist 70 F 176; Aristot. pol. 4, 1291 b 17 ff.; Paus. 8,5,8; Corpus Paroemiog. Graec. I 268; Sch. Pind. O. 8,29 b; Winterscheidt 1938, 51 ff.; Michell 1957, 236; Figueira 1981, 230 ff. (mit weiteren Belegen). – Gastfreundschaft: Pind. N. 4,20 f. O. 8,25 ff. – Aristokratie und Lebensstil: Figueira 1981, 281 ff.321 ff., vgl. auch Kirsten, Gnomon 18, 1942, 296 ff. – Umsturzversuch: Herod. 6,87 ff. mit Gehrke 1985, 15 f. – Verhältnis zu Athen: Herod. 5,82 ff. 6,85 ff. 7,144; Thuk. 1,14,2. 41,2. 67,2. 105,2 ff. 108,4. 139,1. 140,3. 2,27,1 f.; Aristot. rhet. 3, 1411 a 15 f.; Plut. Them. 4,1 f.

Phokaia

Voraussetzungen: Keil, RE s.v. 444 f.; Roebuck 1959, 15 f.94 ff. – Seefahrten und Handel: Herod. 1,162 ff. 2,178; Strab. 6,1,1; Paus. 10,8,6. – Tartessos: Hesekiel 27,12; Herod. 1,163. 4,152; Murray 1982, 138; Timpe 1985, 203. – Kolonien: Strab. 3,2,9. 6,1,1; Timpe 1985, 202 ff. – 546: Herod. 1,164 ff. – Lade und danach: Herod. 6,8.11 ff.17.
Kreta: Hom. h. 3,391 ff.; Aristot. pol. 2, 1264 a 20 ff. 1269 a 39 ff. 1271 b 40 ff.; Strab. 15,1,34; Athen. 4,143 b–f. 6,263 e–264 a (u.a. Ephoros). 15,695 f/696 a (Gedicht des Hybrias); Kirsten 1942; ders. Gnomon 18, 1942, 298.

Bibliographie

Adcock, F. E./Mosley, D. J., Diplomacy in Ancient Greece, London 1975
Adkins, A. W. H., Moral Values and Political Behaviour in Ancient Greece, London 1972
Amit, M., Great and Small Poleis, Brüssel 1973
Anderson, J. K., A Topographical and Historical Study of Achaea, ABSA 49, 1954, 72 ff.
Auberson, P., Chalcis, Lefkandi et Érétrie, in: Contribution 1975, 9 ff.
Austin, M. M./Vidal-Naquet, P., Economic and Social History of Ancient Greece, London 1977 (dt. München 1984)
Bakhuizen, S. C., The Two Citadels of Chalkis on Euboea, in: AAA 5, 1972, No. 1, 134 ff.
ders., Chalcis-in-Euboea, Iron and Chalcidians Abroad, Leiden 1976
ders., Studies in the Topography of Chalcis on Euboea, Leiden 1985
Baladié, R., Le Péloponnèse de Strabon, Paris 1980
Balcer, J. M., The Athenian Regulations for Chalkis, Wiesbaden 1978
ders., Imperialism and Stasis in Fifth Century B. C. Ionia, in: Arktouros. Hellenic Studies pres. to B. M. W. Knox, Berlin/New York 1979, 261 ff.
ders., Miletos (IG I².22 [I³.21]) and the Structures of Alliances, in: ders. u. a., Studien zum Attischen Seebund, Konstanz 1984
Barner, W., Neuere Alkaios-Papyri aus Oxyrhynchos, Hildesheim 1967
Barron, R. P., The Silver Coins of Samos, London 1966
Baumann, H., Die griechische Pflanzenwelt in Mythos, Kunst und Literatur, München 1982
Bayer, E., Griechische Geschichte, Stuttgart 1968
Bean, G. E./Cook, J. M., Kalymnos, ABSA 52, 1957, 127 ff.
Bechtel, F., Die griechischen Dialekte, 3 Bde., Berlin 1921–1924
Beloch, J., Historische Beiträge zur Bevölkerungslehre, 1. Theil: Die Bevölkerung der griechisch-römischen Welt, Leipzig 1886
ders., Griechische Geschichte, 4 Bde., Straßburg bzw. Berlin/Leipzig ²1912 ff.
Bengtson, Griechische Geschichte, München ⁵1977
Benndorf, C., in: Forschungen in Ephesos I, Wien 1906
Béquignon, Y., RE Suppl. XII s. v. Pharsalos, Stuttgart 1970
Bérard, J., La colonisation grecque de l'Italie méridionale et de la Sicile dans l'antiquité, Paris ²1957
Berthold, R. M., Fourth Century Rhodes, Historia 29, 1980, 32 ff.
Berve, H., Die Tyrannis bei den Griechen, 2 Bde., München 1967
ders., Wesenszüge der griechischen Tyrannis, in: Gschnitzer 1969, 161 ff.
Beuermann, A., Fernweidewirtschaft in Südosteuropa, Braunschweig 1967
Bilabel, F., Die ionische Kolonisation, Leipzig 1920
Bintliff, J. L., Natural Environment and Human Settlement in Prehistoric Greece, 2 Bde., Oxford 1977
Blümner, H., Die gewerbliche Thätigkeit der Völker des Klassischen Alterthums, Leipzig 1869
Blumenberg, H., Arbeit am Mythos, Frankfurt/Main 1979
Boardman, J./Dörig, J./Fuchs, W./Hirmer, M., Die griechische Kunst, München 1966, ³1984

Bourriot, F., Recherches sur la nature de génos, Lille/Paris 1976

Brelich, A., Guerre, agoni e culti nella Grecia arcaica, Bonn 1961

Buchholz, H.-G., Methymna, Mainz 1975

Buck, C. D., The Greek Dialects, Chicago 1955

Buck, R. J., A History of Boeotia, Edmonton/Alberta 1979

Buckler, J., The Theban Hegemony, 371–362 B.C., Cambridge (Mass.)/London 1980

Büchsenschütz, E., Die Hauptstätten des Gewerbefleisses im Klassischen Alterthume, Leipzig 1869

Burckhardt, J., Griechische Kulturgeschichte, 4 Bde., München 1977

Burford Cooper, A., The Family Farm in Greece, CJ 73, 1977, 162 ff.

Burkert, W., Griechische Religion der archaischen und klassischen Epoche, Stuttgart u. a. 1977

Bursian, C., Geographie von Griechenland, 2 Bde., Leipzig 1862, 1872

Busolt, G., Forschungen zur griechischen Geschichte, Breslau 1880

ders., Griechische Geschichte bis zur Schlacht bei Chaeroneia, 3 Bde., Gotha ²1893 ff.

Busolt, G./Swoboda, H., Griechische Staatskunde, 2 Bde., München 1920, 1926

Cahn, H. A., Knidos, Berlin 1970

Callmer, C., Studien zur Geschichte Arkadiens bis zur Gründung des Arkadischen Bundes, Lund 1943

Caltabiano, M., Documenti numismatici e storia del koinón arcade dalle origini al sec. V a. C., Helikon 9/10, 1969/1970, 423 ff.

The Cambridge Ancient History, ed. by J. B. Bury/S. A. Cook/F. A. Adcock, vol. III–VI, Cambridge 1925 ff.

dass., Second Edition III, ed. by J. Boardman/I. E. S. Edwards/N. G. L. Hammond/E. Sollberger, Cambridge u. a. 1982

Carrata Thomes, F., Egemonia beotica e potenza marittima nella politica di Epaminonda, Torino 1952

Cauer, F., Parteien und Politiker in Megara und Athen, Stuttgart 1890

Chadwick, J./Ventris, M., The Decipherment of Linear B, Cambridge ²1967

Clauss, M., Sparta, München 1983

Cloché, P., Thèbes de Béotie, Paris 1952

van Compernolle, R., Le mythe de la „gynécocratie-doulocratie" argienne, in: Le Monde Grec, Hommages C. Préaux, Brüssel 1975, 355 ff.

Contribution à l'étude de la société et de la colonisation eubéennes, Neapel 1975

Cook, J. M., The Topography of Klazomenai, Ἀρχαιολογικὴ Ἐφημερίς 1953/1954, 2, 149 ff.

Cook, R. M., Die Bedeutung der bemalten Keramik für den griechischen Handel, JDI 74, 1959, 114 ff.

Daverio Rocchi, G., Gli insediamenti in villaggi nella Grecia del V e IV sec. A. C., Memorie dell'Istituto Lombardo 36, 1981, 325 ff.

Dawid, M., Weltwunder der Antike, Frankfurt (Main)/Innsbruck 1968

Deger-Jalkotzky, S. (Hrsg.), Griechenland, die Ägäis und die Levante während der „Dark Ages" vom 12. bis zum 9. Jh. v. Chr., Wien 1983

Dehl, Chr., Die korinthische Keramik des 8. und frühen 7. Jhs. v. Chr. in Italien, Berlin 1984

Delbrück, H., Die Perserkriege und die Burgunderkriege, Berlin 1887

Demand, N. H., Thebes in the Fifth Century, London u. a. 1982

Dimen, M./Friedl, E. (Hrsg.), Regional Variation in Modern Greece and Cyprus, New York 1976

Ducrey, P., Le traitement des prisonniers de guerre dans la Grèce antique, des origines à la conquête romaine, Paris 1968 *ders.*, Guerres et guerriers dans la Grèce antique, Fribourg 1985

Düwel, K. u.a. (Hrsg.), Untersuchungen zu Handel und Verkehr der vor- und frühgeschichtlichen Zeit in Mittel- und Nordeuropa. Teil I: Methodische Grundlagen und Darstellungen zum Handel in vorgeschichtlicher Zeit und in der Antike, Göttingen 1985

Dull, C. J., A Study of the Leadership of the Boeotian League from the Invasion of the Boiotoi to the King's Peace, Diss. Univ. of Wisconsin 1975

Dunham, A.G., The History of Miletus, London 1915

Dušanić, S., A Contribution to the Constitutional History of the Fourth-Century Elis, Recueil des travaux de la Faculté de Philosophie de Belgrade 11, 1970, 49 ff. (serbokroat., mit engl. Resümee)

ders., Arkadski Savez IV veka (The Arcadian League of the Fourth Century), Belgrad 1970, 281 ff. (serbokroat., mit engl. Resümee)

Ehrenberg, V., Der Staat der Griechen, Zürich/Stuttgart ²1965

Ehrhardt, N., Milet und seine Kolonien, Frankfurt/Main u.a. 1983

Eideneier, H., Neugriechisch für Humanisten, München ³1980

Ekschmitt, W., Fahrten auf dem Peloponnes, Berlin u.a. 1979

Faraklas, N., Σικυωνία. Ancient Greek Cities 8, Athen 1971

Fels, L., Landgewinnung in Griechenland, Gotha 1944

Fiedler, K.G., Reise durch alle Teile des Königreichs Griechenland, 2 Bde., Leipzig 1840, 1841

Figueira, T. J., Aegina, New York 1981

Finley, M. I., Classical Greece, in: Trade and Politics in the Ancient World, Paris 1965, 11 ff.

ders., Democracy Ancient and Modern, New Brunswick 1973

ders. (Hrsg.), Problèmes de la terre en Grèce ancienne, Paris 1973

ders., Die antike Wirtschaft, München ²1980

ders., Die Welt des Odysseus, München ²1979

ders., Soziale Modelle zur antiken Geschichte, HZ 239, 1984, 265 ff.

Flacelière, R., Les Aitoliens à Delphes, Paris 1937

ders., Griechenland, Stuttgart ²1979

Fochler-Haucke, G. (Hrsg.), Das Fischer Lexikon: Allgemeine Geographie, Frankfurt/Main 1959

Forbes, H. A./Koster, H. A., Fire, Axe and Plow: Human Influence on Local Plant Communities in the Southern Argolid, in: Dimen/Friedl 1976, 109 ff.

Fougères, G., Mantinée et l'Arcadie orientale, Paris 1898

Foxhall, L./Forbes, H. A., Σιτομετρεία. The Role of Grain as a Staple Food in Classical Antiquity, Chiron 12, 1982, 41 ff.

Funke, P., Homónoia und Arché, Wiesbaden 1980

ders., Stasis und politischer Umsturz in Rhodos zu Beginn des IV. Jahrhunderts v.Chr., in: Studien zur Antiken Sozialgeschichte. Festschrift Fr. Vittinghoff, Köln/Wien 1980, 59 ff.

ders., Untersuchungen zur Geschichte und Struktur des Aitolischen Bundes, Habilitationsschrift (MS) Köln 1985 (der Freundlichkeit des Verf.s verdanke ich die Kenntnis der jetzt grundlegenden Arbeit noch vor ihrer Drucklegung)

Gaebler, H., Erythrä, Diss. Leipzig 1892

Gardner, P., A History of Ancient Coinage 700–300 B C., Oxford 1918

Garnsey, P., u.a. (Hrsg.), Trade in the Ancient Economy, London 1983

Gauthier, P., Symbola, Nancy 1972

Gavrielides, N., The impact of Olive Growing on the Landscape in the Fourni Valley, in: Dimen/Friedl 1976, 143 ff.

ders., The Cultural Ecology of Olive Growing in the Fourni Valley, in: Dimen/Friedl 1976, 265 ff.

Gawantka, W., Isopolitie, München 1975

Gehrke, H.-J., Phokion, München 1976

ders., Das Verhältnis von Politik und Philosophie im Wirken des Demetrios von Phaleron, Chiron 8, 1978, 149 ff.

ders., Stasis, München 1985

ders., Die griechische Staatenwelt im Blickwinkel einer historischen Landeskunde, in: Frankfurter Althistorische Studien 12, Kallmünz 1986, 41 ff.

van Gelder, H., Geschichte der alten Rhodier, Den Haag 1900

Georgoudi, S., Quelques problèmes de la transhumance dans la Grèce ancienne, REG 87, 1974, 155 ff.

Gercke, A./Norden E. (Hrsg.), Einleitung in die Altertumswissenschaft, I.II., Leipzig/Berlin 1910

Geyer, F., Topographie und Geschichte der Insel Euboia. I: Bis zum peloponnesischen Kriege, Berlin 1903

Graeser, A. s. Röd, W. (Hrsg.)

Griffin, A., Sikyon, Oxford 1982

Griffith, G.T., The Union of Corinth and Argos (392–386 B.C.), Historia 1, 1950, 236 ff.

Gschnitzer, F. (Hrsg.), Zur griechischen Staatskunde, Darmstadt 1969

ders., Proxenos, in: RE Suppl. XIII, Stuttgart 1973

ders., Griechische Sozialgeschichte, Wiesbaden 1981

Guillon, P., La Béotie antique, Paris 1948

Guiraud, P., La propriété foncière en Grèce jusqu'à la conquête romaine, Paris 1893

Guthrie, W.K.C., A History of Greek Philosophy, 6 Bde., Cambridge 1962 ff.

Hagedorn, J., Griechenland, in: W. Sperling/A. Karger (Hrsg.), Fischer Länderkunde. Europa, Frankfurt/Main 1978, 312 ff.

Hamilton, C.D., Sparta's Bitter Victories, Ithaka/London 1979

Hammond, N.G.L./Griffith, G.T., A History of Macedonia, vol. II: 550–336 B.C., Oxford 1979

Hampe, R./Winter, A., Bei Töpfern und Töpferinnen in Kreta, Messenien und Zypern, Mainz 1962

dies., Bei Töpfern und Zieglern in Süditalien, Sizilien und Griechenland, Mainz 1965

Hampl, F., Die griechischen Staatsverträge des 4. Jahrhunderts v. Christi Geb., Leipzig 1938

Hanell, K., Megarische Studien, Diss. Lund 1934

Hasebroek, J., Staat und Handel im Alten Griechenland, Tübingen 1928

ders., Griechische Wirtschafts- und Gesellschaftsgeschichte bis zur Perserzeit, Tübingen 1931

Haussoulier, B., Études sur l'histoire de Milet et du Didymeion, Paris 1902

ders., Traité entre Delphes et Pellana, Paris 1917

Hehn, V., Kulturpflanzen und Hausthiere in ihrem Übergang aus Asien nach Griechenland und Italien sowie in das übrige Europa, Berlin [8]1911, neu herausgegeben von O. Schrader

Heichelheim, F.M., Wirtschaftsgeschichte des Altertums, 2 Bde., Leiden 1938 (engl. Ausgabe Leiden 1958 ff.)

Heisserer, A.J., Alexander the Great and the Greeks, Norman/Oklahoma 1980

Hejnić, J., Pausanias the Perieget and the Archaic History of Arcadia, Prag 1961

Hempel, L., Jungquartäre Formungsprozesse in Südgriechenland und auf Kreta, Opladen 1982

ders., Klimaveränderungen im Mittelmeerraum, in: Universitas 38, 1983, 873 ff.

ders., Geoökodynamik im Mittelmeerraum während des Jungquartärs, in: Geoökodynamik 5, 1984, 99 ff.

Hendriks, I. H. M., De interpolitieke en internationale betrekkingen van Argos in de vijfde eeuw v. Chr., gezien tegen de achtergrond van de intra-politieke ontwikkelingen, Groningen 1982

Heubeck, A., Schrift, in: Archaeologia Homerica III 10, Göttingen 1979

Heuß, A., Stadt und Herrscher des Hellenismus in ihren staats- und völkerrechtlichen Beziehungen, Leipzig 1937

ders., Antigonos Monophthalmos und die griechischen Städte, Hermes 73, 1938, 133 ff.

ders., Hellas, in: G. Mann/A. Heuß (Hrsg.), Propyläen Weltgeschichte III, Berlin/Frankfurt (Main)/Wien 1962, 69 ff.

ders., Herrschaft und Freiheit im griechisch-römischen Altertum, in: G. Mann/A. Heuß (Hrsg.), Propyläen Weltgeschichte II, Frankfurt/Berlin 1965, 67 ff.

ders., Die archaische Zeit Griechenlands als geschichtliche Epoche, in: F. Gschnitzer 1969, 36 ff.

ders., Das Revolutionsproblem im Spiegel der antiken Geschichte, HZ 216, 1973, 1 ff.

Higgs, E. S. (Hrsg.), Palaeoeconomy, being the second volume of Papers in Economic Prehistory by members and associates of the British Academy Major Research Project in the Early History of Agriculture, Cambridge 1975

Highbarger, E. L., The History and Civilisation of Ancient Megara, Part I, Baltimore 1927

Highby, L. I., The Erythrae Decree, Leipzig 1936

Hodkinson, St./Hodkinson, H., Mantineia and the Mantinike, ABSA 76, 1978, 239 ff.

Höper, H.-J., Beobachtungen über den Wandel von Siedlungen und Behausungen in Ost-thessalien (Griechenland), in: L. Hempel (Hrsg.), Geographische Beiträge zur Landeskunde Griechenlands, Paderborn 1984, 41 ff.

Holland, L. B., Colophon, Hesperia 13, 1944, 91 ff.

Hopkins, K., Conquerors and Slaves, Cambridge 1978

Hornblower, S., The Greek World 479–323 B. C., London/New York 1983

Humphreys, S. C., Anthropology and the Greeks, London 1978

Ἱστορία τοῦ Ἑλληνικοῦ Ἔθνους – History of the Hellenic World, Athen 1974 ff.

Ivánka, E. von, Berghirtentum und Staatenbildung im antiken und mittelalterlichen Balkan, Saeculum 1, 1950, 349 ff.

Jameson, M. H., Inscriptions of Karpathos, Hesperia 27, 1958, 122 ff.

ders., The Southern Argolid: The Setting for Historical and Cultural Studies, in: Dimen/Friedl 1976, 74 ff.

ders., Agriculture and Slavery in Classical Athens, CJ 73, 1977, 122 ff.

Jardé, A., Les céréales dans l'Antiquité grecque, Paris 1925

Jeffery, L. H., The Local Scripts of Archaic Greece, Oxford 1961

Kahrstedt, U., Das wirtschaftliche Gesicht Griechenlands in der Kaiserzeit, Bern 1954

Kastanis, D., Bodenbildende Bedingungen und Verbreitung der Hauptbodentypen in Griechenland, Diss. Gießen 1965

Kazarow, G., De foederis Phocensium institutis, Diss. Leipzig 1899

Keller, D. R., Archaeological Survey in Southern Euboea, Diss. Bloomington 1985

Kelly, T., A History of Argos to 500 B. C., Minneapolis 1976

Kiechle, F., Argos und Tiryns nach der Schlacht bei Sepeia, Philologus 94, 1960, 181 ff.

ders., Das Verhältnis von Elis, Triphylien und der Pisatis im Spiegel der Dialektunterschiede, RhM 103, 1960, 336 ff.

ders., Zur Humanität in der Kriegführung der griechischen Staaten, in: Gschnitzer 1969, 528 ff.

Kinzl, K. H. (Hrsg.), Die ältere Tyrannis bis zu den Perserkriegen, Darmstadt 1979

Kirchhoff, A., Studien zur Geschichte des griechischen Alphabets, Gütersloh ⁴1887

Kirk, G. S., Myth, London/Cambridge 1970

Kirsten, E., Das dorische Kreta. Teil I: Die Insel Kreta im fünften und vierten Jahrhundert, Würzburg 1942

ders., Die griechische Polis als historisch-geographisches Problem des Mittelmeerraumes, Bonn 1956

Kirsten, E./Kraiker, W., Griechenlandkunde, Heidelberg ⁵1967

Kirsten, E., RE Suppl. VII s. v. Pherai, Stuttgart 1940

Knauss, J. u. a., Die Wasserbauten der Minyer in der Kopais – die älteste Flußregulierung Europas, München 1984

Knibbe, D./Alzinger, W./Karwiese, S., RE Suppl. XII s. v. Ephesos, Stuttgart 1970

Kretschmer, P., Sprache, in: Gercke-Norden 1910, I 131 ff.

Krumbacher, K., Griechische Reise, Berlin 1886

Laidlaw, W. A., A History of Delos, Oxford 1933

Larsen, J. A. O., Representative Government in Greek and Roman History, Berkeley/Los Angeles 1955

ders., Greek Federal States, Oxford 1968

ders., Der frühe Achäische Bund, in: Gschnitzer 1969, 298 ff.

Latte, K., Der Rechtsgedanke im archaischen Griechentum, in: E. Berneker (Hrsg.), Zur griechischen Rechtsgeschichte, Darmstadt 1968, 77 ff.

Legon, R. P., Demos and Stasis, Diss. Cornell Univ. 1966

ders., Megara, Ithaka/London 1981

Lehmann, G. A., Krise und innere Bedrohung der hellenischen Polis bei Aeneas Tacticus, in: Studien zur antiken Sozialgeschichte. Festschrift F. Vittinghoff, Köln/Wien 1980, 71 ff.

ders., Ansätze zur bundesstaatlichen Ordnung und repräsentativen Verfassung in der Antike und ihre Rückwirkungen auf die Neuzeit, in: Geschichte in Köln, Heft 9, Mai 1981, 54 ff.

ders., Erwägungen zur Struktur des Achaiischen Bundesstaates, in: ZPE 51, 1983, 237 ff.

ders., Thessaliens Hegemonie über Mittelgriechenland im 6. Jh. v. Chr., Boreas 6, 1983, 35 ff.

ders., Die mykenisch-frühgriechische Welt und der östliche Mittelmeerraum in der Zeit der „Seevölker"-Invasionen um 1200 v. Chr., Opladen 1985

Lehmann, H., Landeskunde der Ebene von Argos und ihrer Randgebiete, Athen 1937

Lerat, L., Les Locriens de l'Ouest, 2 Bde., Paris 1952

Lesky, A., Geschichte der Griechischen Literatur, Bern/München ³1971

Lewis, D. M., The Federal Constitution of Keos, ABSA 57, 1962, 1 ff.

Lintott, A., Violence, Civil Strife and Revolution in the Classical City 750–330 B. C., London/Canberra 1982

Lohmann, H., Atene (Ἀτήνη), eine attische Landgemeinde klassischer Zeit, in: hellenika, Jahrbuch für die Freunde Griechenlands, 1983, 98 ff.

Losada, L. A., The Fifth Column in the Peloponnesian War, Leyden 1972

Lotze, D., Μεταξὺ Ἐλευθέρων καὶ Δούλων. Studien zur Rechtsstellung unfreier Landbevölkerungen in Griechenland bis zum 4. Jahrhundert v. Chr., Berlin 1959

Luce, J. V., Archäologie auf den Spuren Homers, Bergisch Gladbach 1975

Marek, Ch., Die Proxenie, Frankfurt/Main u. a. 1984

Mariolopulos, I., Τὸ Κλῖμα τῆς Ἑλλάδος, Athen 1938

Martin, V., La vie internationale dans la Grèce des cités (VIᵉ–IVᵉ siècles av. J.-C.), Paris 1940

Matton, R., Rhodes, Athen ³1959

McDonald, W. A./Rapp, G. (Hrsg.), The Minnesota Messenia Expedition, Minneapolis 1972

Meier, Ch., Entstehung des Begriffs ‚Demokratie', Frankfurt/Main 1970 *ders.*, Die Entstehung des Politischen bei den Griechen, Frankfurt/Main 1980

Meiggs, R./Lewis, D., A Selection of Greek Historical Incriptions to the End of the Fifth Century B.C., Oxford 1969

Meister, R., Die griechischen Dialekte, 2 Bde., Göttingen 1882, 1889

Melas, E. (Hrsg.), Die griechischen Inseln, Köln 1976

Mele, A., I caratteri della società eretriese arcaia, in: Contribution 1975, 15 ff.

Meyer, E., Geschichte des Altertums, III–V, hrsg. von E. Stier, Stuttgart 1937 ff.

Meyer, K., Xenophons „Oikonomikos", Marburg 1975

Michell, H., The Economics of Ancient Greece, Cambridge ²1957

Moggi, M., I sinecismi interstatali greci, vol. I, Paris 1976

Mosley, D. J., Envoys and Diplomacy in Ancient Greece, Wiesbaden 1973

Mossé, C., The Ancient World at Work, London 1969

Müller, M., Geschichte Thebens von der Einwanderung der Boioter bis zur Schlacht bei Koroneia, Diss. Leipzig 1879

Murray, O., Das frühe Griechenland, München 1982

Nestle, W., Vom Mythos zum Logos, Stuttgart ²1942

Neumann, C./Partsch, J., Physikalische Geographie von Griechenland, Breslau 1885

Nilsson, M. P., Griechische Feste von religiöser Bedeutung mit Ausschluß der attischen, Leipzig 1906

ders., Geschichte der griechischen Religion, 2 Bde., München ²1955, ²1961

Oberhummer, E., Akarnanien, Ambrakia, Amphilochien, Leukas im Altertum, München 1887

Oliver, J. H., The Sacred Gerusia, Athen 1941

Ostwald, M., Autonomia. Its genesis and early history, American Classical Studies II, 1982

Papachatzis, N. D., Παυσανίου Ἑλλάδος Περιήγησις, 5 Bde., Athen 1974 ff.

Pekáry, Th., Die Wirtschaft der griechisch-römischen Antike, Wiesbaden 1976

Pfeiffer, R., Geschichte der klassischen Philologie, Bd. I, Hamburg 1970

Philippson, A., Der Isthmos von Korinth, ZtschrGesErdk 25, 1890, 1 ff.

ders., Der Peloponnes, Berlin 1892

ders., Der Kopais-See in Griechenland und seine Umgebung, ZtschrGesErdk 29, 1894, 1 ff.

ders., Das Klima Griechenlands, Bonn 1948

Philippson, A./Kirsten, E., Die griechischen Landschaften, 4 Bde., Frankfurt/Main 1950 ff.

Picard, O., Chalcis et la confédération Eubéenne, Athen/Paris 1979

Piccirilli, L., Gli arbitrati interstatali greci, vol. I, Pisa 1973

Pistorius, H., Beiträge zur Geschichte von Lesbos im vierten Jahrhundert v. Chr., Bonn 1913

Popham, M. R./Sackett, L. H./Themelis, P. G., Lefkandi I, London 1979, 1980

Popper, K. R., Auf der Suche nach einer besseren Welt, München/Zürich 1984

Pounds, N. J. G., The Urbanization of the Classical World, Annals of the Association of American Geographers 59, 1969, 135 ff.

Préaux, C., Le monde hellénistique. La Grèce et l'Orient (323–146 av. J. C.), 2 Bde., Paris 1978

Preller, L./Robert, C., Griechische Mythologie, 2 Bde., Berlin ⁴1894 ff.

Pridik, A., De Cei insulae rebus, Berlin 1892

Prinz, F., Gründungsmythen und Sagenchronologie, München 1979

Pugliese Carratelli, G., La formazione dello stato rodio, SCO I, 1951, 77 ff.

Pulci-Doria Breglia, L., Artemis Amarynthia, in: Contribution 1975, 37 ff.

Quinn, T. J., Athens and Samos, Lesbos and Chios: 478–404 B.C., Manchester 1981

Radermacher, L., Mythos und Sage bei den Griechen, Baden (bei Wien)/Leipzig 1938

von Ranke-Graves, R., Griechische Mythologie, Hamburg 1960

Raubitschek, A. E., Dedications from the Athenian Acropolis, Cambridge/Mass. 1949

Renfrew, C./Wagstaff, M. (Hrsg.), An Island Polity. The archaeology of exploitation in Melos, Cambridge 1982

Rikli, M., Das Pflanzenkleid der Mittelmeerländer, 3 Bde., Bern 1943 ff.

Robert, L., Les chèvres d'Héracleia, Hellenica VII, Paris 1949, 161 ff.

Roebuck, C., The Settlements of Philipp II with the Greek States in 338 B.C., ClPh 43, 1948, 73 ff.

ders., Ionian Trade and Colonization, New York 1959

ders., Some Aspects of Urbanization in Corinth, Hesperia 41, 1972, 96 ff.

Röd, W. (Hrsg.), Geschichte der Philosophie. Bd.I: *W.Röd,* Die Philosophie der Antike 1. Von Thales bis Demokrit, München 1976. Bd.II: *A.Graeser,* Die Philosophie der Antike 2. Sophistik und Sokratik, Plato und Aristoteles, ebd. 1983

Roesch, P., Thespies et la confédération béotienne, Paris 1965

Rolle, R., Der griechische Handel der Antike zu den osteuropäischen Reiternomaden aufgrund archäologischer Zeugnisse, in: Düwel u.a. 1985, 460 ff.

Roussel, D., Tribu et cité, Paris 1976

Roussel, P., Délos, colonie athénienne, Paris 1916

Roux, G., Pausanias en Corinthie (Livre II, 1 à 15), Paris 1958

ders., L'Amphictionie, Delphes et le temple d'Apollon au IVᵉ siècle, Lyon 1979

Roy, J., Tribalism in Southwestern Arcadia in the Classical Period, AAntHung 20, 1972, 43 ff.

Ruppel, W., Zur Verfassung und Verwaltung der amorginischen Städte, Klio 21, 1927, 313 ff.

Ryder, T.T.B., Koine Eirene, Oxford 1965

de Ste.Croix, G.E.M., The Origins of the Peloponnesian War, London 1972

ders., The Class Struggle in the Ancient Greek World, London 1981

Salmon, J.B., Wealthy Corinth, Oxford 1984

Salmon, P., Études sur la Confédération béotienne (447/6–386), Brüssel 1978

Sampson, A., Εὐβοϊκὴ Κύμη I, Athen 1981

de Sanctis, G., Argo e i gimneti, in: Saggi di Storia Antica e di Archeologia offerti a Giulio Beloch, Roma 1910, 235 ff., jetzt in: ders., Scritti minori, a cura di S.Accame, vol.I, Rom 1966, 49 ff.

Sauciuc, T., Andros, Wien 1914

Sauerwein, F., Landschaft, Siedlung und Wirtschaft Innermesseniens, Frankfurt/Main 1968

ders., Das Siedlungsbild der Peloponnes um das Jahr 1700, in: ZS Erdkunde 23,3, 1969, 237 ff. u. Beilage VI u. VI a

ders., Griechenland, Wien 1976

ders., Spannungsfeld Ägäis, Frankfurt/Main u.a. 1980

Schachermeyr, F., Griechische Frühgeschichte, Wien 1984

Scheffler, K., De rebus Teiorum, Diss. Leipzig 1882

Scheibler, I., Griechische Töpferkunst, München 1983

Schmitt, H.H., Rom und Rhodos, München 1957

Schmitt, R., Einführung in die griechischen Dialekte, Darmstadt 1977

Schneider, J., Of Vigilance and Virgins: Honor, Shame and Access to Resources in Mediterranean Societies, Ethnology 10, 1971, 1 ff.

Schober, E., Phokis, Diss. Jena 1924

Schrödinger, F., Die Natur und die Griechen, Hamburg 1956

Schuller, W., Die Herrschaft der Athener im Ersten Attischen Seebund, Berlin/New York 1974

ders., Die Stadt als Tyrann, Konstanz 1978

ders., Griechische Geschichte, München/Wien ²1982

Segre, M., Tituli Calymnii, ASAA 22/23, 1944/1945

Sherwin-White, S. M., Ancient Cos, Göttingen 1978

Skalet, C. H., Ancient Sicyon with a Prosopographia Sicyonia, Baltimore 1928

Snell, B., Leben und Meinungen der Sieben Weisen, München ³1952

Sordi, M., La lega tessala fino ad Alessandro Magno, Rom 1958

dies., Die Anfänge des Aitolischen Koinon, in: Gschnitzer 1969, 343 ff.

Stählin, F., Das hellenische Thessalien, Stuttgart 1924

Steinbrecher, M., Der Delisch-attische Seebund und die athenisch-spartanischen Beziehungen in der Kimonischen Ära (ca. 478/7–462/1), Stuttgart 1985

von Stern, E., Geschichte der spartanischen und thebanischen Hegemonie vom Königsfrieden bis zur Schlacht bei Mantinea, Diss. Dorpat 1884

Swoboda, H., Zur Verfassungsgeschichte von Samos, in: Festschrift O. Benndorf, Wien 1898, 250 ff.

Thumb, A., Handbuch der griechischen Dialekte, Bd. I hrsg. von E. Kieckers, Heidelberg ²1932, Bd. II hrsg. von A. Scherer, ebd. ²1959

Timpe, D., Griechischer Handel nach dem nördlichen Barbaricum (nach historischen Quellen), in: Düwel u. a. 1985, 181 ff.

ders., Der keltische Handel nach historischen Quellen, in: Düwel u. a. 1985, 258 ff.

Tölle-Kastenbein, R., Herodot und Samos, Bochum 1976

Tomlinson, T. A., Argos and the Argolid, London 1972

Tozzi, P., La rivolta ionica, Pisa 1978

Transier, W., Samiaka, Diss. Mannheim 1985

Ucko, P. J./Tringham, R./Dimbleby, G. W. (Hrsg.), Man, Settlement and Urbanism, London 1972

Urban, R., Wachstum und Krise des Achäischen Bundes, Wiesbaden 1979

Vedder, R. G., Ancient Euboea: Studies in the History of a Greek Island from the Earliest Times to 404 B. C., Diss. Univ. of Arizona 1978

Vernant, J.-P. (Hrsg.), Problèmes de la guerre en Grèce ancienne, Paris/Den Haag 1968

Vita-Finzi, C., The Mediterranean Valleys, Cambridge 1969

Wallace, M. B., The History of Karystos from the Sixth to the Fourth Centuries B. C., Diss. Toronto 1972

Wallace, W. P., The Euboian League and its Coinage, New York 1956

Weber, M., Wirtschaft und Gesellschaft, 5. Aufl., hrsg. von J. Winckelmann, Tübingen 1972

Weiler, I., Griechische Geschichte, Darmstadt 1976

Weiß, P., Lebendiger Mythos, Würzburger Jahrbücher, N. F. 10, 1984, 179 ff.

Welwei, K.-W., Unfreie im antiken Kriegsdienst, 1. Teil, Wiesbaden 1974

ders., Die griechische Polis, Stuttgart u. a. 1983

West, M. L., Hesiod, Works and Days, Oxford 1978

Westlake, H. D., Thessaly in the Fourth Century B. C., London 1935

White, K. D., Roman Farming, London 1970

Wide, S., Griechische und römische Religion, in: Gercke-Norden 1910, II 191 ff.

Wiegand, Th./Krause, K./Rehm, A./Wilski, P., Die Milesische Landschaft (Milet II 2), Berlin 1929

Wilcken, U., Griechische Geschichte im Rahmen der Altertumsgeschichte, München ¹⁰1973

Will, E., Korinthiaka, Paris 1955

ders., Le Monde Grec et l'Orient. Bd. I: Le Vᵉ siècle (510–403), Paris 1972. Bd. II: (gemeinsam mit C. Mossé u. P. Goukowsky): Le IVᵉ siècle et l'époque hellénistique, Paris 1975

ders., Histoire politique du monde hellénistique (323–320 av. J.-C.), 2 Bde., Nancy ²1979, ²1982

Williams, R. T., The Confederate Coinage of the Arcadians in the Fifth Century B. C., New York 1965

Winterscheidt, H., Aigina, Diss. Köln 1938

Wiseman, J., The Land of the Ancient Corinthians, Göteborg 1978

Wörrle, M., Untersuchungen zur Verfassungsgeschichte von Argos im 5. Jahrhundert vor Christus, Diss. Erlangen/Nürnberg 1964

Woodhouse, W. J., Aetolia: Its Geography, Topography and Antiquities, Oxford 1897

Yalouris, N., The City-State of Elis, Ekistics 195, 1972, 95 f.

Zörner, G., Kypselos und Pheidon von Argos, Diss. Marburg 1971

Register